高等职业教育"互联网＋"新形态一体化系列教材
城市轨道交通类高素质技术技能型人才培养教材

城市轨道交通运营安全管理

主　编 ◎ 史富强　秦孝峰
副主编 ◎ 易晶怡　李　晶　王　鹏
主　审 ◎ 陈　骁

华中科技大学出版社
http://www.hustp.com
中国·武汉

图书在版编目(CIP)数据

城市轨道交通运营安全管理/史富强,秦孝峰主编.—武汉:华中科技大学出版社,2022.2
ISBN 978-7-5680-7763-7

Ⅰ.①城… Ⅱ.①史… ②秦… Ⅲ.①城市铁路-交通运输安全-交通运输管理 Ⅳ.①U239.5

中国版本图书馆 CIP 数据核字(2021)第 237670 号

城市轨道交通运营安全管理　　　　　　　　　　　　　　　史富强　秦孝峰　主编
Chengshi Guidao Jiaotong Yunying Anquan Guanli

策划编辑：张　毅
责任编辑：白　慧
责任监印：朱　玢
出版发行：华中科技大学出版社(中国·武汉)　　电话：(027)81321913
　　　　　武汉市东湖新技术开发区华工科技园　　邮编：430223
录　　排：华中科技大学惠友文印中心
印　　刷：武汉市籍缘印刷厂
开　　本：787mm×1092mm　1/16
印　　张：16.25
字　　数：404 千字
版　　次：2022 年 2 月第 1 版第 1 次印刷
定　　价：48.00 元

本书若有印装质量问题,请向出版社营销中心调换
全国免费服务热线：400-6679-118　竭诚为您服务
版权所有　侵权必究

前　言

城市轨道交通是缓解城市交通拥堵的有效交通方式之一,具有安全、快速、舒适、环保、运量大的特点。中国已成为世界上城市轨道交通发展速度最快的国家,建设线路和规划线路规模都十分可观。随着城市轨道交通建设力度的不断加大,城市轨道交通专业人才需求量也在不断增长,因此,培养具有良好素质的人才已经成为首要任务。

轨道交通的快速发展推动了城市的发展,但难免会存在管理上的滞后,服务质量和安全难以得到保证;加之安全规范不健全,安全投资不足,专业人才匮乏,使得安全问题层出不穷。因此,安全运营成为城市轨道交通系统首先需要解决的问题。本书的编者结合长期的工作经验,深入调研,总结部分城市轨道交通企业安全管理方面的经验,并且广泛参考已经出版的城市轨道交通安全方面的教材,吸收其优点,从安全的角度阐述城市轨道交通安全管理知识,突出职业教育的特点;同时,结合职业院校学生的特点,尽量减少晦涩难懂的专业术语,并辅以大量的城市轨道交通运营的真实案例,力求让学生掌握城市轨道交通运营安全知识和技能,全面了解安全运营的重要性。此外,书中多处展示图片、图示、作业程序等,直观形象、生动活泼,增强了学生的感性认知。

本书以项目化教学的模式进行编写,以城市轨道交通运营安全管理人员或工作人员所需的理论和操作技能为主,对城市轨道交通运营安全管理系统进行了阐述。内容涵盖了安全管理概述、危险源辨识、应急处置、事故调查分析处理、法律法规等安全基础知识及行车安全、施工安全、消防安全、特种设备安全、人身安全、环境安全等城市轨道交通运营安全技术。全书内容简明扼要,案例丰富,资料数据翔实。本书可作为城市轨道交通各专业的教材,也可作为城市轨道交通运营岗位的培训教材及相关专业的教材或教学参考书。

本书由陕西交通职业技术学院史富强、西安轨道交通集团运营分公司秦孝峰担任主编,陕西交通职业技术学院易晶怡和西安轨道交通集团运营分公司李晶、王鹏担任副主编。具体编写分工如下：史富强编写项目9,秦孝峰编写项目6、项目8,易晶怡编写项目3～项目5,李晶编写项目1、项目10,王鹏编写项目2、项目7,全书由史富强统稿。陕西交通职业技术学院陈骁担任主审,对全书内容进行了全面的审核。

由于我国城市轨道交通系统运营管理模式不一,各个城市及同一城市的不同线路,在设备、设施、作业方式和运营管理模式等方面有一定的差异,因此未能全面介绍各个城市的轨道交通系统的情况。也因编者水平有限,纰漏之处在所难免,欢迎读者批评指正。

编　者

目 录

项目 1　城市轨道交通运营安全管理基础 ……………………………………… 1
　任务 1.1　城市轨道交通运营安全的概念 …………………………………………… 2
　任务 1.2　城市轨道交通运营安全管理的基础知识 ………………………………… 11
　任务 1.3　城市轨道交通运营安全管理体系 ………………………………………… 18
　任务 1.4　城市轨道交通运营安全的影响因素 ……………………………………… 31
　任务 1.5　城市轨道交通运营安全保障系统 ………………………………………… 37

项目 2　城市轨道交通危险源辨识与管控措施 …………………………………… 43
　任务 2.1　城市轨道交通运营系统危险源识别 ……………………………………… 44
　任务 2.2　城市轨道交通危险源管控措施 …………………………………………… 52
　任务 2.3　安全色与安全标志 ………………………………………………………… 59

项目 3　城市轨道交通行车安全管理 ……………………………………………… 66
　任务 3.1　城市轨道交通行车安全基础知识 ………………………………………… 67
　任务 3.2　城市轨道交通列车运行安全管理 ………………………………………… 72
　任务 3.3　城市轨道交通调车作业安全管理 ………………………………………… 82
　任务 3.4　城市轨道交通行车事故案例分析 ………………………………………… 88

项目 4　城市轨道交通设备安全管理 ……………………………………………… 95
　任务 4.1　城市轨道交通设备安全管理基础知识 …………………………………… 96
　任务 4.2　城市轨道交通机电设备安全管理 ………………………………………… 100
　任务 4.3　城市轨道交通特种设备安全管理 ………………………………………… 114
　任务 4.4　城市轨道交通设备事故案例分析 ………………………………………… 118

项目 5　城市轨道交通运营施工安全管理 ………………………………………… 121
　任务 5.1　城市轨道交通运营施工基础知识 ………………………………………… 122
　任务 5.2　城市轨道交通运营施工计划的制订 ……………………………………… 125
　任务 5.3　城市轨道交通运营施工组织管理 ………………………………………… 129
　任务 5.4　城市轨道交通运营施工事故案例分析 …………………………………… 135

项目 6　城市轨道交通应急安全管理 ……………………………………………… 138
　任务 6.1　城市轨道交通应急管理基础知识 ………………………………………… 139
　任务 6.2　城市轨道交通应急设备及突发事件应急处理 …………………………… 145
　任务 6.3　城市轨道交通防恐措施 …………………………………………………… 154
　任务 6.4　城市轨道交通应急预案的编制与应急演练 ……………………………… 159

项目 7　城市轨道交通消防安全管理 ·········· 170
任务 7.1　城市轨道交通消防基础知识 ·········· 171
任务 7.2　城市轨道交通消防安全设备及使用方法 ·········· 176
任务 7.3　城市轨道交通火灾救援、自救和逃生方法 ·········· 187
任务 7.4　消防安全管理 ·········· 194

项目 8　城市轨道交通事故的处理 ·········· 200
任务 8.1　城市轨道交通事故的分类和等级划分 ·········· 201
任务 8.2　城市轨道交通事故致因理论和预防理论 ·········· 204
任务 8.3　城市轨道交通事故调查与统计 ·········· 209

项目 9　城市轨道交通安全分析与评价 ·········· 215
任务 9.1　城市轨道交通安全分析 ·········· 216
任务 9.2　城市轨道交通安全评价 ·········· 227

项目 10　城市轨道交通安全管理法律法规 ·········· 236
任务 10.1　安全管理法律法规基础 ·········· 237
任务 10.2　《安全生产法》简介 ·········· 240
任务 10.3　城市轨道交通安全相关法律法规简介 ·········· 244

参考文献 ·········· 253

项目 1
城市轨道交通运营安全管理基础

📚 项目描述

安全管理基本知识是城市轨道交通运营安全管理的理论基础和依据。安全、安全管理、安全生产管理的基本概念和特点各是什么？安全管理体系由哪些部分构成？城市轨道交通运营安全管理的特点有哪些？通过本项目的学习，能够加深对这些基础知识的理解。

对运营安全管理体系进行系统化的分析，在理论分析的基础上建立一套行之有效的方法体系，应用于城市轨道交通运营安全管理。这套方法体系及其理论基础共同构成了城市轨道交通运营安全管理体系(见图1-1)。

图 1-1　城市轨道交通安全运行

📚 学习目标

(1) 理解并区别安全的相关概念。
(2) 理解安全生产管理的含义和安全生产管理的理论知识及我国安全生产管理的现状，并掌握企业安全生产的"四要素"。
(3) 了解城市轨道交通运营安全的特性与重要意义，掌握城市轨道交通安全管理的基本内容，了解我国城市轨道交通运营安全管理的方针与手段。
(4) 熟练掌握城市轨道交通运营安全的影响因素。
(5) 掌握城市轨道交通运营安全保障系统的特征和构成。

📚 能力目标

(1) 培养安全意识，拓宽知识面。
(2) 培养辨别安全、危险、隐患、事故等基本概念的能力。
(3) 培养分析城市轨道交通事故原因的能力。
(4) 培养运用安全管理办法解决实际工作问题的能力。

项目导入

纵观近年来的国内外地铁事故,可谓形形色色、层出不穷。1995年10月28日,阿塞拜疆首都巴库的一列地铁列车失火,造成500多人丧生,其中多数人死于毒气中毒。2003年8月28日,英国首都伦敦和英格兰东南部部分地区突然发生重大停电事故,伦敦近三分之二地铁停运,大约25万人被困在地铁中。2006年7月11日,美国芝加哥一列地铁列车发生出轨事故,100多名乘客因呼吸系统受伤被送进医院。2010年3月29日,因遭受恐怖袭击,莫斯科地铁连续发生了三次爆炸,造成超过40人死亡,64人受伤,事故现场一片狼藉,如图1-2所示。还有震惊世界的韩国大邱地铁纵火事件(2003年2月18日)和日本东京地铁沙林毒气事件(1995年3月20日),使得交通和社会秩序陷入一片混乱,造成惨重损失。

图1-2 莫斯科地铁事故前后对比

城市轨道交通发生事故,一般都会造成直接经济损失,甚至造成人员伤亡,造成恶劣的社会影响,继而产生较大的间接经济损失。例如,2005年7月7日上午交通尖峰时间,伦敦3辆地铁与1辆巴士相继发生爆炸,造成52人死亡,700多人受伤,这之后,乘客数量骤降75%,给轨道交通运营行业带来沉重打击。同时,导致英国股票指数(FTSE)下跌124.54点。爆炸发生时,正值八国峰会召开和伦敦申奥成功,因此该事件在国际上引起了广泛关注和强烈反响。

城市轨道交通的最基本任务就是将乘客安全及时地运送到目的地,必须始终把安全摆在首位。安全是城市轨道交通运营的生命线,安全运营工作做好了,轨道交通的运营质量就有了保障,就可以为乘客提供更优质的服务。

任务1.1 城市轨道交通运营安全的概念

情景导入

自从有了人类活动,也就有了安全问题,安全问题存在于人类活动的整个过程中。源远流长的中华文明蕴含着许多安全观念及安全方略,它们对企业树立牢固的安全观念、抓好安全工作有着许多有益的启示,如《左传》中的"居安思危,思则有备,有备无患",《元史》中的"有不尽者,亦宜防微杜渐而禁于未然",《战国策》中的"亡羊而补牢,未为迟也",《汉书》中的

"建久安之势,成长治之业",《韩非子》中的"千丈之堤,溃于蚁穴",等等。这些智慧的话语无不体现着安全的重要性,那么什么是安全?什么是安全管理?安全、事故、隐患、危险等词汇如何区别呢?本次任务将会一一予以解答。

任务要求

通过对本任务的学习,了解城市轨道交通运营安全管理的意义,掌握安全、安全管理、安全生产管理的概念和内涵。

知识准备

安全是指"免除了不可接受的损害风险的状态",也就是说,安全是指在生产活动过程中,能将人或物的损失控制在可接受水平的状态。换言之,安全意味着人或物遭受损失的可能性是可以接受的,若这种可能性超过了可接受的水平,即为不安全。该定义具有下述含义:

(1) 这里所讨论的安全是指生产领域中的安全,既不涉及军事或社会意义的安全与保安,也不涉及与疾病有关的安全。

(2) 安全不是瞬间的结果,而是对某种过程状态的描述。

(3) 安全是相对的,绝对安全是不存在的。

(4) 构成安全问题的矛盾双方是安全与危险,而非安全与事故。因此,衡量一个生产系统是否安全,不应仅仅依靠事故指标。

(5) 不同的时代、不同的生产领域,可接受的损失水平是不同的,因而衡量系统是否安全的标准也是不同的。

一、安全的内涵与特征

众所周知,自从有了人类活动,也就有了安全问题,安全问题存在于人类活动的整个过程中。

安全是在人类生产过程中,将系统的运行状态对人类的生命、财产、环境可能产生的损害控制在人类能接受水平以下的状态,它与我们的日常工作和生活息息相关。

生产过程中的安全是指在生产过程中,人不受到伤害(死伤或职业病),物(设备或财产)不受到损失。

安全的特征如下:

(1) 安全是相对的,绝对的安全是不现实的。"不发生事故,不出现危险"的情况是不存在的,所以应该居安思危,时刻预防事故发生。既然没有绝对的安全,系统安全所追求的目标也就不是"事故为零"那样的极端理想情况,而是达到相对的"最佳安全程度"。

(2) 安全不是瞬间的结果,而是对系统在某一时期、某一阶段的过程状态的描述。换言之,安全是一个动态过程,它是关于时间的连续函数。人们往往采用概率法来估算系统处于安全状态的可能性,或者利用模糊数学来说明在非概率情形下的不精确性。

(3) 不同的环境和场合下,可接受的损失水平是不同的,因此衡量系统是否安全的标准也是不同的。因此,不出事故并不等于安全,反之,出了事故并不一定就是不安全,关键在于事故造成的损失是否处于可接受水平,系统的危险性是否超过允许限度。

(4) 安全具有依附性。安全是依附于生产、生活整个过程而存在的,只要存在生产、生活活动,就会出现安全问题。安全亦是生产、生活正常进行的前提和保障。生产过程中的安全指不发生工伤事故、职业病、设备或财产损失。

(5) 安全工作具有系统性和长期性。安全涉及技术的各个方面,既受人员、设备、环境因素影响,还受政治、经济、科技、教育等因素的影响。一旦发生事故,不仅会对系统内部造成损害,还会对外部环境造成破坏。因此,应从系统的观点出发,应用系统工程的方法进行综合治理。人对安全的认识在时间上往往是滞后的,很难预先认识到系统存在或面临的各种危险,即使有所认识,有时候也会由于技术条件等的限制而无法予以控制。同时,随着技术进步和社会发展,旧的安全问题解决了,新的安全问题又会产生。所以安全工作是一项长期的工作,必须始终如一、长抓不懈。

(6) 危险源是导致事故发生的原因。系统安全是指降低系统整体的危险性,而不是只彻底地消除几种选定的危险源及其危险性。

二、安全分类

不同的行业,其危险源不同,安全要点也不同。按照行业分类,安全包括矿山安全、化工安全、建筑安全、机械安全、电力安全、冶金安全、消防安全、交通安全、特种设备安全、其他安全(食品安全、生态安全、核安全、公共卫生安全等)等十类。

城市轨道交通安全主要包括行车安全,还包括机械安全、电力安全、特种设备安全、消防安全等检修作业安全。

知识拓展

本质安全是指设备、设施或技术工艺含有内在的、能够从根本上防止事故发生的功能。狭义的本质安全一般是指机器、设备本身所具有的安全性能,如煤矿井下使用的电气、仪表设备,能够利用本身构造的设计,防止电火花的产生,以免引起火灾或爆炸,这也就是本质安全型电器。其特征是全部电路均为本质安全电路,即在正常工作或规定的故障状态下产生的电火花和热效应均不能点燃规定的爆炸性混合物的电路。也就是说,该类电器的电路在正常使用或出现故障时产生的电火花或热效应的能量小于 0.28 mJ,即瓦斯浓度为 8.5%(最易爆炸的浓度)最小点燃能量。

现代的本质安全的含义已经扩大化,按照事故形成与发生的原理,结合系统工程理论,一般认为事故的发生可以用下式表示:

人的不安全行为+物的不安全状态+作业环境的刺激+管理的薄弱=事故的发生

运营本质安全理论是指在一定的技术经济条件下,生产系统具有完善的安全防护功能,系统本身质量可靠,系统运行质量可靠,要求人、设备、环境必须具备相当可靠的质量。运营本质安全可以分为运行本质安全、设备本质安全、人员本质安全、环境本质安全、管理本质安全等。运行本质安全指设备的运行是正常的、稳定的,并且自始至终处于受控状态;设备本质安全是指设备在设计和制造环节上都要考虑到应具有较完善的防护功能，以保证设备和系统能够在规定的运转周期内安全、稳定、正常地运行；人员本质安全是指作业者完全具有适应生产系统要求的生理、心理条件，具有在生产全过程很好地控制各个环节安全运行的能力，具有正确处理系统内各种故障及意外情况的能力；环境本质安全是指与生产作业有关的空间环境、时间环境、物理化学环境、自然环境和作业现场环境等要符合各种规章制度和标准；管理本质安全是指管理主体对管理客体实施控制，使其符合安全生产规范，达到安全生产的目的。

三、安全管理

（一）概念

安全管理是管理科学的一个重要分支，是为实现安全目标而进行的有关决策、计划、组织和控制等方面的活动。它主要运用现代安全管理原理、方法和手段，分析和研究各种不安全因素，从技术、组织和管理上采取有力的措施，解决和消除各种不安全因素，防止事故的发生。安全管理大体可归纳为安全组织管理、场地与设施管理、行为控制和安全技术管理四个方面，分别对生产中的人、物、环境的行为与状态进行具体的管理与控制。

安全管理是对生产中一切人、物、环境的状态管理与控制，是一种动态管理，是保证生产处于最佳安全状态的根本环节，要在发展中提高。安全管理要处理好安全与质量、速度、效益的关系，实现并驾齐驱、平衡发展。安全管理重在控制，其中对生产因素状态的控制与安全管理的关系更直接，显得更为突出。生产活动中必须坚持"全员、全过程、全方位、全天候"的"四全"动态安全管理，要发挥全体员工的能动性，防止一阵风式的安全管理，防止走过场、搞形式主义。

（二）安全控制

为了维持系统的正常运转，需要对系统的活动进行控制。控制，就是按照预先设定的标准或目标，对某个过程施加某种影响的行为。信息传递与信息反馈是控制的基础。安全系统的控制，往往通过施加一定的安全保证措施，对存在的隐患进行预防和控制。

1. 控制的种类

（1）反馈控制。通过检测系统运行过程的输出结果，将检测结果回馈到运行过程中去，再将纠正措施输入该运行过程中，最终获得预期的输出结果。反馈控制是一种事后控制，相对比较滞后。反馈控制有两种，一是输出反馈，一是系统内部状态反馈。

（2）前馈控制。通过对运行过程输入的监控，确定其是否符合标准要求，如果不符合，就要采取措施来改变运行过程。前馈控制克服了反馈控制的滞后性，便于决策人员及时采取相应措施，纠正偏差，实现预期目标。

反馈控制和前馈控制的过程如图 1-3 所示。相比而言，前馈控制比反馈控制更直接、更有效。前馈控制通过提前控制系统中的每个作业环节、每种设施，根据检测信息分析可能引发事故的要素，并采取有效措施加以防范，可以消除事故隐患，有效预防事故的发生，减少损失。

通常情况下，当系统发生事故后，往往采用反馈控制法总结经验教训，提出改进措施，可防止同类事故再次发生，避免无谓的损失。图 1-3 中的随机干扰指的是环境对系统的影响。

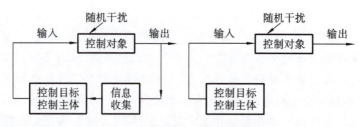

图 1-3　反馈控制和前馈控制的过程

当然,也可根据事先设定的安全目标(限值),对监测信息加以分析评价,将评价结果与预先设定的目标加以对比,及时采取措施,纠正偏差,保障系统朝着既定方向发展。

2. 控制系统的构成要素

(1) 控制对象,即控制的内容,包括对交通运输环节、设施、人员、能量的控制。

(2) 控制目标,即预先设定的目标或标准,包括运输生产目标、经济目标、安全目标、作业标准等。目标要切合实际,层层分解下去。

(3) 控制主体,下达控制命令、制定控制措施的运营管理或安全管理组织机构。

3. 控制的程序

首先制定控制目标和安全评价准则(或方法),随后对信息进行收集、处理和分析,最后将分析结果与控制目标进行对比,纠正偏差,达到系统预期目标。对于城市轨道交通安全系统而言,通过安全管理、安全教育、安全技术等手段进行控制,可以有效减免事故的发生。

4. 安全管理的控制原则

(1) 闭环控制原则——安全控制讲求目的性和效果,要有评价、反馈机制。系统包括输入、输出,通过信息反馈进行决策并控制输入,此完整过程为闭环控制。从图 1-4 可以看出,这样的闭环控制能达到优化的目的;同时可以看出,搞好闭环控制的关键是要有信息反馈和控制措施。

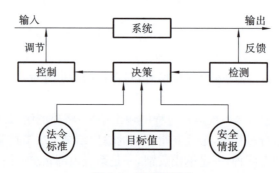

图 1-4　闭环控制图

(2) 分层控制原则——安全管理和安全技术的设计与实现要有阶段性、协调性。采用分层控制原则,目的是提高事故危险控制的可靠程度。一般包括五个层次:根本的预防控制、补充性控制、防止事故扩大的预防性控制、经常性控制以及紧急性控制。

(3) 分级控制原则——安全控制要有主次,单项解决与整体控制要分工明确、相互配合。必须采用分级控制,各子系统可以自己调整和实现控制。

(4) 动态控制原则——系统是运动、变化的,应正确、适时地对系统进行安全控制。

四、安全生产

(一) 基本概念

所谓安全生产,是指在生产经营活动中,为避免造成人员伤害和财产损失而采取相应的预防和控制措施,以保证从业人员的人身安全,保证生产经营活动得以顺利进行。

安全生产这个概念,从一般意义上讲,是指在社会生产活动中,通过人、机、物料、环境的和谐运作,使生产过程中潜在的各种事故风险和伤害因素始终处于有效控制状态,切实保护劳动者的生命安全和身体健康。安全生产是安全与生产的统一,搞好安全工作,改善劳动条件,可以调动职工的生产积极性,减少职工伤亡,减少财产损失,增加企业效益,促进生产的发展。安全是生产的前提条件,没有安全就没有生产。

(二) 基本原则

(1) "管生产必须管安全"的原则。安全是依附于生产而存在的,管生产就必须管安全,只有保证员工和设备的安全,才能维持正常生产。

(2) "安全具有否决权"的原则,即安全生产工作是衡量企业管理的一项基本内容,它要求对各项指标进行考核、评优创先时必须首先考虑安全指标的完成情况。如果安全指标没有实现,即使其他指标顺利完成,仍无法实现管理的最优化,安全指标具有一票否决的作用。

(3) "三同时"建设原则。基本建设项目中的职业安全、卫生技术和环境保护等措施和设施,必须与主体工程同时设计、同时施工、同时投产使用。

(4) "五同时"管理原则。企业生产组织及领导者在计划、布置、检查、总结、评比生产工作的同时,同时计划、布置、检查、总结、评比安全工作。

(5) "四不放过"原则。事故原因未查清不放过,当事人和群众没有受到教育不放过,事故责任人未受到处理不放过,没有制定切实可行的预防措施不放过。

(6) "三同步"原则。安全生产与经济建设、深化改革、技术改造同步规划、同步发展、同步实施。

五、安全生产管理

(一) 概念

所谓安全生产管理,就是针对人们在生产过程中的安全问题,运用有效的资源,发挥人们的智慧,通过人们的努力,进行有关决策、计划、组织和控制等活动,实现生产过程中人与机器设备、物料和环境的和谐,达到安全生产的目标。

安全生产管理的主要内容:安全生产管理机构和安全生产管理人员、安全生产责任制、安全生产管理规章制度、安全生产策划、安全生产培训教育、安全生产档案等。

安全管理目标包括生产安全事故控制指标、安全生产隐患治理目标、安全生产目标和文明施工管理目标。安全生产管理的目标是减少和控制危害及事故,尽量避免生产过程中由于事故造成的人身伤害、财产损失、环境污染以及其他损失。

(二) 企业安全生产管理的"四要素"

1. 强化企业安全文化建设

安全文化就是安全理念、安全意识及其指导下的各项行为的总称,主要包括安全观念、行为安全、系统安全、工艺安全等。安全文化是企业安全生产的根本。应加强安全文化建设，坚持"以人为本"，树立"全员、全过程"的安全意识，以"理念渗透和安全行为养成"为目标。

安全文化建设的内容如下：

（1）建立稳定可靠、标准规范的安全物质文化。需要依靠技术进步和技术改造来不断提高安全物质文化的程度，主要包括三个方面：一是作业环境安全。将生产场所中的噪声、高温、尘毒、辐射等有害物质控制在规定的标准范围内，创造舒适、安全的作业环境。二是工艺过程安全。操作者应了解物料、原料的性质，正确设置温度、压力和质量等参数。三是设备控制过程安全。通过对生产设备和安全防护设施的管理来实现设备控制过程安全。

（2）建立符合安全伦理道德的安全行为文化。一是员工在掌握安全知识的基础上，熟练掌握各种安全操作技能。二是严格按照安全操作规程和作业标准进行操作。

（3）建立健全切实可行的安全管理文化。一是建立健全企业安全管理机制，即生产经营单位建立起各方面各层次责任落实到位的高效运作的安全管理网络，建立起切实可行、奖惩严明的劳动保护监督体系。二是建立健全安全生产规章制度和奖惩制度，使其规范化、科学化、适用化，并严格执行。

（4）树立"安全第一、预防为主、综合治理"的安全观念文化。一是通过多种形式的宣传教育，提高员工的安全生产意识，包括应急安全保护意识、间接安全保护意识和超前安全保护意识，并进行安全知识教育培训。二是进行安全伦理道德教育，提高员工的责任意识，使其自觉约束自己的行为，承担起应尽的责任和义务。

2. 落实安全责任制

安全责任制是安全生产的灵魂，是安全生产法规的具体体现。安全责任制的实质是"安全生产，人人有责"。建立健全安全生产责任体系不仅要强化行政问责制，严格执行安全生产行政责任追究制度，对于重大安全事故，还要依法追究责任人的刑事责任，另外，随着市场经济体制的完善，强化和提高民事责任或经济责任追究的力度。

（1）政府有关部门是安全生产的监督管理主体，要切实落实地方政府监管责任，科学界定国家安全生产监督管理总局的综合监管职能，建立严格而科学合理的安全生产问责制，严格执行安全生产责任追究制度，深刻吸取事故教训。

（2）企业第一责任人要切实负起职责，制定和完善企业安全生产方针和制度，层层落实安全生产责任制，完善企业规章制度，治理安全生产重大隐患。

（3）必须逐层落实安全责任，逐级签订安全生产责任书。生产责任书要有具体的责任考核和奖罚办法。对完成责任书各项考核指标、考核内容的单位和个人应给予精神奖励和物质奖励，对没有完成考核指标或考核内容的单位和个人应给予处罚。

3. 运用安全科技

安全科技又叫作科学安全文化，它影响着安全文化的品质和功能，是实现安全生产的手段。安全是企业管理、科技进步的综合反映，安全需要科技的支撑，实现"科技兴安"。安全科技是预防事故的重要力量。只有充分依靠安全科学技术的手段，生产过程的安全才能得到根本保障。

城市轨道交通企业要采用先进的设施设备，并组织安全生产技术的研究开发，提高安全管理水平。在日常运输生产中，为提高运输效率和运输服务质量，必须加大安全科技投入，运用先进的科技手段来监控生产全过程。例如，安装闭路电视监控系统、先进列车控制系统、自动售票机、自动检票机和行车记录仪等，把现代化、自动化、信息化技术应用到安全生产管理中。

4. 重视安全投入

安全投入是安全生产的基本保障。安全是生产力，安全投入是成本，也是效益。安全生产的实现要靠投入保障作为基础，提高安全生产的能力需要付出成本。设备老化、安全设施缺失、安全人才匮乏是安全生产的心腹之患，隐患不除，永无宁日。要建立企业、地方、国家多渠道的安全投入机制，加快技术改造，消除安全隐患。

安全投入包括两个方面：一是资金，二是资源（人才、设备）。

（1）要按规定从成本中列支安全生产专项资金，用于改善安全设施，更新安全技术装备、器材、仪器、仪表，以及其他安全生产投入，以保证生产经营单位达到法律法规及标准规定的安全生产条件，实现最关键的本质安全。

（2）一方面，企业通过招聘城市轨道交通安全管理专业人才，提高安全管理队伍的素质以及技术水平，为企业安全、和谐发展打下坚实的基础。另一方面，企业应创造机会让安全工作人员参加专业培训，安排他们到安全工作做得好的单位参观学习、吸取经验。

任务实施

1. 广州、北京、上海的地铁安全管理理念

1）北京

"安全第一、预防为主、综合治理"的方针在北京地铁安全管理中具体化为"抓小防大，安全关口前移""安全运营，基础取胜""安全运营，管理是关键"等理念。通过体制创新、制度创新和科技创新，调整运营组织和管理格局，进一步深化安全基础建设，强化对系统隐患的分析监控，增强抢险救援能力，使运营组织和管理更加精干高效，使安全运营更加科学可靠，逐渐形成了"治、控、救"的安全控制体系。"治"即努力加强安全基础建设，治理或消除隐患；"控"即努力强化科学管理，严密监控系统各要素的变化及其可能出现的隐患；"救"即提高抢险救援能力，筑起最后一道安全防线。

2）上海

上海地铁在运营安全管理上采取了以下九大措施：①健全安全责任体系，落实安全生产责任制；②不断完善安全制度，细化各类应急预案；③加大安全整改力度，提高安全管理水平；④加强安全检查、考核，及时消除安全隐患；⑤强化员工安全培训，积极开展预案演练；⑥加强运营设施保障，确保运营状态良好；⑦合理调整运营组织，确保运营安全有序；⑧构建抢险救援中心，增强安全督查力量；⑨加大运营安全投入，强化安全技术保障。

3）广州

广州地铁运营安全管理的新理念为：①树立大安全观念，扩充地铁运营安全管理内涵；②延伸"全员安全管理"的外延，致力于建造"安全型社会"；③建立全面运营安全管理体系，夯实地铁安全基础；④持续开展全方位的安全培训和演练，不断提高员工安全素质和应急处理能力；⑤充分发挥"一体化"经营优势，前移安全关口，实现新线安全运营；⑥应用新技术、新设备，提高运营系统的可靠性和安全性；⑦精心检测、细心维修，提高设备可靠性；⑧创建地铁运营安全文化,推进社会文化建设。

2. 分析讨论题

试讨论几个城市在地铁安全管理方面的特点及存在的问题。

1) 香港地铁突发事件的处理

2004年1月5日上午9时许,香港地铁尖沙咀至金钟站之间发生了一起列车纵火事件。一名疑似患有精神病的男子携带易燃物品进入一辆荃湾线列车,在即将进入金钟站时点燃该物品,威胁到乘客安全。9时12分,一辆前往中环站的列车(编号T61)的车长向控制中心报告,列车发生火灾事故,9时13分,控制室要求金钟站职员候命协助,并于9时14分通知消防及铁路警区控制室。当发生火灾的列车抵达金钟站月台时,有烟从列车中冒出。随后车长打开车门疏散乘客,车站员工用灭火器把火扑灭,消防处及警务处人员也很快抵达现场并提供协助。9时16分疏散完成,共疏散乘客约1200人,只有14名乘客因吸入烟雾被送往医院,但很快就全部康复出院。之后,有关员工再疏散在2层月台上候车的人群,随即关闭车站各个出入口。

在此期间,荃湾线列车服务维持在荃湾站与尖沙咀站之间,港岛线列车服务维持正常,但列车不停金钟站。编号T61列车的火势被扑灭后,列车被移离载客服务行车线,以便地铁公司、警务处及消防处进行深入调查。上午9时42分,所有列车服务恢复正常。

香港地铁公司之所以能够在短短的4分钟内对1200名乘客进行安全疏散,主要是因为香港地铁公司定期举行各种公众教育活动,提醒公众危险品有可能危害乘客安全,还联合各应急服务部门定期开展演习,使员工掌握发生紧急事故时的应变及疏散程序等。

2) 韩国大邱地铁火灾事故

2003年2月18日上午,韩国东部城市大邱市地铁发生火灾,并在当地时间下午1时30分被扑灭。据不完全统计,火灾已造成至少126人死亡,146人受伤,318人失踪。

据当地媒体报道,这次火灾是人为纵火造成的。上午9时55分左右,当大邱市地铁1号线的一辆列车驶进位于市中心的中央路车站时,车厢内一名50多岁的男子从随身携带的一个黑皮包里掏出一只绿色塑料牛奶罐,将罐内的易燃物洒到车厢座椅上并点了火。

车厢内起火后,地铁车站的电力设备立刻自动断电,车站内漆黑一片,列车门也因断电而无法打开。由于车厢内没有自动灭火装置,火势迅速蔓延到其他车厢和站台对面的列车上,乘客们慌忙逃命。由于车厢内弥漫着大量有毒气体,许多乘客因来不及逃离而窒息死亡。两列列车的12节车厢全部被大火烧毁。

大邱市警方和消防队接到报警后迅速赶到出事地点,实施救援,但由于车站内漆黑一片,并且弥漫着有毒气体,救援人员一时难以接近现场,致使乘客们因不能得到及时抢救而受伤和死亡。

在此次地铁纵火案中,1079号列车先行起火,而该列车驾驶员竟然在火灾发生了22分钟之后,才用手机把火灾情况通报给控制室。

调查人员对事故发生时地铁调度员和列车驾驶员的通话记录进行分析后发现,地铁调度员在第一辆列车起火后竟又允许另一辆列车进入起火的中央路车站。

当后一辆1080号列车驶入中央路车站一分钟后,因停电而无法继续行驶,此时车厢内的照明灯、换气扇等设备都靠紧急电源在维持,驾驶员崔相烈试图继续行驶,但未能成功。之后,他做出了一个现在看来是最错误的决定——拔出主控钥匙,切断紧急电源,使得车厢陷入一片漆黑。更严重的是,警方指出,拔出主控钥匙有可能使已经打开的车门关闭,尚未打开的车门则再也无法打开。根据现场记录,在 1080 号列车全部 24 个车门中,仅有 4 个被打开。此外,调度员在组织救援工作时犹豫不决,浪费了一些时间。

分组讨论,分析香港地铁和大邱地铁事故的经验、教训。结合实际回答,应如何防范地铁火灾事故的发生?当出现火灾事故时应如何减少损失?

效果评价

评价表

项目名称	项目 1 城市轨道交通运营安全管理基础		学生姓名	
任务名称	任务 1.1 城市轨道交通运营安全的概念		分数	
项 目			分 值	考核得分
(1) 对安全以及城市轨道交通安全管理意义的认识与理解情况			10	
(2) 是否有小组计划			5	
(3) 安全管理知识的理解与掌握情况			30	
(4) 安全生产管理相关知识的理解与掌握情况			40	
(5) 编制学习汇报报告情况			10	
(6) 基本素养考核情况			5	
总体得分				

教师简要评语:

教师签名:

任务 1.2　城市轨道交通运营安全管理的基础知识

情景导入

2009 年 7 月 5 日 18 点 16 分,上海轨道交通 2 号线中山公园站开往浦东方向的 209 号列车正在进行关门作业,列车警示用蜂鸣器同步响起。突然,一名中年女性乘客在车门即将关闭时,将手伸进门中欲强行上车,致使手腕被夹。站台服务员发现后,立即上前帮助该乘客向外拽拉,但未果。此时列车启动并带动该乘客,造成其与安全护栏撞击,跌落在站台上。事发后,车站立即拨打 120 急救电话,将该乘客送往医院抢救,经抢救无效死亡。

做好安全生产管理是全面落实科学发展观的必然要求,是建设和谐社会的迫切需要,是各级政府和生产经营单位做好安全生产工作的基础。安全生产管理不仅具有一般管理的规律和特点,还有自身的特殊范畴和方法。

任务要求

通过对本任务的学习,掌握城市轨道交通运营安全管理的范围和对象。

知识准备

一、城市轨道交通运营安全管理的范围和对象

城市轨道交通运营安全管理范围主要包括城市轨道交通系统运营过程中所涉及的人、物、环境的行为和状态。城市轨道交通运营安全管理,主要是组织实施城市轨道交通企业安全管理规划、指导、检查和决策,同时是保证城市轨道交通各系统处于最佳状态的根本环节。城市轨道交通运营安全管理研究的对象包括:运营管理机构和人员、乘客、车辆系统、供电系统、消防系统、线路和轨道系统、机电设备系统、通信系统、信号系统、环境和设备监控系统、自动售检票系统、车辆段及综合基地、系统外界环境。

(1) 运营管理机构主要包括技术管理部门、安全管理部门、人力资源部门、财务计划部门、物资保障部门、行政部门、党群综合部门等职能部门,以及行车运作部门、客运服务部门、设备设施维修部门、车辆部门等生产类部门。运营人员主要包括调度人员、站务人员、客车司机、维修人员等关键岗位人员,技术管理人员,职能管理人员,以及保安、保洁等辅助人员。

(2) 城市轨道交通提供的产品就是乘客的位移,因此研究对象主要包括乘客的安全意识和安全自救能力。

(3) 车辆系统研究内容主要包括车辆系统的安全性能、车辆系统的安全防护设施、车辆的防火性能、车辆的可靠性;维修制度的合理与否、维修人员技术水平、维修配件齐全程度等。

(4) 供电系统研究内容主要包括主变电设施、主变电站的安全防护设施是否合格;牵引变电站安全防护设施是否齐全;降压变电站安全防护设施是否齐全;接触网或接触轨运作和维护是否合理,安全防护设施是否齐全;电力电缆的使用年限是否超标;维修设备是否齐全等。

(5) 消防系统研究内容主要包括火灾自动报警系统(FAS)及联动控制情况、气体灭火系统情况、消防给水系统情况、应急照明及疏散指示的状况、灭火器配置和管理情况、车站消防管理情况、消防值班人员与设备管理情况、建筑与附属设施防火情况等。

(6) 线路和轨道系统主要研究内容有线路和轨道的设计是否符合标准,线路和轨道的维修配件是否齐全等。

(7) 机电设备系统研究内容主要有电梯和自动扶梯的运行状况、电梯和自动人行道状况、屏蔽门系统和防淹门系统情况、给排水设备的运行情况、通风和空调设备情况、风亭的设置与使用情况等。

(8) 通信系统研究内容主要包括通信系统技术、传输系统状况、公务电话系统、专用电话系统、无线通信系统、图像信息系统、广播系统、通信电源、通信系统接地情况及维修系统维修配件是否齐全等。

(9) 信号系统研究内容主要包括信号系统技术是否合理、安全防护设施是否齐全、维修配件是否齐全等。

(10) 环境和设备监控系统研究内容主要包括环境和设备监控系统的使用情况、安全防护标示是否齐全、布置是否合理、维修配件是否齐全等。

(11) 自动售检票系统主要研究自动售检票系统运行状况及维修配件是否齐全等。

(12) 车辆段及综合基地主要研究内容有车辆段及综合基地设施是否齐全、防灾设施是否齐全、防盗设施是否齐全等。

(13) 系统外界环境研究内容主要包括系统防风灾、防雷电、防水灾、防冰雪、防地震、防地质灾害的能力,保护区防护设施的情况等。

二、城市轨道交通运营安全管理的主要内容

城市轨道交通运营系统是由轨道交通设备设施、行车组织、乘客服务和周边环境等众多因素组成的一个庞大联动机,运营过程中的各个环节和因素均会对运营管理产生影响。为满足正常运营的需要和适应城市轨道交通线网发展的要求,应推进全面服务质量与安全管理体系的建设,对运营服务和安全进行系统的、全面的、全员的、全过程的管理,并且通过体系的运作达到持续提高运营管理水平的目的。

(一) 设备设施方面

城市轨道交通运营安全首先取决于可靠稳定的设施设备保障。可通过引进较为先进和成熟的技术,建立一套较完善的运营设施设备安全保障系统,并采用先进的监测手段,建立维修管理信息化系统,以精益求精的精神不断提高维修质量,确保安全、正常运营。

1. 具备完备的监测系统、安全装置、消防设施和安全保障系统

城市轨道交通运营要严格贯彻"安全第一,预防为主,综合治理"的方针,对站内和车内的运营情况进行实时监测就是一项重要手段。在车站内部和过道处安装摄像头,可以在控制中心或车控室随时察看任何一个车站和过道的情况。在车厢内安装监控摄像头,在驾驶室安装监视器,司机就可以对车厢内的情况进行观察。如果在隧道内安装图像信号传输设备,地铁调度指挥中心就可以监控每辆车的运行情况。

目前,城市轨道交通安全装置一般包括列车报警按钮、车门紧急解锁手柄、司机室与车厢通道门的紧急拉手、列车头部紧急疏散门、车站紧急停车按钮、车站智能烟感探头、车内的紧急照明、通风系统和供电系统。城市轨道交通消防设施一般包括列车上的灭火器,站厅、站台内的消火栓、灭火器、自动水喷淋装置,车站和区间隧道内的排烟装置、防淹门等。特别是在车站的出入口附近,应设置与外部消防车接口的消火栓,方便外部救援力量的支援。

为了避免事故发生,需要有安全可靠、功能互补的各类安全保障系统。主要包括:
(1) 列车自动控制系统(ATC);
(2) 环境与设备监控系统(BAS);
(3) 电力监控系统(SCADA);
(4) 火灾自动报警系统(FAS);
(5) 综合监控系统(ISCS);
(6) 乘客资讯系统(PIS);
(7) 运行控制中心系统(OCC)。

2. 具备防止坠轨和自杀的可靠装置

车站内的坠轨和自杀事件严重影响到列车的正常运营。有鉴于此,西安地铁的设计与实施严格按照《城市轨道交通技术规范》中的相关要求,采用了站台屏蔽门装置,即在站台和轨道之间设置特制的玻璃隔离墙,玻璃墙上的门与列车门完全对应。只有在列车进站并停稳后,墙门与车门才会同时打开;屏蔽门关门警铃响后,墙门、车门同时关闭。这样,无论列车进站与否,无论在候车时还是上下车时,乘客都不会也不可能掉下或是跳下站台。

3. 保证应急联络通道设置合理且通畅

《城市轨道交通技术规范》规定,区间线路的轨道中心道床面或轨道旁,应设有逃生、救援的应急通道,应急通道的最小宽度不应小于 550 mm。两条单线区间隧道之间应设置联络通道,且相邻联络通道之间的距离不能超过 600 m。乘客可就近通过联络通道进入非火灾区间隧道,再疏散至车站到地面。

4. 具备违禁物品检测设备与系统

鉴于国外地铁发生的几起炸弹袭击事件和国内屡禁不止的乘客携带易燃易爆品进站事件,安全防范的重要举措就是要加大安全检查的力度。因而,有必要在城市轨道交通进站口设置安全检测仪,检测旅客行李是否含有危险品;在每个站点的候车处安装摄像头,及时发现乘客携带的可疑物品。将目前国内流行的突击性地铁安全检查上升为一种日常行为。在节假日人流高峰期的时候,甚至有必要出动防暴犬,在车站、车厢内加强乘客行李的安全检查,加大对各类危险品的查堵。

5. 具备安全化的附属设施

为了给乘客在乘车过程中提供便利,地铁内布置了很多附属设施。但从国外发生的某些事故来看,这些附属设施很有可能成为恐怖分子制造灾难的渠道。对此,各国城市轨道交通管理部门纷纷采取应对措施。自"9·11"恐怖袭击后,美国纽约地铁站里的垃圾箱换成了能抵御炸弹爆炸的新型垃圾箱。

(二)安全管理制度方面

规范完备的安全管理制度是实现城市轨道交通安全运营的基础。目前从保障我国城市轨道交通安全运营的实际情况来看,急需建立城市轨道交通灾害应急处理制度、城市轨道交通设施设备日常安全维护制度、城市轨道交通紧急状况定期演练机制及国民城市轨道交通安全教育计划。

1. 建立城市轨道交通灾害应急处理制度

建立和完善灾害应急处理制度,从而保证"灾而无难"或"难而少恙"。在日常管理中必须充分考虑承载突发灾难的各种需要(包括自然的和人为的、内在的和外在的、可以预见和不可预见的),一旦灾害突然而至,就能启动预警机制和救灾系统,将灾害控制在最小范围内,消除在萌芽状态中。

虽然我国北京、上海、广州、西安等地已经建有应对城市轨道交通各种意外情况的紧急处理预案,但尚需进一步完善,并上升到制度层面。在 2004 年的莫斯科地铁火灾中,发生爆炸之后,地铁司机马上按照有关操作程序向调度室报告情况,请求切断电源,同时打开紧急照明设施,通过广播组织乘客疏散。调度方面则安排各站内人员疏散乘客,请求治安、消防、救护等部门紧急援助。在整个救援过程中,莫斯科市急救站出动了 1 架直升机、60 台救护车,俄罗斯卫生部和莫斯科市政府下属的灾害医疗中心分别出动了 5 个和 3 个快速反应分队,3个心理专家组在现场工作。在很短时间内将80多人送往医院,130多人在现场接受了包扎和治疗。此外,事发当天各大医院迅速调集了人员和药品。当时有40人需要输血,消息公布之后,当天全市共有1500多人自愿献血,希望能帮助受伤者。

2. 建立城市轨道交通设施设备日常安全维护制度

保持城市轨道交通系统长周期正常运行,要求对各类设施设备及时进行维护保养,以减少随机故障的影响。从防灾、抗灾的角度来讲,日常安全维护制度还要确保城市轨道交通站内设备的完备性、灭火装置的充分性及可用性。据专家声称,韩国大邱地铁纵火案本不该造成这么严重的后果,但因通风孔形同虚设,加之站内缺少必要的夜间照明装置,大大降低了乘客的逃生机会并阻碍了救援工作的开展。

2004年3月份,北京地铁四惠站和大望路站之间的一台通风机突然开始冒烟,初步判断是因为线路短路造成的。虽然救援迅速、疏散及时,没有引起骚乱,却说明了在设备维护中还存在缺陷和不足,很有必要建立更加完善的日常维护制度。

3. 建立城市轨道交通紧急状况定期演练机制

我国从未放松对紧急情况的预防,北京、上海、广州、香港等地的城市轨道交通管理部门,多次会同消防及相关部门进行实战演练,提高处理紧急事故的能力。就在莫斯科爆炸案发生的前半个月,北京城市轨道交通就在建国门站进行了名为"列车发生爆炸迫停隧道内的应急先期处置"的演习。现在所缺的,是将这种演练提升成为经常性的定期演练机制。

4. 开展全民城市轨道交通安全教育活动

安全教育是安全管理中的一项重要工作。在安全教育方面,俄罗斯除了在中学开设安全和逃生课程之外,紧急救援部也有计划地向居民宣传安全防范和自救的知识。在2004年2月6日的莫斯科地铁炸弹袭击事件中,车厢内未受伤的乘客立即通过对话装置向列车司机报告;发现烟雾之后立即用手边的东西保护口鼻,以防吸入毒气中毒。当确定可以安全离开车厢时,青壮年乘客帮助妇女和儿童下车,搀扶或者抬着行动困难的乘客离开现场,从而最大限度地降低了人员的伤亡。乘客在日常教育中培养的安全素质在这中间发挥了重要作用。莫斯科公共交通系统的安全防范工作也值得一提,几乎所有地面和地下交通工具在报站时都会提醒乘客:"下车时不要忘记自己的东西;看到可疑的东西千万不要动,请立即向司机或附近的警察报告。"就我国现状而言,对乘客进行城市轨道交通安全教育工作的步伐亟待加快,应深入宣传"地铁安全,人人有责"的理念,努力提高乘客的安全防范水平和自救能力。

(三)人员方面

当灾害发生时,人的素质对于降低事故的损失尤为重要。在2003年的韩国大邱火灾和2004年的莫斯科地铁火灾中,具有不同素质的人就有不同的表现。在莫斯科地铁火灾事件中,地铁员工、乘客以及有关救援部门所表现出来的组织性和纪律性令人钦佩。机车司机及时采取措施,并向调度中心报告所发生的情况。乘客听从司机的安排,互相帮助,十分有秩序地撤离了事发现场,没有发生由拥挤、恐慌引起的人员伤亡。各种救援机构训练有素,能够及时到位并且各司其职。所有这些因素在一定程度上减轻了可能的损失。对于大邱火灾事件,调查后认为,地铁司机和综合调度室有关人员对灾难的发生有着不可推卸的责任,尤其是当时车站的中央控制室没有及时阻止另一辆列车进入车站,造成伤亡人员增加。韩国地铁火灾专家尹明浩教授在对现场勘察后,严厉批评地铁运营当局缺乏事故认知能力,缺少责任意识。总的来说,人员方面要求乘客要有较强的安全防范意识,城市轨道交通运营管理者和作业人员要有高素质的职业道德和工作水平,具体表现在对乘客的宣传教育、对城市轨道交通工作人员的培训等方面。

1. 对乘客的宣传教育

(1) 乘客在平时乘坐轨道交通时要注意熟悉环境及城市轨道交通的消防设施和安全装置,严格遵守城市轨道交通安全管理守则和乘客守则,严禁携带危险物品进入城市轨道交通车站。

(2) 当有人制造事端或蓄意破坏城市轨道交通设施时,乘客应挺身而出,同心协力,坚决予以制止。

(3) 灾害发生时,取出列车座位底下的灭火器进行灭火并积极配合城市轨道交通工作人员的指挥,采取有效自救措施,留意列车广播,在司机的指引下,沉着冷静、紧张有序地通过车头或车尾疏散门进入隧道,往临近车站撤离。切忌在列车运行期间,有拉门、砸窗、跳车等危险行为。

2. 对城市轨道交通工作人员的培训

(1) 城市轨道交通工作人员平时要注重培养安全意识、安全技能和处理各类突发事件的能力。广州地铁公司提出了"5分钟紧急应对"的思路,即地铁各岗位员工在各种外部救援力量赶到之前,明确分工、各尽其责,沉着冷静、忙而不乱地处理现场情况,尽可能在5分钟之内控制或扑灭火灾,将灾害控制在最小范围或扼杀在萌芽状态。

(2) 灾害发生时,应有条不紊地做好应急处置工作,司机应尽可能将列车开到前方车站,这样可以依靠车站的消防力量进行救灾。遇紧急情况,列车在隧道内无法运行,需要在隧道内疏散乘客时,控制中心及司机应根据列车所在区间位置、火灾位置、风向等综合因素确定疏散方向,并迅速通知乘客,组织疏散。

三、城市轨道交通运营安全管理的特点

1. 专业多、部门多,联动机制对配合协作要求较高

城市轨道交通是现代化大城市广泛采用的一种安全、快速、舒适、无污染而运量大的交通运输工具,由车辆、供电、机电、通信、工建、车务等部分组成,犹如一架庞大复杂的联动机。在实现运营服务的过程中,要求联动机的各个环节、各个部门相互配合,紧密联系,互为整体。若其中一个环节出现问题,就可能危及运行安全。

2. 位于城市中心,安全事件影响范围较大

城市轨道交通是位于城市中心的一种交通工具,其运营安全不仅关系到整个城市轨道交通系统的正常运作,而且关系到广大乘客的生命、国家财产的安全,所以运营安全是城市轨道交通的生命线、城市轨道交通的效益线,事关国计民生以及社会稳定的大局,容不得半点马虎和疏漏,否则会给城市乃至国家造成不可挽回的影响和损失。

3. 人员聚集、环境密闭,疏散逃生相对困难

城市轨道交通运送乘客的数量与其他交通工具相比要多得多,特别是地铁车站,一般位于地下,是人员相对密集的场所,而紧急逃生口有限,不像在地面上,所以地铁的安全性尤为突出、尤为重要。

> **小贴士**
>
> 近年来,随着城市轨道交通网络化运营和客流量急剧增加,保障城市轨道交通运营安全显得尤为重要。城市轨道交通运营的根本任务就是将旅客安全及时地运送到目的地。城市轨道交通运营的目的、性质和特点,决定了城市轨道交通运营必须把安全生产摆在首要位置。从系统论的观点出发,与运营安全有关的因素可以划分为四类:人、机器、环境及管理。以管理作为控制、协调手段,协调人、机器、环境之间的关系,并通过反馈作用将系统状态的信息反馈给管理系统,从而改进安全管理方法,最终得到更为安全的系统。

运营安全管理是指管理者按照安全生产的客观规律,对运输系统的人、财、物、信息等资源进行风险控制的一切活动。该定义包括五个方面的含义:

(1) 运营安全管理的目的是消灭和减少运营事故及其损失。

(2) 运营安全管理的主体是城市轨道交通系统的各级管理人员。

(3) 运营安全管理的对象是人(基层作业人员)、财(安全技术措施经费等)、物(运输基础设备和运输安全技术设备等)、信息(安全信息)等。

(4) 运营安全管理的方式是计划、组织、指挥、协调和控制。

(5) 运营安全管理的本质是充分发挥人的积极性和创造性,调动一切积极因素,使各种矛盾向有利于运营安全的方向转化。

效果评价

评价表

项目名称	项目1 城市轨道交通运营安全管理基础	学生姓名	
任务名称	任务1.2 城市轨道交通运营安全管理的基础知识	分数	
项 目		分 值	考核得分
(1) 对运营安全管理的范围的理解与掌握情况		20	
(2) 对运营安全管理的对象的理解与掌握情况		20	
(3) 对运营安全管理的主要内容的理解与掌握情况		40	
(4) 对运营安全管理的特点的理解与掌握情况		20	
总体得分			

教师简要评语:

教师签名:

任务 1.3　城市轨道交通运营安全管理体系

情景导入

采用多媒体展示城市轨道交通安全管理体系的构成(见图 1-5)。

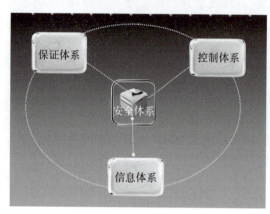

图 1-5　安全管理体系示意图

任务要求

掌握城市轨道交通安全管理体系的构成。

知识准备

城市轨道交通运营是一个复杂联动系统的协调运作,所涉及的专业多,自动化程度高,运行安全可靠度要求高,要想实现安全可靠运营,提供、准点、快捷、舒适的服务,安全是基础、是保证。因此,在城市轨道交通运营中要贯彻"以人为本"的安全观,以"安全第一、预防为主、综合治理"为指导方针,积极做好各项安全管理工作,做好应对安全生产方面的问题和风险的准备。安全是运营生产的生命线,只有准确把握对安全工作的认识,才能时刻保持清醒的头脑,不断铲除事故的温床;也只有正确认识安全工作,才能使安全工作立于不败之地,实现运营的长治久安。

城市轨道交通作为提供客运服务的行业,安全管理体系的构建及安全管理起点的高低,是运营管理水平和服务水平的最直接体现。城市轨道交通又是一个资产密集型企业,构建运营安全体系,提高运营安全水平,是运营筹备中最重要的工作之一。

一、总体方针和目标

城市轨道交通运营安全管理体系的总体方针是城市轨道交通运营企业对其在安全管理方面的意向和原则的声明,实施城市轨道交通运营安全管理体系的全过程是在这个方针的指导下进行的。

建立运营安全管理体系的目标如下：使城市轨道交通的安全生产与管理达到预先设定的标准，使事故等级和事故频率控制在预先规定的范围内。构建运营安全管理体系并不断优化，实现成熟运作，是城市轨道交通运营安全的保障。

二、基本要素

城市轨道交通运营安全管理体系共包括3个方面、13个基本要素。

轨道交通安全管理体系由保证体系、控制体系和信息体系构成，如图1-6所示。在这3个系统中，保证体系为整个管理工作提供组织保证、制度保证、教育培训及创建良好安全文化氛围，是该体系运行的前提和根本；控制体系是整个管理工作的核心，是实现有效管理的关键环节，在整个管理体系中处于中心地位；信息体系是用来进行信息的收集、加工、转换并利用信息进行预测和控制的，是整个安全管理工作的基础。

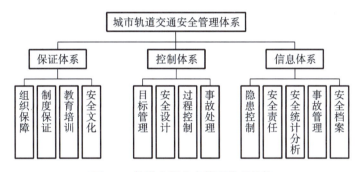

图1-6　轨道交通安全管理体系结构

（一）保证体系

首先，必须有一个能从组织上、制度上给以保证的载体，即保证体系，它是整个系统得以运行的前提和保障。根据保证体系中各因素的地位和作用，把其分为组织保障、制度保证、教育培训和安全文化。

1. 组织保障

城市轨道交通运营单位的安全生产管理必须有组织上的保障。组织保障主要包括两个方面：一是安全生产管理机构的保障；二是安全生产管理人员的保障。安全生产管理机构是指生产经营单位中专门负责安全生产监督管理的内设机构，安全管理人员是指生产经营单位中专门从事安全生产管理的专职或兼职安全生产管理人员。安全管理机构和安全管理人员的作用是落实国家有关安全生产的法律法规，组织生产经营单位内部开展各种安全检查活动，督促各种事故隐患及时整改，监督安全生产责任制的落实，等等。

《中华人民共和国安全生产法》第二十四条对生产经营单位安全生产管理机构的设置和安全生产管理人员的配备做出了明确规定：矿山、金属冶炼、建筑施工、运输单位和危险物品的生产、经营、储存、装卸单位，应当设置安全生产管理机构或者配备专职安全生产管理人员。

前款规定以外的其他生产经营单位，从业人员超过一百人的，应当设置安全生产管理机构或者配备专职安全生产管理人员；从业人员在一百人以下的，应当配备专职或者兼职的安全生产管理人员。

组织保障贯穿于安全生产的全过程,既需要通过对企业各个层级的部门进行横向管理来实现决策方案的落实,更需要通过纵向管理以最终达到安全生产的目的。根据整体运作的模式,结合"统一管理,分级负责"的安全管理原则,许多城市轨道交通运营企业设立了专门的以预防、监督、检查、落实为责任主体的安全归口管理部门,成立了以公司领导、各部门负责人及专职安全管理人员为管理主体的安全管理委员会,同时成立了以各部门专(兼)职安全员、各专业技术骨干为核心力量的安全管理工作网络,各部门也分别成立了部门安全工作小组,为运营安全管理的有序进行提供了组织保障,形成了公司、部门(车间)、班组"三级安全管理网"。

2. 制度保证

安全生产规章制度是指生产经营单位依据国家有关法律法规、国家和行业标准,结合生产经营单位的安全生产实际,以生产经营单位名义颁发的有关安全生产的规范性文件,一般包括规程、标准、规定、措施、办法、制度、指导意见等。

1) 建立规章制度的必要性

建立健全安全生产规章制度是生产经营单位的法定责任。《中华人民共和国安全生产法》规定"生产经营单位必须遵守本法和其他有关安全生产的法律法规,加强安全生产管理,建立健全全员安全生产责任制和安全生产规章制度,加大对安全生产资金、物资、技术、人员的投入保障力度,改善安全生产条件,加强安全生产标准化、信息化建设,构建安全风险分级管控和隐患排查治理双重预防机制,健全风险防范化解机制,提高安全生产水平,确保安全生产";《中华人民共和国劳动法》规定"用人单位必须建立、健全劳动安全卫生制度,严格执行国家劳动安全卫生规程和标准,对劳动者进行劳动安全卫生教育,防止劳动过程中的事故,减少职业危害";《中华人民共和国突发事件应对法》规定"所有单位应当建立健全安全管理制度,定期检查本单位各项安全防范措施的落实情况,及时消除事故隐患……"所以,建立健全安全规章制度是国家有关法律法规明确规定的生产经营单位的法定责任。

建立健全安全生产规章制度是生产经营单位安全生产的重要保障。安全风险产生于生产经营过程当中,是客观存在的现实,需要生产经营单位对生产工艺过程、机械设备、人员操作进行系统分析、评价,制定出一系列的操作规程和安全控制措施,以保障生产、经营工作合法、有序、安全地运行,将安全风险降到最低。在长期的生产经营活动中会积累大量的安全风险防范措施,这些措施只有形成安全规章制度,才能有效地得到继承和发扬。

建立健全安全规章制度是生产经营单位保护从业人员安全与健康的重要手段。安全生产的相关法律法规明确规定,生产经营单位必须采取切实可行的措施,保障从业人员的安全与健康。因此,只有通过安全规章制度的约束,才能防止生产经营单位安全管理的随意性,才能使从业人员进一步明确自己的权利和义务,有效地保障从业人员的合法权益。同时,也为从业人员在生产、经营过程中遵章守纪提供明确的标准和依据。

2) 规章制度体系建设

安全生产规章制度包括安全管理和安全技术两个方面的内容,按照安全系统工程原理建立的安全规章制度体系,一般由综合安全管理、人员安全管理、设备设施安全管理、环境安全管理四类组成;按照标准化体系建立的安全规章制度体系,一般把安全规章制度分为安全技术标准、安全管理标准和安全工作标准;按职业安全健康管理体系建立的安全规章制度体系，一般分为手册、程序文件、作业指导书三大类。

城市轨道交通企业的安全生产规章制度体系应包括以下内容。

①技术标准。

技术标准是指对企业标准化领域中需要协调统一的技术事项所制定的标准。

技术标准体系包含车辆、工建、供电、通信、信号、机电、自动化、AFC、行车、客运等十个部分，由运营公司技术安全部门归口管理。例如：电客车检修规程、电客车上线质量规定、洗车机安全操作规程、浅坑式移车台安全操作规程、不落轮镟床安全操作规程、移动式架车机安全操作规程、桥式起重机安全操作规程等。

②安全管理标准。

安全管理标准是指对企业标准化领域中需要协调统一的管理事项所制定的标准。建立以安全生产责任制为核心的安全管理规章制度是安全生产管理的依据和前提，安全生产责任系统的建立体现了全面安全管理的思想。岗位安全生产责任制作为其实施细则，是保证各级安全生产责任制具体落实到人的措施。按照管理层次不同、分工不同，每个岗位都应明确相应的安全责任，纵向是从最高管理者到每个作业人员，横向则包括各个部门的每个岗位。

城市轨道交通企业的安全管理标准一般分为基本标准、检查监督、奖惩、评估。以西安地铁运营安全管理标准为例，主要包括四个方面的内容：一是包含《安全管理办法》《消防安全管理制度》《安防保卫管理办法》《职业健康管理办法》《员工劳动防护用品管理办法》《员工作业通用安全守则》《运营事故处理规则》《地铁外部人员伤亡事故管理规则》等在内的安全基本标准；二是包含《安全检查监督管理办法》《地铁运营危险源识别及控制管理办法》等在内的监督检查标准；三是包含《安全问责管理办法》《安全奖管理办法》《安全评先管理办法》等在内的安全奖惩标准；四是《安全评估办法》等。

③安全工作标准。

安全工作标准包含组织机构、综合管理、安全管理、应急管理、技术管理（作业指导书、故障处理指南、操作规程）等几部分，由运营单位各部门归口管理。

④运营公司标准体系层次结构图如图1-7所示。

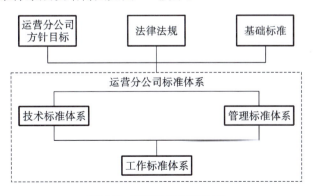

图1-7 运营公司标准体系

3）规章制度管理

①起草。根据企业安全生产责任制，由安全生产管理部门及相关职能部门负责起草安

全规章制度。起草前应对目的、适用范围、主管部门、解释部门及实施时间等进行明确,同时做好相关资料的准备和收集工作。

②会签或公开征求意见。起草的规章制度,应通过正式渠道征得相关职能部门或员工的意见和建议,以利于规章制度颁发后的贯彻落实。当意见不能达成一致时,应由分管领导组织讨论,统一思想,达成共识。

③审核。标准、办法签发前,应进行审核。一是由生产经营单位负责法律事务的部门进行合规性审查;二是邀请相关专家对专业技术性较强的规章制度进行审核;三是安全奖惩制度等涉及全员的制度,必须通过职代会联席会议审议后试行,通过职工代表大会审议后执行。

④签发。技术规程、安全操作规程等技术性较强的安全管理规章制度,一般由生产经营单位主管生产的领导或总工程师签发,涉及全局性的综合管理制度应由生产经营单位主要负责人签发。

⑤发布。采用固定方式进行发布,如红头文件的形式、内部办公网络等。发布范围应涵盖执行部门、人员。有些特殊的制度还需正式送达相关人员,并由接收人员签字。

⑥培训。新颁布的安全生产规章制度、修订的安全生产规章制度,应组织员工培训,操作规程类规章制度还应组织相关人员进行考试。

⑦反馈。应定期检查安全生产规章制度执行中存在的问题,或建立信息反馈渠道,及时掌握安全生产规章制度的执行效果。

⑧持续改进。生产经营单位应每年制定规章制度的制定和修订计划,并应公布现行有效的安全生产规章制度清单。对安全操作规程类规章制度,除每年进行审核和修订外,每3~5年进行一次全面修订,并重新发布,确保规章制度的建设和管理有序进行。

3. 教育培训

1) 教育培训的基本要求

加强员工的安全教育培训,是提高从业人员对作业风险的辨识、控制、应急处置和避险自救能力,提高从业人员的安全意识和综合素质,防止产生不安全行为,减少人为失误的主要途径。《中华人民共和国安全生产法》第二十七条规定:"生产经营单位的主要负责人和安全生产管理人员必须具备与本单位所从事的生产经营活动相应的安全生产知识和管理能力。"第二十八条规定:"生产经营单位应当对从业人员进行安全生产教育和培训,保证从业人员具备必要的安全生产知识,熟悉有关的安全生产规章制度和安全操作规程,掌握本岗位的安全操作技能,了解事故应急处理措施,知悉自身在安全生产方面的权利和义务。"第三十条规定:"生产经营单位的特种作业人员必须按照国家有关规定经专门的安全作业培训,取得相应资格,方可上岗作业。"

教育培训是使员工适应工作或作业环境的重要手段,如果员工不接受培训和教育,不熟练掌握生产环境中有关作业的条件和知识,就难免产生不安全行为。因此,安全教育和培训是安全工作中需要特别重视的问题。运营安全主管部门首先应制定安全教育培训管理办法,在办法中规定作为一个新建企业的各级、各岗位工作人员应该接受的安全教育的种类、内容、方式、方法及应达到的水平和效果等,并特别突出安全专兼职人员及特殊工种人员的安全培训要求,确立以公司、部门(车间)、班组为主的三级安全教育模式。同时,按岗位分工不同,有计划、有步骤地开展送外学习,组织员工参加有关设备厂商举办的培训;开展公司内部培训及班组内"师带徒"培训。多种培训方式使员工提高了安全操作技能、安全管理水平及安全防范意识。对特殊工种人员还应进行专门的培训,确保所有特种作业人员持证上岗。

2) 各类人员的教育培训

(1) 主要负责人的培训内容和时间。

①培训的主要内容:

a. 国家安全生产方针、政策和有关安全生产的法律、法规、规章及标准。

b. 安全生产管理基本知识、安全生产技术、安全生产专业知识。

c. 重大危险源管理、重大事故防范、应急管理和救援组织以及事故调查处理的有关规定。

d. 职业危害及其预防措施。

e. 国内外先进的安全生产管理经验。

f. 典型事故和应急救援案例分析。

g. 其他需要培训的内容。

②培训时间:

生产经营单位主要负责人初次安全培训时间不得少于 32 学时。每年再培训时间不得少于 12 学时。

(2) 安全生产管理人员的培训内容和时间。

①培训的主要内容:

a. 国家安全生产方针、政策和有关安全生产的法律、法规、规章及标准。

b. 安全生产管理、安全生产技术、职业卫生等知识。

c. 伤亡事故统计、报告及职业危害的调查处理方法。

d. 应急管理、应急预案编制以及应急处置的内容和要求。

e. 国内外先进的安全生产管理经验。

f. 典型事故和应急救援案例分析。

g. 其他需要培训的内容。

②培训时间:

生产经营单位安全生产管理人员初次安全培训时间不得少于 32 学时。每年再培训时间不得少于 12 学时。

(3) 其他从业人员的教育培训。

生产经营单位其他从业人员是指除主要负责人、安全生产管理人员以外,从事生产经营活动的所有人员。

①三级安全教育培训。

三级安全教育是指公司、部门(车间)、班组的安全教育。

公司级安全教育培训的重点:本单位安全风险辨识、安全生产管理目标、规章制度、劳动纪律、安全考核奖惩、从业人员的安全生产权利和义务、有关事故案例等。

部门(车间)级安全教育培训的重点:本岗位工作及作业环境内的安全风险辨识、评价及控制措施;典型事故案例;岗位安全职责、操作技能及强制性标准;自救互救方法、疏散和现场紧急情况的处理;安全设施、个人防护用品的使用和维护。

在员工岗位确定后,由班组长组织班组级安全教育培训,除班组长、班组技术员、安全员对其进行安全教育培训外,自我学习是重点。传统的师傅带徒弟是搞好班组安全教育培训的一种重要方法。班组级安全教育培训的重点:岗位安全操作规程、岗位之间的工作衔接配合、作业过程中的安全风险分析方法和控制对策、事故案例等。

培训时间：新从业人员安全生产教育培训时间不得少于 24 学时。

② 调整工作岗位或离岗后重新上岗安全教育培训。

从业人员调整工作岗位后，由于岗位工作特点、要求不同，应重新进行岗位安全教育培训，并经考试合格后方可上岗作业；由于工作需要或其他原因离开岗位后，重新上岗作业应重新进行安全教育培训，经考试合格后，方可上岗作业。原则上，安全风险较大、技能要求较高的作业岗位，安全教育培训的时间间隔应短一点。

③ 岗位安全教育培训。

岗位安全教育培训是指连续在岗位工作的安全教育培训工作，主要包括日常安全教育培训、定期安全考试和专题安全教育培训三个方面。

（4）乘客的安全培训。

除了提高员工的安全意识和能力外，在城市轨道交通运营的过程中，还应加大安全知识宣传力度，提高乘客的安全意识。

运营公司安全培训流程图如图 1-8 所示。

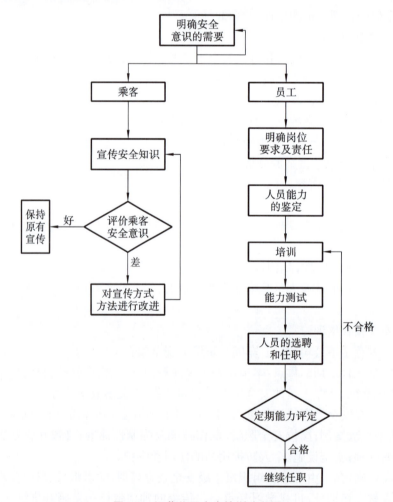

图 1-8　运营公司安全培训流程图

4. 安全文化

安全文化建设是事故预防的一种"软"力量，是一种人性化管理手段。安全文化建设通过创造一种良好的安全人文氛围和协调的人机环境，对人的观念、意识、态度、行为等形成从无形到有形的影响，从而对人的不安全行为产生控制作用，以达到减少人为事故的效果。安全文化建设有以下作用。利用文化的导向、凝聚、辐射和同化的功能，引导全体员工采用科学的方法从事安全生产活动。利用文化的约束功能，一方面形成规章制度的约束，引导员工遵守规章制度；另一方面通过道德规范的约束，创造一种团结友爱、相互信任的和睦气氛，工作中发现不安全因素时相互提醒，共同保障安全，形成凝聚力和信任力。利用文化的激励功能，使每个人明白自己存在和行为的价值，体现出自我价值的实现。要持之以恒地坚持企业安全文化建设，形成尊重生命的企业价值观。

1) 安全文化建设的操作步骤

（1）建立机构。

领导机构可以定为"安全文化建设委员会"或者"安全生产委员会"，必须由生产经营单位主要负责人亲自担任委员会主任，同时选定一名生产经营单位高层领导担任委员会的常务副主任。其他高层可以担任副主任，有关管理部门负责人担任委员。

在领导机构下还必须建立一个安全文化办公室，办公室可以由生产（经营）、宣传、党群、团委、安全管理等部门的人员组成，负责日常工作。

（2）制订计划。

①对本单位的安全生产观念、状态进行初始评估。

②对本单位的安全文化理念进行定格设计。

③制定科学的时间表及推进计划。

（3）培训骨干。

培训骨干是推进企业安全文化建设不断更新、发展非做不可的事情。训练内容可包括理论、事例、经验和实施方法等。

（4）宣传教育。

宣传、教育、激励、感化是传播安全文化、促进精神文明的重要手段。规章制度这些刚性的东西固然重要，但安全文化这种柔性的东西往往能起到意想不到的作用。

（5）努力实践。

安全文化建设是安全管理中较高层次的工作，是实现"零事故"目标的必由之路，是超越传统安全管理来解决安全生产问题的根本途径。在安全文化建设过程中，紧紧围绕"安全-健康-文明-环保"的理念，通过采取管理控制、精神激励、环境感召、心理调适、习惯培养等一系列方法，既能推进安全文化建设的深入发展，又能丰富安全文化的内涵。

2) 运营安全文化实践

运营安全文化是企业文化建设的一部分，在大力建设城市轨道交通企业文化的同时应积极推进运营安全文化的建设，积极努力提高全体城市轨道交通员工和全社会的安全意识。在企业内部持续开展"安全生产月""安全生产示范岗""安全知识竞赛"和"6S管理"等活动，以不同层次和不同主题的具体活动为载体，使员工在潜移默化中受到安全教育，提高员工的安全意识和安全素质。在城市轨道交通车站通过宣传画、广播、电视和多媒体等方式，宣传"安全第一，预防为主""以人为本，安全至上"的安全理念，大力营造"关爱生命、关注安全"的氛围，在广大乘客当中普及安全知识和基本安全技能。在推动社会安全文化建设方面，通过培养安全型的轨道交通员工、轨道交通家庭、轨道交通乘客，将城市轨道交通运营安全管理中的"全员"概念延伸为"全民、全社会"，致力于建造"安全型社会"，从而确保城市轨道交通运营安全。

安全文化不但发挥了保证城市轨道交通运营安全的作用，而且影响了市民的道德行为。比如，提倡搭乘扶梯靠边站立、站稳扶好，就可大大降低扶梯客伤的发生频率；再如，引导乘客排队上车，可有效提高乘降效率，降低拥挤踩踏风险。通过这些举措，形成了一种良好的互敬互让、与人方便的社会公德，从而在实践中推进了社会文化建设。

（二）控制体系

控制是指行为主体为保证在变化的条件下实现其目标，按照事先拟定的计划和标准，采取各种方法，对被控对象实施过程中发生的各种实际值与计划值进行比较、检查、监督、引导和纠正，以保证计划目标得以实现的管理活动。目前的轨道交通安全管理特征是事后管理，即单一的反馈控制。这是一种典型的"问题管理型"方法，即事故或事故苗子发生后再采取防范对策，它远远不能适应未来高密度、大运量的轨道交通网络化建设的需要。因此，必须采用前馈与反馈相结合的超前控制，即在原有反馈基础上，针对其输入或生产系统本身发生的变化，事先将其对安全可能造成的影响进行分析评价，开展事故预测，采取必要的防范措施。控制体系由目标确定、安全设计、运行控制和事故处置这4部分组成。

1. 目标确定

运营公司所制定的总体和年度安全生产目标，既要针对运营过程中各职能部门的共性安全问题，也要考虑到各职能部门的特殊安全问题。对目标的要求有：目标要针对不可容许的风险，使其降低到可允许程度；目标应当尽量量化，便于考核；要考虑资源的充分性和技术方案的可操作性；目标要定位于相关的职能部门；有时间限制。

2. 安全设计

安全设计包括以下主要内容：

（1）信息资料收集，包括员工信息、安全管理的重难点以及危险、关键部位分析，以往事故和常见事故资料等。

（2）安全管理目标，包括公司、部门的安全目标值，车间、班组（车站）的安全控制目标等。

（3）安全管理组织，包括安全管理网络图、部门与岗位的职责与权限等。

（4）安全生产策划，包括针对性地确定控制和检查手段、措施，确定执行的文件、规范，应补充的安全管理规定。

（5）安全保证计划。

（6）运营现场的安全控制，包括对生产过程实施监督和控制的方法（重点、关键点的控制内容），生产人员上岗资格的要求，为达到规定要求所使用的安全技术和操作方法，其他工作组织设计等。

（7）事故隐患的控制，包括如何识别并控制隐患，对检查表查出的不合格设施、不合格过程、不安全行为的具体处置方法和程序等。

3. 运行控制

为了确保对与安全风险有关的运营活动进行有效控制，应针对以下几个方面建立运行控制程序;新线设施设备交接;日常客运服务;设施设备的检修与维护;易燃、易爆、有毒有害物品的处理;防火减灾;纠正和预防措施;不符合事件的后期处理;应急准备和响应控制等。对重要风险因素进行识别和分析后,根据需要制定安全管理方案,作为程序文件的补充。对一般风险因素,通过法律法规和其他要求及日常检查来控制。运行控制的目的在于监控安全管理体系的目标和方案能否得到应有的实施,所以在运行控制中尤其应当注意避免"两张皮"现象,即程序文件设计得很好,但在实际操作中得不到应有的落实。当然,若能够建立危险源实时监测系统,就能够更加有效地对所有的危险源进行控制。

4. 事故处置

城市轨道交通事故处置机制是指对城市轨道交通运营中发生的事故、故障、突发事件,能及时做出反应并采取有效措施,以尽快恢复正常运营秩序的相关组织机构及其功能和相互关系。该机制包括反应和处理两方面,涉及事故故障应急反应处理机制分析、城市轨道交通应急处置的信息管理、城市轨道交通事故应急处置预案体系三个方面。

（三）信息体系

鉴于现代安全管理系统多层次、多回路、多环节的特征,在安全管理系统内部以及安全管理系统与生产系统之间,必须具备一定的信息反馈渠道,使得信息传递及时、准确。因此,要使安全管理系统有效运行,还必须有一个能全面、及时而准确地获取各种决策所需的信息,能迅速反馈实施情况的信息体系。

管理与控制的本质就是信息处理,对于现代安全管理系统来说,安全信息系统是其必不可少的组成部分。然而,轨道交通安全管理体系的一个重大缺陷就是信息不流通,有关数据被各职能单位分割,使得这些数据中蕴藏着的许多有用信息不能被充分提取出来。这种做法实际上阻碍了信息流通,增加了安全系统的熵值。因此,建立性能良好、信息流畅且组织结构合理的信息系统,是当前安全工作中迫切需要解决的问题。

信息体系是安全管理组织的神经中枢,信息中心是安全管理活动的大脑,负责安全信息的响应和动作,协调人员和部门间的相互关系并统一指挥进程。

1. 信息系统应具备的内容

（1）建立生产管理信息网络,及时、准确、有效地搜集、传递安全信息,供各级管理人员和公司领导进行管理和决策。

（2）为保证安全管理体系的有效运作,建立隐患控制、安全责任、安全统计分析、事故管理、安全档案管理子系统,以提高工作效率和工作质量。

（3）建立计算机安全评价、分析辅助系统,使安全评价科学化。

（4）实现安全管理办公自动化,使工作流程规范化、制度化。

（5）建立应急预案数据库、安全文件和事故案例数据库,为应急管理提供信息,提高预测预防能力。

2. 信息系统的总体结构和功能

信息系统分为风险管理、安全责任、安全统计分析、事故管理和安全档案5个子系统。

1）风险管理

风险管理系统是整个信息管理系统的核心部分,其他子系统从某种意义上说都是为该子系统服务的,其主要功能是收集各种固有隐患情况和确定事故类型,进行分析、分级、归类，制定风险控制策略，实现对安全生产风险的预先防范和动态控制，并将控制的结果及时总结归纳。风险信息是轨道交通安全信息体系的重要组成部分，是制定控制措施、降低安全风险、预防安全事故的基本依据。

2）安全责任

安全责任系统负责建立各级管理责任和考核指标，记录措施落实情况和考核结果，对安全人员反馈的各种信息的数量和质量进行统计和评价。通过制定运营安全管理责任制，健全责任体系，确立安全考核指标，把安全管理责任落实到每一个岗位，各岗位各司其职、各负其责，形成"安全重担人人挑，人人头上有指标"的管理责任落实机制。每年公司总经理与各部门领导签订安全责任书，把安全指标层层分解、层层落实，并与部门绩效直接挂钩，形成管理上的约束机制，使员工始终把安全摆在第一位。

3）安全统计分析

安全统计分析系统负责建立安全作业计划及安排表，收集日常安全生产报表。

（1）统计工作的基本步骤。

①设计。制订计划，对整个过程进行安排。

②收集资料（现场调查）。根据计划取得可靠、完整的资料，同时要注重资料的真实性。收集资料的方法有3种：统计报表、日常性工作、专题调查。

③整理资料。原始资料的整理、清理、核实、查对，使其条理化、系统化，便于计算和分析。

④统计分析。运用统计学的基本原理和方法，分析计算有关指标和数据，揭示事物内部的规律。

（2）职业卫生统计分析。

职业危害资料的统计分析与其他资料一样，应按照资料类型和统计分析方法的要求进行。

①计量资料的统计分析。

计量资料可采用集中趋势和离散趋势指标计算，如 t 检验、M 检验、方差分析、秩和检验、相关分析、回归分析。

②技术资料的统计分析。

可采用的分析方法有相对数计算、二项分布、卡方检验。

（3）事故统计分析。

事故统计分析的目的是通过合理地收集与事故有关的资料、数据，并应用科学的统计方法，对大量数据进行整理、加工、分析和推断，找出事故发生规律和事故发生的原因，为制定相关制度、加强工作决策、采取预防措施、防止事故重复发生起到重要指导作用。

《生产安全事故统计报表制度》中最重要的就是两张基层报表，正确理解基层报表的各项指标是做好伤亡事故统计工作的基础，其他各类统计报表都是在基层报表的基础上产生的。基层报表的各项指标归纳起来可分为以下4个方面。

①事故发生单位情况。

包括事故单位的名称、单位地址、单位代码、邮政编码、从业人员数、企业规模、经济类型、所属行业、行业类别、行业中类、行业小类、主管部门。

②事故情况。

包括事故发生地点、发生日期（年、月、日、时、分），事故类别，人员伤亡总数（死亡、重伤、轻伤),非本企业人员伤亡总数(死亡、重伤、轻伤),事故原因,损失工作日,直接经济损失,起因物,致害物,不安全状态,不安全行为。

③事故概况。

主要包括事故经过、事故原因、事故教训和防范措施、结案情况、其他需要说明的情况。

④伤亡人员情况。

包括伤亡人员的姓名、性别、年龄、工种、工龄、文化程度、职业、伤害部位、伤害程度、受伤性质、就业类型、死亡日期、损失工作日。

4)事故管理

事故管理系统对事故处理过程中用于描述事故的大量数据、文字、图形进行输入、归纳和整理,并可随时调阅各类图纸、法令、法规、技术规范等信息,在此基础上形成对事故的总结与分析报告。

对于事故中的不安全因素,由众多的安全管理人员将信息传递到信息中心,信息中心的信息管理员将各种信息进行归类整理、分析、筛选,然后由安全信息主管提供信息支持,由安全工程师提供技术支持,由技术安全部门协调资源配置,通过定方案、定日期、定负责人,共同制定整改方案,提出控制生产系统隐患的有效措施。整个过程都要求形成完整的文件和记录,并由安全信息中心及时备案、存档和更新,以便进行动态跟踪。

下面以应用事故树分析事故原因为例,简要讲解事故分析管理的过程。

把城市轨道交通作为一个大系统进行分析,可把人、设备、环境三个因素看作事故发生的直接原因,而管理的缺陷是造成事故的间接原因。这四种因素和事故之间存在着必然的逻辑关系,借助事故树中的条件或门,事故发生的原因如图1-9(X_1:人的原因;X_2:设备原因;X_3:环境原因;X_4:管理原因)所示。

采用布尔代数化简法求该事故树最小割集:

$$T=(X_1+X_2+X_3)X_4=X_1X_4+X_2X_4+X_3X_4$$

得到三个最小割集:$\{X_1,X_4\},\{X_2,X_4\},\{X_3,X_4\}$。

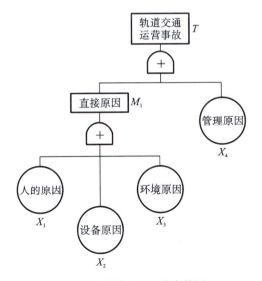

图1-9 轨道交通运营事故树

由上述例子不难看出,事故发生的原因可归结到人为、设备、环境和管理四大因素。这四大因素中的任何一种因素运行不良,都会引发事故。而管理因素随时随地制约着其他三种因素,也就是说,只要管理方面存在缺陷、不善、混乱或失误,就会直接导致事故的发生或导致人的不安全行为、设备的不安全状态和环境的不安全因素存在,进而引发事故,可见管理缺陷是诱发事故的关键原因。

5) 安全档案

运营公司应建立各级安全组织、安全管理人员、安全教育培训和劳动保护情况等的档案;按规定设立专门的安全生产管理机构,配备专兼职安全生产管理人员,从企业最高管理者、管理者代表、安全管理人员、各部门人员、全体员工等层面,进行职责划分,明确各基层、各类人员在体系中承担的不同职责和权限;确保安全管理体系能够有效运行,并不断提高管理绩效;合理确定从事安全管理工作人员的资格条件,评价员工的能力;使员工学习掌握专业知识和技能,满足岗位要求,除了对安全生产管理人员、操作岗位人员意识能力的培训,在城市轨道交通运营的过程中,还应扩大对安全知识的宣传力度,提高相关方作业人员以及乘客的安全意识;做好现场劳动保护工作,预防工伤事故和职业病的发生,确保员工的正当权益不受侵犯。

运营公司应严格执行文件和档案管理制度,确保安全规章制度和操作规程编制、使用、评审、修订的效力。运营公司应建立主要安全生产过程、事件、活动、检查的记录档案,并加强对安全记录的有效管理。

效果评价

评价表

项目名称	项目1 城市轨道交通运营安全管理基础	学生姓名	
任务名称	任务1.3 城市轨道交通运营安全管理体系	分数	
项 目		分 值	考核得分
(1) 对运营安全管理体系的构成要素的理解与掌握情况		10	
(2) 对运营保证体系的构成及内容的理解与掌握情况		30	
(3) 对运营控制体系的构成及内容的理解与掌握情况		30	
(4) 对运营信息体系的构成及内容的理解与掌握情况		30	
总体得分			

教师简要评语:

教师签名:

任务 1.4 城市轨道交通运营安全的影响因素

情景导入

2012年9月3日10时19分许,一女子擅自进入某地铁2号线世纪大道站轨道线路,所幸列车及时刹车,该人员无生命危险。该事件造成世纪大道站往龙阳路站方向列车限速运行,发车班次间隔延长,影响时间达10分钟以上。10时36分左右,2号线世纪大道站往龙阳路站方向逐步恢复运营。

2013年4月8日7时左右,地铁站内挤满了等车的乘客,就在列车快要进站时,有乘客闻到一股刺鼻的味道。此时,列车的倒数第二节车厢下冒出浓烟,有明显的火光和巨响,不少乘客纷纷下车拍照,并猜测列车可能是出现了故障。事后,地铁公司采取临时限流措施,站台滞留了很多乘客,车站工作人员紧张调配维修,大约10分钟后故障基本排除,乘客重新登上列车。该地铁运营公司表示,冒烟是一段通信电缆侵入限界与列车刮蹭所致。

1981年7月9日,成昆线尼日至乌斯河间的利子依达铁路大桥被泥石流冲塌,正在通过的422次列车2台机车、1辆客车和1辆行李车坠入大渡河内,造成130人失踪和死亡,146人受伤,线路中断15天。

通过上述三个案例可以看出,轨道交通是一个比较庞杂的大系统,影响城市轨道交通运营安全的因素有很多。具体有哪些?如何进行分类?这些都是本任务学习的重点。

任务要求

通过本任务的学习,要求能够熟练掌握城市轨道交通运营安全的影响因素,并可从人、设备、环境、管理四个方面对影响城市轨道交通运营安全的因素进行分析。

知识准备

根据一般系统论创始人贝塔兰菲的观点,系统是相互关联并与环境相互联系的要素的集合。从系统论的观点出发,将与运营有关的因素划为四类,即人、设备、环境和管理。

由图1-10可知,影响运营安全的因素有人、设备、环境和管理四大要素,各要素之间相互联系并相互作用。城市轨道交通系统也是由人、设备、环境和管理四大要素构成的。在系统安全的运作层次,人的安全技术和素质、设备的安全性能、环境的安全质量以及它们之间的匹配程度和质量,都单独或综合地影响着系统的安全,而系统安全运作层次效能的发挥取决于系统管理层次的效能,即系统安全管理水平。安全管理监督人、设备、环境的动态变化,调节和控制着三者及其组合状态,以保证系统安全运作的连续、良性和有序。因此,需要运用各种有效的组织管理手段,采取各种必要的安全技术措施,调动一切积极因素,形成强大有力、稳妥可靠的安全保障壁垒。

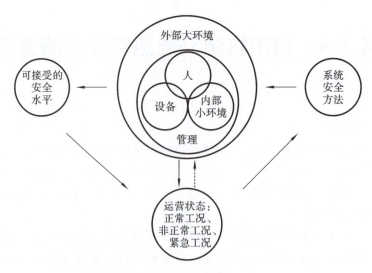

图 1-10 运营安全影响因素及其关系

一、人的因素影响分析

(一) 人在安全管理中的主导作用

在安全问题中,人是矛盾的主要方面,因为即使是高度自动化的系统也不可能完全避免人的介入,不可能完全不受人的操纵和控制。德国安全专家库尔曼认为,人是一种安全因素和防护对象,机器是一种安全因素,环境是一种安全因素和应予以保护的财富,在人-机-环境系统中,只有人向安全问题提出挑战。一个掌握足够技能和装备的人能够发现并纠正系统故障,并使其恢复到正常状态。

不幸的是,绝大多数事故的发生均与人的不安全行为有关。据统计,德国大约80%以上的道路交通事故源于人的差错;法国电力公司在 1990 年提出的安全分析最终研究报告中指出,70%~80%的事故中,人的因素起着决定性作用;美国机动设备事故中,人为因素引起的事故占 89%(其中单纯的人的因素占 57%,人与环境的相关因素占 26%,人与设备的相关因素占 6%);日本核电站管理部门分析结果表明,日本 70%的核电站事故是由人的差错引起的。

人对于安全的主导作用在城市轨道交通运营安全方面也不例外。城市轨道交通运营安全与许多活动有关,各项活动都依赖于高效、安全和可靠的人的行为。运营工作的每个环节、每项作业,人都参与其中并处于主导地位,人操纵、控制、监督各项设备,完成各项作业,与环境进行信息交流,与其他作业协调一致。正是人在运营工作中的重要地位,才使得人的因素在运营安全中起着关键作用。

(二) 影响运营安全的人员分类

影响城市轨道交通运营安全的人员包括以下两类:

(1) 运营系统内人员。运营系统内人员主要指城市轨道交通运营企业各部门的各级领导人员、专职管理人员和基层作业人员,他们是保证运营安全的最关键的人员。运营一线员工和相关管理人员的思想品质、技术业务水平及心理、生理素质等,往往是影响事故发生的重要因素。

（2）运营系统外人员。运营系统外人员对运营安全的影响主要表现在以下方面：旅客携带易燃品、易爆品、危险品上车，不遵守有关安全规定而引起行车事故；偷盗通信器材、拆卸设备等，严重威胁城市轨道交通运营安全。

（三）运营安全对人员的素质要求

影响运营安全的人的因素是指人的安全素质，包括思想素质、技术业务素质、生理、心理素质，以及群体素质。对不同人员有不同的素质要求。

1. 对系统内人员的素质要求

（1）思想素质。思想素质包括职业道德、劳动纪律和安全观念等。

（2）技术业务素质。技术业务素质包括业务知识、文化素养、安全法律知识和安全技能，以及处理各种非正常情况的作业能力等。

（3）心理素质。心理素质是指影响运营安全的人的心理过程及个性心理特征，主要包括个体的气质、能力、性格、情绪、需要、动机、态度、爱好、兴趣和意志等。

（4）群体素质，指影响运营安全的群体特征，包括群体目标、群体内聚力、群体的信息沟通、群体的人际关系等。由于轨道运营工作要求多工种协同动作，涉及多个环节，因而它对运输系统内的部门与部门之间、部门内人员之间及同一作业的不同操作者之间的协调性要求很高，这就使群体的作用变得十分突出。群体对运营安全的影响主要表现在群体意志影响其成员的行为上，包括社会从众作用、群体助长作用和群体规范作用等。

2. 对系统外人员的素质要求

系统外人员不直接从事运输生产活动，因此，对他们的安全素质要求主要体现在要严格遵守城市轨道交通运营安全法规的有关规定，具备城市轨道交通安全法规常识，具有较强的安全意识和一定的安全技能等方面。

二、设备因素的影响分析

城市轨道交通运营设备是除人之外，影响运营安全的另一个重要因素。质量良好的设备既是运营生产的物质基础，又是运营安全的重要保障。

（一）与运营有关的设备

与运营有关的设备主要包括运营基础设备和运营安全技术设备。运输基础设备包括固定设备（线路、车站、车辆段、环控系统、指挥系统等）和移动设备（机车、车辆、通信设备等）。运营安全技术设备主要包括安全监控设备、安全监测设备、自然灾害预报与防治设备、事故救援设备及其他安全设备。

此外，城市轨道交通系统为乘客提供出行服务时，与乘客接触的设施包括自动扶梯、AFC系统、休息座椅等，这些设施的配置情况和服务水平也会影响运营安全。

（二）影响运营安全的设备因素

影响运营安全的设备因素主要是指运营基础设备和运营安全技术设备的安全性能，包括设计安全性和使用安全性。

（1）设计安全性。设备的设计安全性是指设备的可靠性、可维修性、可操作性及先进性等。可靠性是指设备在规定条件下和规定时间内，保证正常工作的能力，它可以用可靠度、故障前平均时间、故障率等来衡量。可维修性是指设备易于维修的特性,即设备发生故障后排除故障的能力。可操作性是指设备在设计上要便于人进行操纵。先进性是指尽量利用最新科技成果,采用先进的装备,淘汰落后的设备。

(2) 使用安全性。设备的使用安全性包括设备的运行时间、维护保养情况等。设备运行时间越短,即设备越新,其使用安全性越好;设备维修保养得越好,其使用安全性也越好。

三、环境因素影响分析

环境因素的影响主要来自外部环境和内部环境两部分。

(一) 外部环境

1. 台风

台风对沿海城市的轨道交通,特别是高架桥部分具有很强的破坏力。另外,台风引起的降水、暴雨或其他气象灾害会对城市轨道交通产生更为直接的影响。

2. 水灾

城市轨道交通的车站和隧道大多处于地面标高以下,一方面容易受到洪涝灾害和积水回灌危害,另一方面容易受到岩土介质中地下水渗透浸泡的危害。地下水或地表水进入地铁车站和隧道内,会导致装修材料霉变,电气线路、通信器材、信号元件受潮浸水而损坏失灵,造成工程事故。地下水积存会使车站内部潮湿度增加,导致进入车站的乘客胸闷、不舒适。

3. 地震

一般认为地震对地下结构影响较小,但1995年阪神地震后,城市轨道交通车站及区间隧道等大量地下结构被严重破坏,使人们对地下结构的抗震性能产生了质疑,改变了以往的看法,认为地下结构存在被地震破坏的可能性。

(二) 内部环境

内部环境主要指人为形成的系统环境条件,包括周围的空间和一切运营设施构成的人工环境。城市轨道交通地下区间隧道、地下车站设备用房等场所常年阴暗潮湿,易发生虫鼠害等,极易造成关键设施设备发生故障。另外,站厅内商业区域的可燃物较多,而且餐厅内还有燃气、明火等,增加了发生火灾的可能性。

四、管理因素影响分析

(一) 管理对运营安全的重要性

管理具有计划、组织、指挥、协调、控制的职能,可使人、设备和环境组成一个能够实现预期目标的系统。安全工作的关键是管理。管理对运营安全的重要性主要体现在以下三个方面:

(1) 有助于提高运营系统内人、设备和环境的安全性。

(2) 具有协调运营系统内人、设备和环境之间关系的功能。

(3) 具有优化运营系统人-机-环境整体安全功能的能力,即管理具有运筹、组合、总体优化的作用。

（二）影响运营安全管理的因素

影响城市轨道交通运营安全管理的主要因素有两种：一是组织的外部影响因素，二是组织的内部原因。

外部影响因素主要有社会环境、自然环境、组织发展战略、信息技术等。

内部原因主要有人-人关系的失衡、人-机关系的失衡、人-环境关系的失衡。常见的影响运营安全的内部因素有：作业组织不合理，责任不明确或责任制未建立，规章制度不健全或规章制度落实不到位，操作规程不健全或操作程序不明确，无证经营或违法生产经营，未进行必要安全教育或教育培训不够，机构不健全或人员不符合要求，现场违章指挥或纵容违章作业，缺乏监督检查，事故隐患整改、监督不到位，违规审核验收、认证、许可，安全投入不足等。

五、多因素影响分析

任何事故的发生，都是多种因素共同作用的结果。就城市轨道交通运营的特点来看，各个因素之间是相互作用、相互交叉的。每起城市轨道交通运营安全事故的发生基本上都不是某个单一因素造成的，而通常是某两个甚至多个因素综合作用的结果。

（一）人和人之间

从工作人员的角度来看，城市轨道交通运营是由多个部门、多层次人员分工协作来实现的，同事之间、管理者与被管理者之间的合作、影响和制约，对于防范事故发生有着关键的作用。人与人之间的配合也十分重要，在紧急时刻，乘客能够配合工作人员的疏导，听从工作人员的指挥，将会使事故带来的损失减少。

（二）人与设备之间

人是操纵设备的主体，人的态度、注意力、技能等直接影响着设备的正常运转。同时，在信息技术迅速发展的今天，部分智能设备也能为人提供决策支持、自动报警、纠正误差等功能，减少由于人的疏忽带来的损失。

（三）人与环境之间

人与环境之间是相互作用的关系。一方面，人生活在环境中，受到环境条件的影响和制约。例如，天气炎热可能会使工作人员和乘客产生燥热情绪，从而导致公共安全事件（如冲突）的发生而造成安全隐患等。另一方面，人不断从环境中获取信息，从而控制、改造环境，在自然灾害到来前增强内部环境的防御能力。

（四）设备与环境之间

设备与环境之间也是相互作用的。随着时间的推移，设备的工作效率不可避免地会降低，设备会受到各种环境因素的影响而产生磨损或受潮生锈等慢性变化，从而影响工作的效率，产生安全隐患。环境，尤其是内部环境也会受到设备的影响，如果设备发生故障，发生气体、液体泄漏或不能及时排出有害物质时，内部环境就会因此而变得非常危险，导致事故发生。

任务实施

案例 1

2009 年 6 月 22 日 17 点 02 分,美国华盛顿两辆地铁列车相撞,导致 9 人死亡,80 多人受伤。对事故进行调查分析发现,该事故是列车运行控制系统中的轨道电路等轨旁设备及地-车通信传输系统出现问题造成的,列车控制系统始终没有检测到停在前面的测试列车,最终因车距太近而发生事故。

案例 2

2003 年 2 月 18 日,韩国大邱市地铁遭人蓄意纵火,造成 198 人死亡,146 人受伤,导致大邱市地铁系统陷入瘫痪。

事故特点:大火蔓延至后续进站列车,波及车站。

直接原因:运营员和列车司机在火灾发生时处理措施不当,造成车厢内大量人员死亡;安全疏散导向灯和路标没有起作用,许多乘客在逃难中窒息死亡。

深层原因:车辆材料防火性能不好,车站通风及排烟系统设计不合理,安全疏散引导系统有缺陷,对运营员和乘客的安全教育及培训不足,应急安全设施准备不足等。

补救措施:地铁车辆内装饰面使用不燃材料,在车厢内增加灭火器的数量并加强性能,改善排烟设备性能,设置烟屏蔽装置,改善紧急导向灯和路标系统,设置车厢紧急出逃窗口,对乘客普及从车厢和地铁站逃生的知识。

试根据上述典型案例对轨道交通运营安全的影响因素进行分析。

效果评价

评价表

项目名称	项目 1 城市轨道交通运营安全管理基础	学生姓名	
任务名称	任务 1.4 城市轨道交通运营安全的影响因素	分数	
项 目		分 值	考 核 得 分
(1) 对影响因素的理解与掌握情况		40	
(2) 是否有小组计划		10	
(3) 结合案例对影响因素进行分析的情况		35	
(4) 编制学习汇报报告情况		10	
(5) 基本素养考核情况		5	
总体得分			

教师简要评语:

教师签名:

任务 1.5　城市轨道交通运营安全保障系统

情景导入

城市轨道交通是城市公共交通系统的重要组成部分，大力发展城市轨道交通是解决现代城市拥堵的重要手段。但是城市轨道交通自身的特点决定了其具有一定的安全脆弱性和特殊性，一旦发生事故，后果十分严重。正是因为认识到城市轨道交通的这种特性，世界各国相继对轨道交通安全保障工作展开了研究，制定了相关的法律法规，并逐步建立了比较完善的安全保障体系。

我国城市轨道交通建设尚处于起步阶段，但是发展迅速。目前我国正处于城市轨道交通大量建设的时期，但是建设与管理经验不足，导致城市轨道交通在建设与运营中存在许多隐患。鉴于此，我国逐步建立和完善了城市轨道交通安全保障系统。那么什么是城市轨道交通安全保障系统呢？它有什么特点？由哪些内容组成？这些都是本任务学习的重点。

任务要求

通过本任务的学习，要求能够了解城市轨道交通安全保障系统的概念、特征，掌握安全保障系统的组成。

知识准备

城市轨道交通运营安全保障系统是指配置在运营系统上，起保障运营安全作用的所有方法和手段的综合，它一方面要保证运营系统内人员和设备的安全，另一方面要保证运营系统不会受到外部环境的威胁。

一、城市轨道交通运营安全保障系统的特征

（一）具有较强的可操作性和时效性

城市轨道交通运营安全保障系统可以理解为一种控制系统，是针对运营安全影响因素采取的所有控制方法和手段的有机结合。它与运营安全系统相比较而言，运营安全系统的范围更广一些，通常是就一般的安全分析而言的；而运营安全保障系统更为具体，也更有针对性，是针对某一时期、某一阶段、某一范围内运营系统存在的安全问题而建立的，其目的是达到当时可接受的安全水平。

（二）该系统是一个控制系统

城市轨道交通运营安全保障系统是以管理作为施控主体、以运营安全直接影响因素（人、设备、环境）作为受控客体的控制系统，其目的是实现某一时期的系统安全目标。其中，

运营安全直接影响因素为广义的概念,它不仅包括每个单独的因素,还包括各因素间的组合关系。

(三) 该系统是一个人-机-环境系统

该系统以"管理"为中枢,以"人"为核心,以"机"为基础,以"环境"为条件,以保障城市轨道交通运营安全为目的。

该系统中,管理要素渗透到每个环节,对促使各个要素结合起来成为一个整体起着中枢作用。"人"既是管理的主体,又是管理的对象,人在系统中的主导位置不会变,管理层次越高,人的主导性越强;"机"是安全生产必不可少的物质基础,但这一物质的存在还只是一种可能的生产要素,它只有在管理要素的作用下,与人和环境有机结合,才能成为现实的生产力要素;"环境"是对安全有重大影响的要素群,其中有的以潜移默化的方式影响安全,有的则以雷霆万钧之势影响安全,有的属于系统难以控制的影响因素,有的属于系统可控的影响因素,环境对安全的影响可以说是无孔不入,其影响既可能产生正效应,也可能产生负效应。

对安全而言,该系统可以发挥管理要素的中介转换功能,即通过改变可控的内部小环境来适应不可控的外部大环境,以强化其正效应或削弱其负效应,创造保障城市轨道交通运营安全的良好条件。

(四) 该系统是反馈控制和前馈控制的综合

作为反馈控制,系统将输出端的信息通过反馈回路传输到系统输入端,与系统的目标进行比较,找出偏差,采取适当的措施实施控制、纠正偏差,使系统达到预期目标。但这种控制是在偏差产生之后进行的,具有滞后性,这是反馈控制本身无法克服的。因此,要加强对偏差的预见性,就需要加入前馈控制,即尽可能在系统发生偏差以前,根据预测信息,采取相应的措施,纠正偏差。城市轨道交通运营安全保障系统实施前馈-反馈耦合控制,可以增强系统抗干扰能力,提高系统的稳定性。

二、城市轨道交通运营安全保障系统的构成

城市轨道交通运营安全保障系统作为一种管理系统,以直接影响运营安全的因素——人、设备、环境作为管理的对象。从管理的对象和要素出发,可将运营安全保障系统划分为不同层次的两个系统,即安全总体管理系统和安全对象管理系统。

(一) 安全总体管理系统

城市轨道交通运营安全管理的内容包括对人的安全管理、对设备的安全管理和对环境的安全管理。对人、设备、环境的安全管理,既是系统安全管理的三个不同内容,又是一个统一整体。这个统一整体正是安全总体管理的对象,它不是单纯指人、设备和环境,而是指人-机-环境系统整体。因此,安全总体管理的内容,不是单独对人的安全管理、对设备的安全管理或对环境的安全管理,而是对人-机-环境系统总体的安全管理,是凌驾于人、设备、环境之上,又渗透于其中的安全管理。从功能上看,安全总体管理系统既是安全管理这个大系统中的一个子系统,又对整个系统的安全状况起着控制、监督的作用。安全总体管理系统包括安全组织子系统、安全法制子系统、安全信息子系统、安全技术子系统、安全教育子系统、安全

资金子系统等组成部分。

1. 安全组织子系统

安全组织是安全管理的一个职能实体，所有安全保障措施的制定与落实都离不开组织的支持。组织是一切安全管理活动的基础，安全组织子系统的功能包括制定安全管理的方针、政策和目标，明确责任和权限，组织实施安全管理规划，提供决策沟通和协调配合，安全检查及整改，分析处理事故等。

2. 安全法制子系统

建立、健全安全法制的目的是使人、设备、环境的安全管理活动做到有章可循、有法可依，即起到规范人、设备、环境安全管理的作用。安全法制子系统的功能主要表现为：完善运营安全法规，建立、健全规章制度，完善安全标准体系，执行监督与考核规章制度及作业标准。

3. 安全信息子系统

一切安全管理活动都离不开安全信息的支持。信息传递是组织管理理论的重要内容，信息促使系统动态化，并且将组织目标与参与人员联系起来。正是信息的纽带特性，使得安全信息成为安全总体管理的内容。安全信息子系统的功能包括收集、记录、整理、传输、存储系统安全信息，提供系统安全分析工具、评价方法与决策支持，追踪先进的安全科技与管理信息。

4. 安全技术子系统

安全技术子系统的内容包括对运营安全硬技术的管理和对运营安全软技术的研究、开发与应用。由于安全技术管理中单独针对人、设备和环境的部分属于安全对象管理而非安全总体管理。因此，作为安全总体管理系统下的安全技术子系统，应排除单独针对人、设备、环境的技术管理部分，包括安全分析、评价和管理方法的研究与应用，事故管理方法的研究与应用，各种安全作业方法、工艺过程的研究与应用，制定和完善安全技术规范的方法的研究与应用。

5. 安全教育子系统

在城市轨道交通运营人-机-环境系统中，为了避免各种危险，防止事故发生，必须通过各种形式和方法对广大城市轨道交通运营企业领导和员工进行经常性的安全教育与培训，从而促进相关安全行为的发生或改进人的行为状态。因此，安全教育子系统应该具有完善各级安全教育体系和建立、健全促进安全行为的奖惩制度的功能。

6. 安全资金子系统

安全资金是做好运营安全管理工作的必要物质基础。安全资金子系统的内容包括对保障运营安全所需资金的筹集、调拨、使用、结算和分配等。

（二）安全对象管理系统

安全对象管理系统可进一步细分为人员安全保障子系统、设备安全保障子系统和环境安全保障子系统。

1. 人员安全保障子系统

人员安全保障子系统是保障不因人的差错而出现事故或隐患。在排除设备和环境因素之后,人员安全保障包括提高人员安全素质和加强人员安全管理两部分。

(1) 提高人员安全素质的措施又可称作人员直接安全保障措施,最为有效的途径是岗位安全教育和培训,包括针对不同岗位员工进行的不同内容的安全教育和培训。

(2) 加强人员安全管理的目的是防止因间接原因而产生人的差错,又称人员间接安全保障,包括加强安全劳动管理、加强员工生活管理和加强行为管理。

2. 设备安全保障子系统

设备安全保障子系统包括设备安全设计,设备的保养、检修及更换,设备状态及工作情况的检测和监控管理,设备的故障安全对策四个方面的内容。

(1) 设备安全设计。选用具有较高安全性(包括可靠性、可维修性、可操作性、先进性等)的设备。

(2) 设备的保养、检修及更换。保障设备始终处于良好运行状态,对于超过服役期的设备要及时更换。

(3) 设备状态及工作情况的检测和监控管理。有效获得各种设备安全性能的实时动态信息。

(4) 设备的故障安全对策。保证故障发生后设备能够导向安全,不引发连锁反应,使事故造成的影响尽可能减少。

3. 环境安全保障子系统

由于影响运营安全的环境条件包括内部小环境(作业环境、内部社会环境)和外部大环境(自然环境、外部社会环境),因此,环境安全保障子系统可进一步细分为内部环境安全保障子系统和外部环境安全保障子系统两部分。

(1) 内部环境安全保障子系统。改善影响运营安全的内部环境是运营安全保障系统的重要内容。内部环境安全保障包括以下两项内容:

①作业环境安全保障。为保障运营安全,必须保持操作者的作业环境处于良好状态,包括作业空间布置、温度、湿度调节,采光、照明设置,噪声与振动的控制,以及有毒有害气体、粉尘、蒸汽的排除等。

②内部社会环境安全保障。针对运营安全系统内部的政治、经济、文化、法律等环境条件采取一系列控制措施。

(2) 外部环境安全保障子系统。外部环境即不可控环境,外部环境安全保障就是为了淡化外部环境对运营安全的负面影响,强化其正面影响,而对运营系统进行调节的所有管理手段。外部环境安全保障包括以下两项内容:

①自然环境安全保障。针对影响运营安全的自然环境条件采取一系列防范措施,其目的是使自然环境对运营安全的影响降到最低限度。为此,必须做好自然灾害的预测、预报与防治工作,以及恶劣气候下安全作业方法的完善与落实工作。

②外部社会环境安全保障。为了保障运营安全,城市轨道交通必须根据外部社会环境条件(技术、经济、政治、文化等)的变化而做适当调整,化消极影响为积极影响。

城市轨道交通运营安全保障系统各子系统之间的关系如图 1-11 所示。

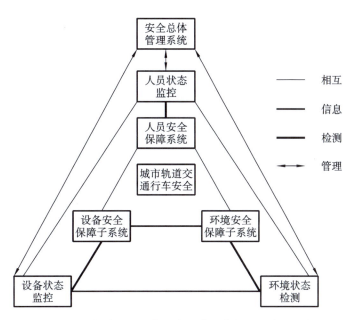

图 1-11 城市轨道交通运营安全保障系统各子系统之间的关系

效果评价

评价表

项目名称	项目 1 城市轨道交通运营安全管理基础	学生姓名	
任务名称	任务 1.5 城市轨道交通运营安全保障系统	分数	
项 目		分 值	考核得分
（1）对运营安全保障系统含义的掌握情况		30	
（2）是否有小组计划		10	
（3）对运营安全保障系统特征与构成的理解与掌握情况		45	
（4）编制学习汇报报告情况		10	
（5）基本素养考核情况		5	
总体得分			

教师简要评语：

教师签名：

思考与练习

1. 城市轨道交通运营安全的特征有哪些？
2. 城市轨道交通运营安全管理的研究对象有哪些？
3. 城市轨道交通运营安全管理包括哪些内容？
4. 城市轨道交通运营安全管理的方法有哪些？
5. 试用常用的安全管理方法分析并解决地铁运营中存在的拥挤踩踏问题。
6. 城市轨道交通运营安全保障系统有哪些特征？由哪些子系统构成？

项目 2
城市轨道交通危险源辨识与管控措施

📖 项目描述

自轨道交通出现以来,几乎每条城市轨道交通线路都不同程度地存在事故隐患。事故一般由多种危险源导致,既有物理性危险源、化学性危险源、生物性危险源,又有心理或者生理性危险源、行为性危险源、其他危险源。识别城市轨道交通危险源并进行安全管理和控制,对预防和减少事故的发生是十分重要的。

📖 学习目标

通过本模块的学习,要求掌握以下基本知识:
(1) 熟悉影响轨道交通运营安全的因素;
(2) 掌握危险源的定义和分类;
(3) 掌握危险源的识别方法;
(4) 掌握城市轨道交通系统的主要危险因素;
(5) 掌握城市轨道交通危险源控制方法。

📖 能力目标

(1) 能对城市轨道交通危险因素进行识别;
(2) 能对城市轨道交通的危险程度进行评定。

📖 项目导入

据某市晚报报道,2012 年 11 月 27 日早晨,一名乘客搭乘某市地铁 5 号线上班,上车后闻到一股刺鼻的味道。这名乘客感到奇怪,询问其他乘客后得知,有一名中年男性乘客竟然在两车厢连接处放了一个煤气罐,煤气罐约 40 cm 高,用白色的袋子装着,放在一个折叠车上。随后,该乘客和其他几名乘客劝说携带煤气罐的男子下车,遭到该男子拒绝,该男了声称:"(携带煤气罐)没事儿,以前经常带。"最终,在多数乘客强烈要求下,该男子才极不乐意地在下一站下车。这个事件中有许多地方值得城市轨道交通运营企业深思,而单从危险源的角度分析,煤气罐是一个非常可怕的危险源,试想如果这个煤气罐泄漏或发生爆炸,后果会怎么样?

此事引发了该市广大市民,特别是经常乘坐地铁上班的地铁族的强烈、连续关注,由此引发了关于城市轨道交通系统危险源辨识与控制等话题的讨论。稍有旅行常识的人都知道,在《城市轨道交通运营管理规定》中明确指出,禁止乘客携带有毒、有害、易燃、易爆、放射性、腐蚀性以及其他可能危及人身和财产安全的危险物品进站、乘车。运营单位应当按规定在车站醒目位置公示城市轨道交通禁止、限制携带物品目录。这起事件中匪夷所思的是，煤气罐这样一个庞大的危险品是怎样被带进站、带上车的？这足见某市轨道交通系统在危险源控制与管理方面存在巨大漏洞。

任务2.1 城市轨道交通运营系统危险源识别

情景导入

2013年1月5日17点57分，某市地铁5号线H站一醉酒男乘客在上车时不慎将腿卡在车门与站台之间的缝隙处，后来在城市轨道交通工作人员与民警的共同配合下才将该乘客拉上站台，这名乘客最终移交有关部门处理。整个救人过程大约用时5分钟，造成5号线部分列车晚点。

许多城市的轨道交通运营企业都有规定："醉酒者应当由其监护人或者健康成年人陪同，方可进站乘车。"这是因为有些饮酒过量的乘客可能出现昏迷、坐过站等情况，为了保证乘客的乘车安全，醉酒乘客必须有人陪同，减少危险源转变为事故的概率，共同维护城市轨道交通运营秩序。

以上案例中，醉酒乘客的行为属于行为性危险源，具有潜在的危险性。由于城市轨道交通工作人员已经预判到了危险性，并及时采取措施消除了危险源，才没有造成更大的事故发生。可见，及时发现并消除危险源对城市轨道交通系统运营安全有非常重要的作用。

任务要求

通过本任务的学习，要求能够对城市轨道交通运营系统危险源进行识别、管理和控制。

知识准备

一、危险源基础知识

（一）危险源的定义

城市轨道交通运营系统的危险源是指可能造成人员伤害、职业病、财产损失、作业环境破坏等各类事故或其组合的根源或状况，是危险因素和有害因素的总称。危险源也可以这样理解，它是在一个系统中具有潜在能量和物质释放危险的，可造成人员伤害、财产损失或环境破坏的，在一定的触发因素作用下可转化为事故的部位、区域、场所、空间、岗位、设备及其位置。具有潜在危险的源点或部位是爆发事故的源头，也是能量和危险物质集中的核心。危险源存在于确定的系统中，系统范围不同，危险源的区域也不同。

一般情况下，危险源具备以下三个基本要素：

（1）潜在危险性。潜在危险性是指危险源一旦触发事故，可能带来的危害程度或损失大小,或危险源可能释放的能量强度或危险物质量的大小。

(2) 危险源存在条件。危险源存在条件是指危险源所处的物理、化学状态和约束条件状态。

(3) 危险源的触发因素。危险源的触发因素是指由危险源转化为事故的外因。任何一种危险源都有相应的敏感触发因素。

(二) 危险源的分类

危险源的分类方法有多种,按可能导致生产过程中危险和有害因素的性质进行分类,生产过程危险和有害因素共分为四大类,分别是人的因素、物的因素、环境因素和管理因素。详见《生产过程危险和危害因素分类与代码》(GB/T 13816—2009)。

(三) 危险源的识别

危险源的识别方法有很多种,基本方法有询问交谈、现场观察、查阅有关记录和安全检查表、工作任务分析、危险与可操作性研究、事件树分析和故障树分析等。

1. 基本原则

(1) 科学性。要科学、客观地分辨、识别、分析、确定系统内存在的危险,必须在科学的安全理论指导下,认真分析事故的危害方式、途径和范围,使之能真正揭示系统安全状态、危险源存在的部位和方式、事故发生的途径及其变化规律。

(2) 系统性。由于危险源存在于生产活动的各个方面,因此要对系统进行全面、详细的剖析,弄清主要危险源,研究各个危险源之间的关系,说明哪些是导致事故的直接原因,哪些是触发原因。

(3) 全面性。要认真、全面、仔细地识别危险源,尽可能不发生任何小的遗漏和疏忽,以免留下安全管理漏洞,酿成大祸。

(4) 预测性。要分析危险源的各种触发、连带关系,不仅要识别第一类危险源,还要分析第二类危险源,并模拟分析与预测导致恶性事故的危险源。

2. 识别方法

(1) 关注危险源的三种形态。

要识别危险源,首先要关注危险源的三种形态。

①常规状态。常规状态是正常生产过程中危险源的存在方式。

②非常规状态。非常规状态可以分成三种情况:异于常规、周期性或临时性的作业活动状态;偶尔出现、频率不固定,但可预计出现的状态;由外部的原因(如天气)导致的非常规状态,如启动、关闭、试车、停车、清洗、维修、保养等。

③潜在的紧急情况。潜在的紧急情况是指不可预见其后果的情况;后果是灾难性的、不可控制的情况,如火灾、爆炸、严重的泄漏、碰撞及事故。

(2) 识别危险源的基本步骤。

①识别准备。确定分工;收集识别范围内的资料;列出识别范围内的活动或流程涉及的所有方面。

②分类识别。从厂址、厂区平面布局,建(构)筑物,生产工艺过程,生产设备、装置,作业环境及管理措施六个方面进行分类识别。

③划分识别单元。识别单元是分类识别危险源的细化,可以按照工艺、设备、物料、过程

来细化。同类的过程或设备可以划为一类识别对象，识别对象不宜过粗或过细。

④进行识别。先找出可能的事故伤害方式，再找出其原因。

⑤填写危险源登记表。

二、城市轨道交通危险源的识别方法

城市轨道交通危险源的识别就是确认城市轨道交通运营过程中危险源的存在并确定其特性的过程。其目的是识别与系统相关的主要危害因素，鉴别产生危害的原因，估计和判断危害对系统的影响，将危害分级，为安全管理、预防和控制事故提供依据。

城市轨道交通危险源的范围非常广泛，涉及城市轨道交通运营系统人员的安全、行车安全、设备安全、消防安全等众多范畴。

（一）城市轨道交通运营系统危险源范围分析

城市轨道交通运营系统的危险源识别范围包括城市轨道交通覆盖的工作区域及其他相关范围内的生产经营活动、人员、设施等。根据城市轨道交通管理及其他活动情况，城市轨道交通运营系统的危险源识别范围可以按以下两种方法进行分类。

1. 按地点划分

按地点划分，城市轨道交通运营系统的危险源识别范围包括城市轨道交通运营系统沿线各车站、车辆段、控制中心大楼、办公楼等。

2. 按活动划分

按活动划分，城市轨道交通运营系统的危险源识别范围包括城市轨道交通运营中的常规活动、非常规活动和潜在的紧急情况。各活动所包含的主要内容如表 2-1 所示。

表 2-1　城市轨道交通运营活动的主要内容

活动类别	主 要 内 容
常规运动	运营服务活动：依据运营时刻表组织列车运营、客运服务过程
	设备设施的设计、安装、调试、验收、接管、使用过程
	公共活动：相关部门均有的活动，包括办公、电梯、叉车、消防设施、空调、空压机、抽风机的使用，化学物品的搬运、储存和废弃等
	间接活动：为运营服务活动提供支持的活动，主要包括物资部仓库管理、检验，物料采购及物料的使用管理，食堂管理等
非常规活动	设备设施维护保养，消防及行车疏散练习，因公外出，合同方在总部的活动（如工程施工、维修、清洁等）
潜在的紧急情况	火灾、爆炸、化学物品泄漏、中毒、台风、雷击、碰撞等事故事件（潜在的紧急情况的危险源辨识需考虑紧急情况发生时和发生后进行抢险救援过程中存在的危险）

（二）城市轨道交通运营系统危险源事故类型分析

在识别城市轨道交通运营系统危险源前，首先必须按危险源事故类型对其进行分类，以便正确识别危险源，防止危险源识别不清晰、不全面。本书借鉴国家标准《企业职工伤亡事故分类标准》(GB 6441—86)的内容，并在分析城市轨道交通运营过程中可能产生的行车事故/事件、列车延误及财产损失等事故类别的基础上总结制定了城市轨道交通运营系统危险源事故类型表(见表2-2)。

表 2-2 城市轨道交通运营系统危险源事故类型表

类别编号	事故类别名称	备注	类别编号	事故类别名称	备注
01	物体打击	伤害事故	016	噪声聋	职业病
02	车辆伤害（指马路车辆）	伤害事故	017	尘肺	职业病
03	机械伤害	伤害事故	018	视力受损	职业病
04	起重伤害	伤害事故	019	其他职业病	职业病
05	触电	伤害事故	020	健康受损	健康危害
06	淹溺	伤害事故	021	财产损失（2000元及以上）	无伤害事件/事故
07	灼烫	伤害事故	022	列车延误	无伤害的列车延误事件
08	火灾	伤害事故	023	行车事件/事故	含人员伤亡的行车事件/事故
09	高处坠落	伤害事故			
010	坍塌	伤害事故	024	可能引发行车事件/事故的设备缺陷事件和行为事件	这里是引发行车事件/事故的危险源
012	容器爆炸	伤害事故			
013	其他爆炸	伤害事故			
014	中毒和窒息	伤害事故			
015	其他伤害	伤害事故	025	其他事件/事故	无伤害事件/事故

需要注意的是，表2-2中"可能引发行车事件/事故的设备缺陷事件和行为事件"及"行车事件/事故"这两个事故类型是一种从属的关系，即"可能引发行车事件/事故的设备缺陷事件和行为事件"事故类型的风险属于"行车事件/事故"事故类型风险的危险源。涉及这种从属关系的事故类型时，可把运营过程中可能发生的重要风险所涉及的危险源划归到相关部门进行控制。

（三）城市轨道交通运营系统危险源识别对象划分

在城市轨道交通运营企业列出识别范围内的活动或流程所涉及的所有方面后，选用适当的设备分析法、工艺流程分析法或其他划分方法，根据事故类型划分危害事件，并根据以下内容对城市轨道交通运营系统危险源识别对象进行划分：

（1）对于城市轨道交通车辆设备大修的活动，可按照工艺流程分析法划分危险源识别对象。

（2）对于城市轨道交通设备维修及保养的活动，可结合活动实施过程，按照设备分析法划分危险源识别对象。

（3）使用设备时可根据具体操作过程，采购、存放、检测设备的过程和行车组织、客运组织过程进行划分。

（4）针对每个危险源辨识对象，参考城市轨道交通运营系统危险源事故类型表，识别可能存在的事故/事件，并登记在危险源辨识及风险评价登记表（见表2-3）中的"危害事故/事件"栏及"事故类型"栏内。

表 2-3　危险源识别与风险评价登记表

序号	部门/地点	活动	设备/设施/物料	危害事故/事件	事故类型	危险源	危险源类别	风险评价			风险级别	控制措施	备注
								风险发生的可能性	事故后果严重程度	风险值			

（四）城市轨道交通运营系统危险源分析

城市轨道交通运营系统安全事故受内部因素和外部因素两大方面因素的影响。内部因素主要是指设备、设施故障或人为误操作等；外部因素主要是指恐怖袭击、乘客携带违禁物品、自然灾害和外界事故（如停电，水、气管道破裂）等。

1. 火灾因素分析

城市轨道交通运营系统的车站、隧道及列车内存在大量的电气设备等火灾危险因素。车站、列车内的建筑装饰材料、广告牌等都为可燃材料，遇火可能会发生火灾；车辆、供电设备、机电设备等若处于超期服役状态，一旦发生故障，也可能导致城市轨道交通系统的火灾事故；乘客违章携带危险物品，吸烟和吸烟后烟蒂随处乱扔等不当处置可能会引起火灾；恐怖袭击、投毒、纵火、意外明火会引起火灾事故；车站站厅乘客疏散区、站台和疏散通道内违规设置的商业网点存在发生火灾的危险，可能会引起连锁火灾事故。

2. 列车脱轨、撞车因素分析

城市轨道交通列车脱轨主要是由城市轨道交通系统内部危险因素导致的。线路设计或铺设不合理，以及道岔伤损、轨枕伤损、道床伤损、接触轧伤损、钢轨断裂等均可能导致列车脱轨事故；列车超速，列车走行部件发生故障，可能导致列车脱轨事故；地铁列车、线路设备等存在老化现象，均处在超期服役状态时，一旦发生故障，也可能导致列车脱轨事故。此外，轨道周边物体侵入运营线路，如电缆伪装门坠落、抹灰层脱落、异物侵限等可引起列车损坏、列车倾覆、列车脱轨等重大、特大安全事故。

处于高速移动状态的列车，也伴随着高风险。一旦出现设备异常或人员违章操作，就可能造成撞车事故。撞车事故包括与第三方相撞、迎向相撞、迎面相撞等。

3. 拥挤踩踏因素分析

城市轨道交通发生拥挤踩踏事故有两个方面的原因：一是车站内人员负荷过大，车站疏散通道或疏散楼梯设置不合理，车站站台、集散厅及疏散通道内堆放有妨碍疏散的设施或物品，车站出入口存在缺陷或有突发事件发生；二是其他原因，如地铁列车故障、火灾或其他危险状况等紧急情况发生。

4. 中毒、窒息因素分析

在城市轨道交通运营系统发生火灾事故的情况下，可能产生大量烟气，存在中毒和窒息的危险。地铁发生火灾后可能会产生大量的烟气，如果通风设备发生故障，就可能产生中毒和窒息的危险。人为恐怖袭击可能使用的有害气体等也可能造成中毒和窒息。

5. 电气系统因素分析

城市轨道交通供电系统接触网采用高压电，一旦发生接触网断线或绝缘子损坏，接触到金属结构物就会使其带电，危及人身安全；由于电气设备损坏和使用不当，常有触电伤亡事故发生；变电所、配电室中的电气设备等短路、过载、接触不良、散热不良、照明、电热器具安置或使用不当，违章作业等均会引起电气火灾和触电事故；杂散电流会给城市轨道交通系统以外的金属管道、金属结构造成电蚀危害；列车内的高压电器设备的安全防护措施不当，也可能引起人员伤亡事故。

6. 车辆系统因素分析

列车失控发生事故，会造成人员伤亡、经济损失；轨道损伤或断裂，会导致严重伤亡事故；列车车门的安全标志不清，可能造成机械伤人事故，并且事故发生后，不利于事故救援和人员疏散；列车内的座椅等材料选择不当，易发生火灾，且容易产生有毒烟气，会加重事故后果；列车车厢内灯管爆裂、内侧玻璃意外脱落等均可能导致机械伤害；列车在紧急启动、制动时具有较大的惯性，可能导致乘客摔伤。

7. 通风、排烟、排水系统因素分析

在通风系统管理（如对风亭、风道的行人出入口等方面的管理）上存在缺陷，会妨碍通风系统的正常工作。地铁发生火灾，不仅火势蔓延快，而且积聚的高温浓烟很难自然排除，并会迅速在地铁隧道、车站内蔓延，给人员疏散和灭火抢险带来困难，严重威胁乘客、地铁职工和抢险救援人员的生命安全，这是造成地铁火灾人员伤亡的最大原因。

给、排水管道的防腐、绝缘效果不佳易发生泄露现象；隧道内排水系统不完善，隧道防水设计等级过低，会导致涝灾或地表水侵入。地面车站的地坪高度低于洪水设防要求，排水系统设置不完善，污水乱排及污水、垃圾排入地铁隧道等都会影响地铁安全及环境卫生。

8. 通信/信号系统因素分析

通信系统的电源发生故障或通信设备本身发生故障时，不能保证各种行车信息及控制信息不间断地可靠传输，从而引起事故的发生。

9. 公用工程及辅助设施因素分析

站台上乘客过多产生拥挤，可能会使乘客跌入轨道区，在列车进站时造成人身伤亡事故；在自动扶梯运行中，可能发生梯级下陷、驱动链断裂、梯级下滑、扶手带断裂等故障，对乘客造成伤害；车站地面材料不防滑或防滑效果不明显，存在安全事故隐患。地下车站站厅乘客疏散区、站台、疏散通道内及与地铁相关联的地下商场等公共场所存在发生火灾的危险，且会发生连锁火灾事故；车站内的建筑装修材料选用不当，可能会发生火灾，且产生有毒烟气，加重事故后果；乘客无视城市轨道交通运营安全管理的要求，擅自携带易燃易爆、有毒危险物品乘车，形成各种潜在事故隐患；车辆段蓄电池间、检修间等车间易产生有毒气体，吹扫库在进行吹扫车底工作时产生大量粉尘，会对工作人员的健康造成影响。

另外，人的违章作业、违章操作可能造成乘客触电等伤害事故；乘客使用扶梯时，可能造成碰撞、夹击、卷入等伤害；扶梯正常运行状态下的乘客违章乘梯，可能造成严重的乘客摔伤；车站乘客无法进出站、数据不上传、AFC 系统全线设备不能正常使用、电梯关人、乘客手扶车门、上下车时机选择不当或地铁列车设备故障等都可能导致机械伤害。

任务实施

在本次任务实施中,引进危险度的概念对城市轨道交通运营系统危险源进行评价。

(1) 危险度的基本概念。

$$危险度 = 严重度(S) \times 危害概率(P)$$

由危险度的计算公式可以看出,进行危险度的计算主要考虑两个因素:一是严重度的大小,即受害的程度或损失大小;二是造成某种损失或损害的难易程度,损害发生的难易程度一般用危害概率来描述。严重度和危害概率的分级、表现特征及取值分别如表 2-4 和表 2-5 所示。

表 2-4　严重度的分级、表现特征及取值

严重度分级	表 现 特 征	取　值
灾难性的	具有紧急危险,能引起大范围的死亡及伤病的危害能力	9～10
严重的	能引起严重的疾病、伤亡、设备及财产损失	6～8
临界的	能引起疾病、伤害及设备损失,但不是严重的	3～5
可忽略的	不会引起严重的疾病、伤害,伤害可能较小,伤害程度不需要急救处理	1～2

表 2-5　危害概率的分级、表现特征及取值

危害概率分级	表 现 特 征	取　值
可能发生	有可能立即发生或短期内会发生	9～10
有理由可能发生	一段时间内会发生	6～8
可能性小	一段时间内可能发生	3～5
可能性极小	不太可能发生	1～2

对严重度分级取值和危害概率分级取值求乘积即可得到危险度,依据危险度数值的大小,即可对城市轨道交通各危险因素进行评价。

(2) 城市轨道交通运营系统危险度分析。

下面对 1993—2004 年国内外发生的 63 起地铁典型事故死亡人数、发生频率进行统计分析。地铁重特大事故主要集中为火灾事故、人为纵火或恐怖袭击、列车脱轨事故、列车撞车事故、拥挤踩踏事故、中毒窒息事故和其他事故。

针对以上七类事故,按事故后果严重程度分析所得的严重度分级赋值如表 2-6 所示,按事故后果严重程度分析所得的危害概率分级赋值如表 2-7 所示。

表 2-6　国内外发生的各类地铁事故损失后果及其严重度赋值(S)

类　别	损　失				取　值
	死亡人数	伤亡人数	设备损失	严重度分级	
火灾事故	809	575	68 辆车被毁	灾难性的	10
人为纵火或恐怖袭击	328	818	11 辆车被毁	灾难性的	10

续表

类别	损失				取值
	死亡人数	伤亡人数	设备损失	严重度分级	
列车脱轨事故	9	272	—	严重的	8
列车撞车事故	10	232	—	严重的	8
拥挤踩踏事故	55	—	—	严重的	6
中毒窒息事故	12	5000	—	灾难性的	10
其他事故	只是中断运营,无伤亡			可忽略的	2

表 2-7 国内外发生的各类地铁事故频率情况及其危害概率赋值(P)

类别	发生次数	表现特征	取值
火灾事故	20	一段时间内会发生	8
人为纵火或恐怖袭击	23	一段时间内会发生	7
列车脱轨事故	7	一段时间内会发生	8
列车撞车事故	5	一段时间内会发生	6
拥挤踩踏事故	2	一段时间内可能发生	5
中毒窒息事故	1	一段时间内可能发生	5
其他事故	6	短期内会发生	9

根据表 2-6 和表 2-7 所示的七类事故的损失情况和各类事故发生的次数,就可以对这七类城市轨道交通的危险因素进行等级划分,结果如表 2-8 所示。

表 2-8 危险因素等级划分(危险度)

事故种类	$R=SP$	等级序号	备注
火灾事故	10×8=80	1	
人为纵火或恐怖袭击	10×7=70	2	
列车脱轨事故	8×8=64	3	
中毒窒息事故	10×5=50	4	考虑二次事故后窒息情况
列车撞车事故	8×6=48	5	
拥挤踩踏事故	6×5=30	6	
其他事故	2×9=18	7	

通过对城市轨道交通危险因素的危险度进行分析可知,火灾事故的危险度最高。由于我国城市轨道交通历史相对较短,虽然截至目前有些事故尚未发生过,但不能排除其发生的可能性。

效果评价

评价表

项目名称	项目2 城市轨道交通危险源辨识与管控措施	学生姓名	
任务名称	任务2.1 城市轨道交通运营系统危险源识别	分数	
项 目		分 值	考 核 得 分
（1）对危险类别的掌握情况		10	
（2）城市轨道交通运营系统危险源的识别		20	
（3）城市轨道交通运营系统危险因素的分析		20	
（4）城市轨道交通运营系统事故危险度的分析		35	
（5）编制学习汇报报告情况		10	
（6）基本素养考核情况		5	
总体得分			

教师简要评语：

教师签名：

任务2.2 城市轨道交通危险源管控措施

情景导入

在城市轨道交通运营系统中，如果不注意对危险源的管理，将可能导致重大行车事故的发生。

2013年3月，某市一名10岁左右的小男孩在乘坐某地铁列车的过程中站在座椅上玩耍，不经意间打开了列车车厢上方的紧急解锁装置的防护罩，并转动手柄，将车门打开了约100 mm的缝隙，导致列车紧急制动防护系统启动，使列车失去牵引力，在尚未进站的情况下紧急制动，晚点3分钟。驾驶员收到紧急解锁手柄被解锁的信息后，立刻前往该车厢，使用钥匙对该紧急解锁装置进行复位，确认车门关闭良好，列车恢复运行。

本案例中小男孩的行为属于行为性危险源，如果没有得到及时、有效地控制，将会造成更重大的行车事故。

任务要求

通过本任务的学习，要求掌握对城市轨道交通运营系统危险源的管理与控制方法。

> 知识准备

一、城市轨道交通危险源管理

应对城市轨道交通系统中已经识别出的危险源进行风险评价,针对评价结果进行管理与控制,常用的方法有以下三种。

1. 安全检查表分析法

使用安全检查表分析法进行危险源评价时,首先要按照相关的标准、规范等列出待评价系统中的一系列危险项目,对已知的危险类别、设计缺陷以及与一般工艺设备、操作、管理有关的潜在危险性和有害性逐项进行检查。安全检查表的适用范围非常广,可以简单分析,也可以分层次分析。安全检查表需要有经验和专业知识的人员协同编制,编制主要依据有相关标准、规程、规范和规定,国内外事故案例和本单位的经验,通过仔细分析所确定的危险部位、防范措施和对其他相关研究成果的借鉴与参考。该方法属于定性分析法,具有简单可行、容易发现系统内部存在的缺陷,以及省时省力的特点。

2. 预先危险性分析法

预先危险性分析法也称初始危险分析法,是在每项生产活动之前,特别是在设计的开始阶段,对系统存在的危险类别、出现条件、事故后果等进行概略分析,尽可能识别出潜在的危险性。预先危险性分析法是一种事前归纳方法,从各种局部单元的危险状态归纳出最终的潜在事故和事故的严重性。

预先危险性分析的主要目的是确定系统中的危险单元、危险状态和潜在事故,以及潜在事故影响的危害性,并建立初步的安全规范要求,以减少或控制所确定的危险状态和潜在事故。

通过预先危险性分析得到的数据和信息的作用有:预测硬件、规程和系统接口问题区域,为进一步制定安全性大纲提供信息,确定安全性工作进度的优先顺序、安全性试验的范围和进一步安全性分析的范围。

进行预先危险性分析必须先建立一系列危险源清单,通过对各清单的分析确定系统危险源。危险源清单通常有通用危险单元清单、危险能源清单、危险的获取功能清单及危险的任务功能清单等。

3. 作业条件危险性评价法

作业条件危险性评价法是一种简单易行的评价人们在具有潜在危险性环境中作业时的危险性的半定量评价方法。它是由美国的格雷厄姆和金尼提出的,他们认为,对于一个具有潜在危险性的作业条件,影响危险性的主要因素有三个:发生事故或危险事件的可能性、暴露于这种危险环境的频率和事故一旦发生可能产生的后果。用公式表示为

$$D=LEC$$

式中,D 为作业条件的危险性;L 为发生事故或危险事件的可能性;E 为暴露于这种危险环境的频率;C 为事故一旦发生可能产生的后果。

使用作业条件危险性评价法得到的 D 值越大,说明该系统的危险性越大,需要增加安全措施,或降低发生事故的可能性,或减少人体暴露于危险环境的频率,或减轻事故损失,直至调整到允许范围内。

根据实际经验,给出三个自变量在不同情况下的分数值,对所评价的对象进行"打分",然后根据公式计算出其危险性分数值,对照危险程度等级表将其危险性进行分级。

(1) 量化分值标准。要对上述三个自变量分别进行客观的科学计算来得到准确的数据是相当琐碎的过程。为了简化评价过程,采用半定量计算法。半定量计算法即根据以往的经验和估计,分别将这三个自变量划分为不同的等级并赋值,具体如表 2-9、表 2-10 和表2-11所示。

表 2-9　事故发生的可能性(L)对应的分数值

分　数　值	事故发生的可能性
10	完全可以预测
6	相当可能
3	可能,但不经常
1	可能性小,完全意外
0.5	很不可能,可以设想
0.2	极不可能
0.1	实际不可能

表 2-10　暴露于危险环境的频率(E)对应的分数值

分　数　值	暴露于危险环境的频率
10	连续暴露
6	每天工作时间内暴露
3	每周一次或偶尔暴露
2	每月一次暴露
1	每年一次暴露
0.5	非常罕见

表 2-11　一旦发生事故可能产生的后果(C)对应的分数值

分　数　值	发生事故产生的后果
100	10 人以上伤亡
40	3~9 人伤亡
15	1~2 人伤亡
7	严重
3	重大、伤残
1	引人注意

(2) 风险分析。根据公式 $D=LEC$,就可以计算出作业条件的危险性,并判断、评价环境的危险程度。其中的关键还是如何确定各个自变量的分数值,以及对乘积值的分析、评价

和利用,如表 2-12 所示。

表 2-12 危险性分值对应表

分 数 值	危 险 程 度
>320	不可承受风险(极其危险,不能继续作业)
160~320	重大风险(高度危险,要立即整改)
70~160	中度风险(显著危险,需要整改)
20~70	可承受风险(一般危险,需要注意)
<20	可忽视风险(稍有危险,可以接受)

根据经验,总分在 20 分以下是被认为是低危险的,可以接受;如果危险性分值为 70~160,那就有显著的危险性,需要及时整改;如果危险性分值为 160~320,那么这是一种必须立即采取措施进行整改的高度危险环境;危险性分值在 320 以上表示环境非常危险,应立即停止生产,直到环境得到改善为止。

值得注意的是,作业条件危险性评价法对危险等级的划分,一定程度上是凭经验进行判断的,应用时需要考虑其局限性,根据实际情况予以修正。

二、城市轨道交通危险源控制

(一) 危险源控制通则

对危险源的控制通常是建立在危险源风险评价基础上的。依据对危险源的评价结果,通常可以将危险源划分为五个等级:第一级,极其危险;第二级,高度危险;第三级,中度危险;第四级,一般危险;第五级,可容忍危险。对于不同的危险等级需要采取不同的控制措施。

(1) 对第一级和第二级的风险,一定要制定职业健康安全目标和职业健康安全管理政策。

(2) 对第三级风险,视情况制定职业健康安全目标和职业健康安全管理方案。

(3) 对第一级至第四级的风险,要制定运行控制程序,按程序进行管理。

(4) 对第五级的风险,可维持现有的风险控制措施。

(5) 对于其他认为需要控制的风险,则根据实际情况的需要制定管理方案。

(6) 对于潜在的紧急风险情况,应制定应急准备和响应控制程序,按程序进行管理控制。

(二) 城市轨道交通运营系统危险源控制细则

1. 一般规定

运营单位应根据当地实际情况和轨道交通的设施状况、人员特点等制定相应的火源控制管理规定;城市轨道交通严格限制可燃物品的使用,并制定可燃物品安全使用的管理规定。

2. 限制可燃物

(1) 车站内应严格控制可燃材料,车站建筑装修材料和列车车厢内装饰材料的选用应符合相关的设计规范。

（2）车站站厅乘客疏散区、站台及疏散通道内不得设置商业经营场所。

（3）车站站厅内严格按相关消防安全技术规范限制商业经营场所占用面积的比例和数量，并加强消防安全管理。

（4）车站站厅、站台、列车车厢和管理用房内的垃圾应及时清理，可燃垃圾堆积时间不应超过一昼夜。

3. 吸烟管理

（1）车站站厅、站台、列车车厢、管理用房和隧道内严禁吸烟。

（2）在车站站厅、站台、车厢、管理用房内应张贴写有"严禁吸烟"的标志。

4. 明火（动火）管理

车站站厅、站台、列车车厢、管理用房和隧道内严禁使用明火，必须使用明火作业时，应在动火前按程序申报并采取必要的消防监护措施。

5. 电气火源控制

（1）机电设备设施中的变压器、带油电气设备应定期巡检和维护。

（2）各级配电设备应安装完善的过负荷、漏电、欠压、过压等保护电路和报警装置，各类电气设备应加装防止打火、短路的装置。

（3）定期对运行车辆上的电气设备、电气线路进行检查维修，及时清除列车运行线路上的导电体，防止受流器、电缆电线短路放弧引起列车火灾。

6. 燃气控制

车站站厅、站台、列车车厢、管理用房和隧道内严禁使用可燃燃气，工程作业中必须使用燃气设备时，应按程序申报并采取必要的消防监护措施。

7. 采暖控制

车站站厅、站台、列车车厢和管理用房内不得采用明火、电炉和电热采暖器采暖，采暖散热器表面平均温度不应超过 80 ℃。

8. 用油系统控制

（1）城市轨道交通中的用油系统应按操作规程操作，并应定期巡检和维护。

（2）废油应密闭在专用的防火容器内并及时清运出去，溅洒在地板上的油应及时清理干净，防止废油流入下水道。

9. 易燃易爆化学危险品控制

（1）车站入口处应张贴劝阻乘客携带易燃易爆化学危险品进入车站内或乘坐列车的警告标志。工作人员发现携带易燃易爆化学危险品的乘客，应责令其出站。

（2）工作人员因工作需要携带时，应按程序申报并采取必要的消防监护措施。易燃易爆化学危险品的携带、使用和剩余用量应采取严格的登记制度。

（3）工作人员因工作需要携带易燃易爆化学危险品时应与乘客分开进出车站并乘坐专用列车。

（4）对于车站内无主或无人认领的包裹、行李，应立即转移至远离乘客的安全区域。

任务实施

针对城市轨道交通运营系统的组成及功能特点，依据预先危险性分析法，讨论确定城市轨道交通运营系统的主要危险源清单，如表 2-13、表 2-14 和表 2-15 所示。

表 2-13 危险物清单

危 险 物	城市轨道交通运营系统
运动物体(加速度)	运营列车/轨道车
污染源	乘客携带的污染品
腐蚀源	乘客携带的腐蚀品、杂散电流
电气触电	变电所高压设备、暴露的输配电设备、直流触网、车辆主/辅回路、车站/车辆厂用电设备
爆炸源	变电站的变压器/整流器、线路上的轨道车油箱、车辆厂氧气瓶、乘客携带的爆炸品
着火源	车辆电气装置、车站内电气装置、车站取暖器/电炉/蒸饭箱、变电站/电气线路各类开关、路上道岔电器、乘客携带的易燃品、未灭的香烟头
机械运动	车辆开关门、车站电梯、车站闸机、车站隧道风机/风扇、车辆厂机床/吊车、道岔转辙
损坏的结构	站房屋顶、高架桥、隧道管壁、道床/轨道
压力源	车辆厂氧气瓶、车辆压缩气缸
毒物源	乘客携带的有毒物品
振动与噪音	源轮轨冲击/摩擦
辐射源	接触网、回电流、无线天线
外部环境	雨、雷、风、高温、低温

表 2-14 危险能源清单

危 险 能 源	城市轨道交通运营系统
燃油	轨道车燃油
爆炸装置	无
蓄电池	车辆蓄电池、应急灯蓄电池、USP 蓄电池
电容	车辆逆变器电容、USP 电容
电能	变电所、输配电线、接触网
旋转机械	车辆车轮、车辆厂机床、车站闸机/自动扶梯、水泵/鼓风机/风扇
电机	车辆驱动电机、车站电梯电机、车站自动门电机、车辆厂动力电机
压缩空气	车辆厂氧气瓶、车辆压缩气缸
射频能源	无线通信
空调压缩机	车站空调压缩机、车辆空调压缩机、车辆厂空调压缩机
发热设备	车站蒸箱、车站电热取暖器
电磁辐射	接触网/回电流

表 2-15 危险功能产生清单

危险状态	危险功能产生	潜在危险
乘客运动	车站/站台/车厢内运动时	摔/挤/碰
调度人员命令信息	调度工作时	错误指令/无指令
司机操作	操纵/监控列车运行时	误操作/不操作
维修人员操作	检修或抢修时	摔/挤/碰/烫/触电
车站工作人员操作	站台管理时/站内运动时	摔/挤/碰
供电设备运转	电器设备工作时	着火/高温/电磁辐射
自动控制系统信息	ATP/ATO/ATS 工作时	控制信息错误
机械设备运转	机械设备运转时	对人轧/碰/压
车辆设备运营	列车运行时	碰撞/脱轨/倾翻
封闭空间	车厢内有乘客	着火/爆炸/高温/窒息
通号设备信息	通号设备工作时	信息发送/接收/传递错误
土建结构	隧道/高架/车站/厂房/轨道使用时	坍塌/掉物

对表 2-13、表 2-14 和表 2-15 进行分析,将有可能产生的事故按事故类型进行分类和编号,可以制定出城市轨道交通运营系统通用危险状态清单。对通用危险状态清单中列出的危险状态可能产生的后果进行逐条分析,将不必考虑的情况略去,然后进行初步危险性分析。根据研究对象的复杂程度,可以用一个或多个分析表来反映,每个分析表的内容可根据具体的分析对象和分析目的在侧重上有所不同。

效果评价

评价表

项目名称	项目 2 城市轨道交通危险源辨识与管控措施	学生姓名	
任务名称	任务 2.2 城市轨道交通危险源管控措施	分数	
项目		分值	考核得分
(1) 城市轨道交通运营系统危险源的识别		30	
(2) 对城市轨道交通运营系统行车安全保障体系的了解情况		20	
(3) 对城市轨道交通运营系统危险源控制的掌握情况		20	
(4) 编制学习汇报报告情况		20	
(5) 基本素养考核情况		10	
总体得分			

教师简要评语:

教师签名:

任务 2.3 安全色与安全标志

情景导入

请对图 2-1 中的三个图案进行识别，并思考以下问题：这些标志的含义是什么？标志中使用的颜色各有什么特殊作用？请列举一些常见的安全标志与符号，并说明其含义。

图 2-1　常用的安全色彩与安全标志

为了使人们对不安全因素引起注意，预防发生意外事故，国家有关部门以标准或其他形式规定了生产经营场所统一使用的各类不同的安全色和安全标志。安全色和安全标志以形象而醒目的信息语言向人们传达了禁止、警告、指令、提示等信息。了解它们表达的安全信息对于人们在工作和生活中趋利避害、预防事故发生有重要作用。

任务要求

（1）掌握安全色、对比色、安全标志和其他色标的概念和定义。
（2）掌握城市轨道交通系统安全色和安全标志的正确使用方法。

知识准备

一、安全色与对比色

（一）安全色的种类和用途

安全色是被赋予安全意义而具有特殊属性的颜色，用于表示禁止、警告、指令、提示等。其作用是使人们能够迅速注意到影响安全、健康的对象或场所，提醒人们注意，以防发生事故。需要注意的是，安全色不包括灯光、荧光颜色和航空、航海、内河航运所用的颜色。

安全色有红色、蓝色、黄色、绿色四种。

（1）红色。红色表示禁止、停止、消防、危险。例如，城市轨道交通列车受电弓的支架带电部分涂红色，表示高压危险，禁止触摸；城市轨道交通信号灯用红色表示停车；将灭火器、消防栓等消防设施涂成红色。

（2）蓝色。蓝色表示指令、必须遵守的规定。例如，必须佩戴个人防护用具，道路上指引车辆和行人行驶方向的指令等均以蓝色表示。

（3）黄色。黄色表示警告、注意。例如，工厂内危险机器和坑沟周边的警戒线、行车道中线、安全帽、城市轨道交通站台安全线等以黄色表示。

（4）绿色。绿色表示给人们提供允许、安全的信息。例如，各种提示标志，生产车间内的安全通道、城市轨道交通检修车间内的安全检修路显示安全状态，车辆和行人通行标志，以及消防设备和其他安全防护设备的位置都用绿色表示。

需要注意的是，蓝色只有与几何图形同时使用时才表示指令；道路上的提示标志采用蓝色，不采用绿色，以免与道路两旁的绿色树木混淆。

（二）对比色的种类和用途

对比色是使安全色更加醒目的反衬色。为了提高安全色的辨别度，在安全色标志上一般采用对比色，如红色、蓝色和绿色均用白色作为对比色，黑色和白色互为对比色，黄色用黑色作为对比色，也可使用红白相间、蓝白相间、黄黑相间条纹表示强化。

对比色一般有黑、白两种颜色。黑色用于安全标志的文字、图形符号和警告标志的几何图形。白色既可以用于安全标志中红色、蓝色、绿色的背景色，也可以用于文字和图形符号。

安全色与对比色同时使用时一般按照红色、蓝色、绿色与白色，黄色与黑色的原则搭配。另外，黑色和白色互为对比色。

安全色与对比色的相间条纹通常有红色与白色相间、黄色与黑色相间、蓝色与白色相间、绿色与白色相间四种，其含义和用途如下：

（1）红白相间。红白相间的含义为禁止越入，如道路上使用的防护栏杆和隔离墩。

（2）黄黑相间。黄黑相间的含义为特别注意，如当心滑跌标志。

（3）蓝白相间。蓝白相间的含义为必须遵守，如交通导向标志。

（4）绿白相间。绿白相间条纹与提示标志牌同时使用，更为醒目地提示人们，如安全标志杆。

二、安全标志

（一）安全标志的定义

安全标志由安全色、图形符号、几何图形或文字构成，用以表达特定的安全信息。辅助标志是安全标志的文字说明或补充。辅助标志必须与安全标志同时使用在一个矩形载体上，称为组合标志。在同一矩形载体上含有两个或两个以上的安全标志并且有相应辅助标志的标志称为多重标志。

（二）安全标志的作用

安全标志的作用是引起人们对不安全因素的注意，以达到预防事故发生的目的。但安全标志不能代替安全操作规程和安全防护措施。

（三）安全标志的类型

安全标志分为禁止标志、警告标志、指令标志和提示标志四类。这四类标志用四种不同的几何图形来表示。

1. 禁止标志

禁止标志是禁止人们不安全行为的图形标志。禁止标志的基本形式是带斜杠的圆环，图形符号为黑色，几何图形为红色，背景色为白色。我国规定的禁止标志共有 40 个，包括禁止放置易燃物、禁止吸烟、禁止通行、禁止乘人、禁止攀登、禁止转动、禁止游泳等。

2. 警告标志

警告标志是提醒人们注意周围环境,以避免可能发生的危险的图形标志。警告标志的基本形式是正三角形边框,图形符号、几何图形为黑色,背景色、衬边为黄色。我国规定的警告标志共有 39 个,包括注意安全、当心触电、当心爆炸、当心火灾、当心腐蚀、当心中毒、当心电缆、当心自动启动、当心机械伤人、当心塌方、当心冒顶、当心坑洞、当心落物、当心吊物、当心碰头、当心挤压、当心烫伤、当心伤手、当心夹手、当心扎脚、当心有犬、当心弧光、当心高温表面、当心低温、当心磁场、当心电离辐射、当心裂变物质、当心激光、当心微波、当心车辆等。

图 2-2 所示为"三角黑色闪电"警告标志,这种标志主要是为预防电击和迅速辨别哪里装有电气元件而设的。电柜和壁龛门或盖板上,如前后双开门电柜的前后门上应贴该标志;接线盒的盖板上应贴该标志,但穿线盒的盖板上不贴;电柜内,在门打开后,仍带有 50 V 以上交流电的电器,在其绝缘挡板上应贴该标志;从外表辨别不出是否装有电器的外壳上,均应贴该标志。能从外表一眼就看出来是电器外壳,如按钮、控制面板等,则不需要贴该标志。

图 2-2 "三角黑色闪电"警告标志

3. 指令标志

图 2-3 必须戴防护手套

指令标志是强制人们必须做出某种动作或采用防范措施的图形标志。指令标志的基本形式是圆形边框,图形符号、衬边为白色,背景色为蓝色。我国规定的指令标志共有 16 个,包括必须戴安全帽、必须穿防护鞋、必须系安全带、必须戴防护眼镜、必须戴防毒面具、必须戴护耳器、必须戴防护手套、必须穿防护服等。图 2-3 所示为必须戴防护手套的指令标志。

4. 提示标志

提示标志是向人们提供某种信息(如标明安全设施或场所等)的图形标志。提示标志的基本形式是正方形边框,图形符号、衬边是白色,背景色是绿色。我国规定的提示标志共有 8 个,包括紧急出口、避险处、应急避难场所、可动火区、击碎板面、急救点、应急电话、紧急医疗站等。图 2-4 所示为设置在地铁列车车内紧急出口的安全提示标志。

辅助标志是对禁止标志、警告标志、指令标志和提示标志四种标志的补充说明,以防误解。辅助标志分为横写和竖写两种形式,横写的为长方形,写在标志下方,可以和标志连在一起,也可以分开;竖写的写在标志杆上部。辅助标志的颜色:竖写时用白底黑字;横写时,用于禁止标志的为红底白字,用于警告标志的为白底黑字,用于指令标志的为蓝底白字。

图 2-4 设置在地铁列车车内紧急出口的安全提示标志

三、安全色标

除了上述安全色和安全标志外,还有一些色标与安全有关,常见的有气瓶、气体管道和电气设备等的漆色。这些漆色代表一定的含义,能使人们一眼就识别出它提供的信息。这对预防事故、保证安全是有好处的。

（一）气瓶色标

气瓶色标是指气瓶外表面涂敷的字样内容、色环数目和涂膜颜色按充装气体的特性做规定的组合，是识别充装气体的标志。气瓶喷涂色标的主要目的是从颜色上迅速地辨别出盛装某种气体的气瓶和瓶内气体的性质（可燃性、毒性），避免错装和错用，同时可防止气瓶外表面生锈。国家标准对气瓶外表面的颜色和气瓶上字样的颜色做了规定。充装常用气体的气瓶颜色标志如表2-16所示。

表2-16 充装常用气体的气瓶颜色标志

序号	充装气体名称	颜色	字样	字色
1	乙炔	白	乙炔不可近火	大红
2	氢	淡绿	氢	大红
3	氧	淡（酞）蓝	氧	黑
4	氮	黑	氮	淡黄
5	空气	黑	空气	白
6	二氧化碳	铝白	液化二氧化碳	黑
7	氟	白	氟	黑
8	天然气	棕	天然气	白
9	乙烷	棕	液化乙烷	白
10	液化石油气	棕（工业用）	液化石油气	白
10	液化石油气	银灰（民用）	液化石油气	大红
11	乙烯	棕	液化乙烯	淡黄
12	氩	银灰	氩	深绿
13	氖	银灰	氖	深绿
14	六氟化硫	银灰	液化六氟化硫	黑

（二）管道色标

管道色标的习惯用法是：蒸汽管道为白色，自来水管道为黑色，压力管道为黄色，消防管道为红色。

（三）电气设备相别的色标

变电所设备（母线和进出线）和车间配电装置用色标相别，主要用法是：A相为黄色，B相为绿色，C相为红色，地线为黑色，直流正极为红色，直流负极为蓝色。

四、城市轨道交通常用标志

城市轨道交通常用标志有公里标、百米标、站名标、制动标、圆曲线和缓和曲线始点及终点标、曲线标、竖曲线始点及终点标、水准基点标、警冲标、联锁分界标、预告标、司机鸣笛标、减速地点标、限速标、停车位置标、接触网终点标、降下受电弓标、升起受电弓标等。

隧道内百米标、限速标、停车位置标应设在行车方向的右侧；警冲标应设在两会合线之间，其位置应根据设备限界及安全量确定。隧道外的标志可按国家现行规定设置。

五、使用安全标志的一些规定

（1）安全标志都应自带衬边，采用与安全标志相对应的对比色。衬边宽度最小为 2 mm，最大为 10 mm。

（2）有触电危险的场所，安全标志牌应使用绝缘材料制作。

（3）安全标志杆的条纹颜色应与安全标志保持一致。

（4）安全标志应设在与安全有关的醒目的地方，使人们看到后，有足够的时间来注意它表示的内容。安全标志不宜设在门、窗、架等可移动的物体上，以免这些物体移动后人们看不见标志。

（5）安全标志牌应用坚固耐用的材料制作，如无毛刺和孔洞的金属板、塑料板、木板等，也可将安全标志直接画在墙壁或机具上。

（6）安全标志牌每年至少要检查一次，如发现有变形、破损、图形符号脱落，以及变色不符合安全色的范围时，应及时整修或更换。

（7）装着电气元件的电柜、壁龛和任何地方，当从电柜、壁龛等外部不能辨别其中是否装有电气元件时，必须在门或盖板上贴上黑边、黄底、具有黑色闪电符号的三角形标志。

任务实施

本任务的实施将结合城市轨道交通系统常用的安全标志及警示语来进一步认知安全标志的基本作用。

（1）城市轨道交通系统常用的禁止标志。城市轨道交通系统常用的禁止标志如图 2-5 所示。

图 2-5　城市轨道交通系统常用的禁止标志

（2）城市轨道交通系统常用的警示语标志。城市轨道交通系统常用的警示语标志如图 2-6 所示。

（3）城市轨道交通系统常用的警告语标志。城市轨道交通系统常用的警告语标志如图 2-7 所示。

请结合上述城市轨道交通系统常用的标志说明其具体含义，并再找一些城市轨道交通系统常用的安全标志。

图 2-6　城市轨道交通系统常用的警示语标志

图 2-7　城市轨道交通系统常用的警告语标志

效果评价

评价表

项目名称	项目 2　城市轨道交通危险源辨识与管控措施	学生姓名	
任务名称	任务 2.3　安全色与安全标志	分数	
项　　目		分　值	考 核 得 分
(1) 对安全色与安全标志的基本概念的掌握情况		30	
(2) 对安全色与安全标志使用方法的掌握情况		20	
(3) 对城市轨道交通系统安全色和安全标志的使用要求的掌握情况		20	
(4) 编制学习汇报报告情况		20	
(5) 基本素养考核情况		10	
总体得分			

教师简要评语：

教师签名：

思考与练习

1. 影响城市轨道交通运营安全的因素有哪些？
2. 影响运营安全的人员因素有哪些？
3. 影响运营安全的设备因素有哪些？
4. 影响运营安全的环境因素有哪些？
5. 常见的危险源分几类？分别是什么？
6. 常见的城市轨道交通危险源有哪些？
7. 危险源识别和分析方法有几种？
8. 危险源辨识的原则是什么？
9. 常见的轨道交通危险源评价方法有哪些？
10. 对城市轨道交通各类危险源应如何控制？
11. 简述安全色与安全标志的含义和使用范围。

项目 3
城市轨道交通行车安全管理

项目描述

城市轨道交通系统的根本任务是把旅客安全及时地运送到目的地。城市轨道交通系统运营的作用、性质和特点,决定了轨道运输必须把安全生产摆在各项工作的首要位置。当前,我国城市轨道交通在安全规划、安全设计、安全建设、安全监督管理和安全运营等方面投入不足,安全监视管理体系、事故预防体系和应急处置机制不健全,应对重特大突发性事件的能力较低,因此城市轨道交通安防和应急系统的提升和完善是当前亟待解决的课题。现阶段,我国轨道交通行车安全面临的威胁主要有恐怖袭击、自然灾害、技术故障、治安及其他危害公共安全的事件,因此城市轨道交通行车安全管理至关重要。

学习目标

(1) 掌握城市轨道交通行车安全基础知识。
(2) 掌握城市轨道交通列车运行安全管理的相关知识。
(3) 掌握城市轨道交通车站安全管理的基本内容与应急处理的技能。
(4) 掌握城市轨道交通列车调车作业安全管理的内容,提高应急处理能力。

能力目标

(1) 对城市轨道交通行车安全基础知识有所了解。
(2) 掌握城市轨道交通列车运行、车站和调车作业方面的安全基本知识与技能。

项目导入

2011年8月的一天,某市一列城市轨道交通列车在运行时突发故障,司机立即采取紧急制动措施,迫使列车停住。在第二节车厢里的乘客觉得脚下的列车突然咯噔了好几下,然后就感觉到车身开始停顿,后来就停了下来。这个意外让乘客感觉很突然,一开始以为这是一次很小的故障,很快就可以恢复,但是接下来发生的情况让大家觉得有些害怕,在两节车厢的连接处突然噼里啪啦地冒起了火花,好像是车厢内部的电线在被一种外力拉扯,然后连接处不断地冒出烟和火光。在两车厢连接处的乘客都吓得往一边躲,尖叫声此起彼伏。由于接触网断电,车厢里一片漆黑,虽然列车应急供电立即启动,恢复供电,但电压不是很稳定,车厢里灯光闪烁、烟雾蒙蒙。第一节车厢和第二节车厢连接处错位,一边高一边低,形成台阶状,落差大概有十几厘米。由蓄电池维持的应急供电仅能提供应急通风,空调制冷装置不能正常工作,时值8月,天气炎热,不论是乘客还是工作人员都感到闷热难受,尤其是一些老年乘客,出现了心慌、胸闷、缺氧的状况,乘客都要求下车。在这紧急时刻,列车驾驶员在第一时间从第一节车厢的驾驶室赶了过来,通知乘客列车没有脱轨,可能是车厢下面的轨道或者是接触网有问题,但车身是安全的,请乘客放心。因蓄电池仅能维持45分钟左右的应急供电,需要抓紧时间疏散乘客,驾驶员立即指导乘客与连接处保持距离,所有前面车厢的乘客往后面车厢转移。

驾驶员通过广播不停地安慰乘客,劝大家不要着急,并打开列车尾部的驾驶室通道门和紧急疏散门,放好应急梯,指引乘客经过驾驶室通道门、紧急疏散门安全有序地下车,向车站方向撤离。驾驶员站在车门处,扶着每位下来的乘客,工作人员在隧道内给乘客带路,告知在隧道内行走的注意事项,提醒乘客不要走到轨行区里。

上述案例是一起非常典型的由设备故障导致的行车安全事故。通常把列车的组织和运行工作统称为行车工作。行车工作是城市轨道交通运营系统的核心工作,也是最容易产生不安全因素的环节。城市轨道交通运营过程中出现的大部分不安全现象都发生在行车工作中,因此,从某种程度上说,保证行车安全,也就保证了城市轨道运营的安全。

城市轨道交通行车安全是指城市轨道交通列车在运送乘客的过程中对行车人员、行车设备和乘客产生重要影响的安全事件。城市轨道交通行车安全工作主要包括列车运行安全、车站作业安全和调车作业安全等内容,本项目将主要围绕这三方面内容进行分析和讲述。

任务3.1 城市轨道交通行车安全基础知识

情景导入

城市轨道交通行车安全是城市轨道交通运营的基本要求,是衡量城市轨道交通企业管理水平和工作质量的重要标准。

2008年5月21日,某城市刚开通试运营的轨道交通列车由某站发车时,中间车厢的一个车门突然发生电气控制故障,致使车门无法正常关闭,在两名站台保安的合力下,才将车门关闭,列车出发。当列车到达下一站时,车门正常开启,但乘客乘降完毕出发时,该故障车门再次无法关闭,而且情况更加严重,借助人力也无法关闭。这时两名负责车辆技术与安全的值班工作人员立即对车门实施紧急维修,数分钟后故障车门仍未修复,为保证正常的行车秩序,车站工作人员找来一块白色布帘挂在故障门处,阻止乘客由该门上下。随后,工作人员进入车厢,站在故障门的两侧进行防护。列车继续运行,风从敞开的车门灌入车厢,乘客纷纷移到车厢前后端。到达下一站后,两名工作人员再次尝试维修未果,请示行车调度后,决定采取清客的紧急措施。之后列车播放广播,要求乘客下车并等候下一趟列车。在事后的通报和对公众的解释中,城市轨道交通运营企业表示故障车辆是新投入使用的,稳定性存在一定问题,但此类故障属于个别现象;列车敞门运行是防止后面的列车晚点,两名工作人员跟车"把门",是保障乘客安全的应急处理措施;事故列车到达城市轨道交通车站后,立即清空乘客,返回车辆段维修,未对全线列车运行造成影响。

任务要求

通过本任务的学习,要求掌握城市轨道交通行车的基本要求和原则,以及城市轨道交通行车指挥、行车闭塞、行车信号等安全操作规范基础知识与技能。

知识准备

城市轨道交通列车的一次全面运行过程主要包括出段、正线运行、站台作业、折返、入段回库等,每个环节都可能存在安全隐患,因此必须对整个列车运行过程进行安全方面的规范性约束,以确保行车安全。

城市轨道交通列车在正线运行时受控制中心行车调度员指挥,行车调度员、车站工作人员和驾驶员协同配合,共同保障行车安全。行车调度员是列车运行的指挥者,肩负着保证行车安全、防止事故发生、处理突发事件的重大责任。车站工作人员配合控制中心,协助行车调度员保证列车运行安全。驾驶员的驾驶行为承载着列车乘客的生命安全和整个城市轨道交通系统的财产安全。一般情况下,城市轨道交通列车由一名驾驶员值乘,所以列车驾驶员必须由纪律性强、业务技术好及持有列车驾驶证的合格人员担当,驾驶员在值乘中应时刻保持高度的安全意识,始终把安全放在第一位。

一、城市轨道交通行车组织的基本要求与原则

城市轨道交通行车安全是建立在认真贯彻和执行城市轨道交通行车组织的基本要求与原则的基础上的。

(1) 城市轨道交通列车的正线运行指挥命令只能由行车调度员(下文简称行调)发布,列车司机必须严格遵照列车运行图规定的时刻行车,严格按信号显示要求行车,服从行车调度员的指挥和命令。

(2) 车辆段内不影响正线运行及接发列车的命令可由车辆段调度员发布。车辆段调度员发布命令前应详细了解现场情况,听取有关人员的意见。城市轨道交通电客车、工程车、救援列车、调试列车出入车辆段均按列车办理。

(3) 城市轨道交通正线、辅助线及转换轨属行调管理,车辆段线属车辆段调度员管理。城市轨道交通行调发布命令时,在车辆段由派班员、车辆段调度员(信号楼值班员)负责传达,正线(辅助线)由车站值班站长(行车值班员)负责传达,传达给司机或其他有关人员的书面命令须加盖行车专用章。此外,向多个单位或部门发布调度命令时,行调应指定其中一人复诵,其他人核对,确保无误。

(4) 城市轨道交通列车的行车时间以运营控制中心的授时系统发布的北京时间为准,从零时起计算,实行 24 h 制。行车日期的划分以零时为界,零时以前办妥的行车手续,零时以后仍视为有效。

(5) 在移动闭塞列车控制系统正常的情况下,电客车采用自动驾驶模式或列车自动保护(ATP,automatic train protection)下的人工驾驶模式。司机需在电客车出库时或交接班时输入司机代号,在有列车自动监控系统(ATS,automatic train supervision)计划运行图时,

电客车出车辆段到转换轨时自动接收行车信息,但若没有列车自动监控系统计划运行图,则电客车在出车辆段及正线运行车次变更时,需行调输入或通知司机人工输入服务号和目的地号。

(6) 采用基于无线通信的列车控制(CBTC,communications based train control)系统时,正常情况下,正线上司机凭车载信号或行调命令行车,按"运营时刻表"和站台发车指示器显示时分掌握运行及停站时间。非正常情况下,在点式 ATP 监督下的人工驾驶模式下,正线司机凭车载及地面信号或行调命令行车,司机应严格控制进出站、过岔、线路限制等特殊运行速度;在联锁模式下,正线司机凭地面信号或行调命令行车,司机应严格控制进出站、过岔、线路限制等特殊运行速度。

(7) 电客车在运行中,司机应在前端驾驶,电客车推进运行时,应有引导员在前端驾驶室引导和监控电客车运行。

(8) 调度电话、无线电话用于行车工作联系,须使用标准用语。

二、城市轨道交通行车指挥系统组织架构

城市轨道交通行车指挥系统组织架构如图 3-1 所示。

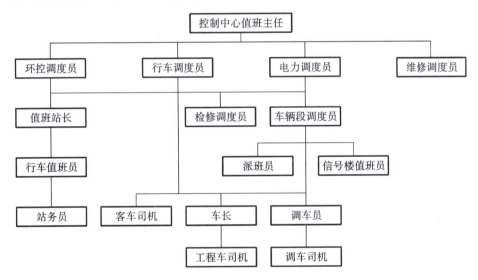

图 3-1　城市轨道交通行车指挥系统组织架构

(一)城市轨道交通行车指挥层级

(1) 城市轨道交通运营指挥系统分为一级、二级两个指挥层级,二级服从一级指挥。
(2) 城市轨道交通的一级指挥为行车调度员、电力调度员、环控调度员和维修调度员。
(3) 城市轨道交通的二级指挥为值班站长、车辆段调度员、检修调度员。
(4) 各级指挥要根据各自职责和任务独立开展工作,并服从城市轨道交通运营控制中心值班主任的统一指挥和协调。
(5) 行车工作由行车调度员统一指挥。
(6) 供电设备运作由电力调度员统一指挥。
(7) 环控和防灾报警设备由环控调度员统一指挥。

(8) 非车辆专业设备的维修组织由维修调度员统一指挥。

(二) 城市轨道交通运营控制中心安全行车的工作内容

运营控制中心(operating control center,OCC)是城市轨道交通日常运营、设备维护、行车组织的指挥中心,也是城市轨道交通运营信息收发中心。OCC 代表运营公司总经理指挥运营工作,紧急情况下代表运营公司与外界沟通、协调城市轨道交通运营支援工作。OCC 各调度员由值班主任统一指挥。在处理突发事件、事故时,各调度员有责任向值班主任提供本岗位的协助处理方案,并及时报告相关信息。

(三) 车辆段控制室安全行车的工作内容

停车场控制中心(depot contral center,DCC)在我国城市轨道交通系统中泛指车辆维修管理中心,负责车辆的维修管理。车辆段控制室设有车辆段检修调度(下文简称检调),车辆段检调负责车辆日常检修、清洁、定修和临修工作控制,为城市轨道交通运营及设备维修施工提供质量良好和数量足够的电客车或工程车。

(四) 车辆段信号楼安全行车的工作内容

车辆段信号楼是车辆段内所有轨道线路的信号联锁设备的集中控制点和车辆运作管理中心,负责车辆运作管理与车辆段信号联锁系统的控制。车辆段信号楼控制室设有车辆段调度员和信号楼值班员。车辆段调度员负责车辆段范围内的行车组织、维修施工管理;信号楼值班员负责排列车辆段内的调车作业和列车出入车辆段的运行进路。

(五) 控制中心、车辆段及车站的安全行车指挥工作关系

车站由值班站长统一指挥,车辆段由车辆段调度员统一指挥。列车在区间时,电客车由司机负责指挥,工程车由车长负责指挥;列车在车站时,由车站值班站长负责指挥,或由行调用无线电话直接指挥列车司机。当行车设备发生故障时,车站值班站长(行车值班员)应及时报告维修调度员和行车调度员,由行车调度员跟进维修调度员或车辆段调度员组织抢修。

三、城市轨道交通行车安全对信号设备的基本要求

(一) 城市轨道交通行车信号闭塞的基本方法

通过相邻车站、闭塞分区的设备或人为控制,保证在一个区间或闭塞分区内,同一时间只有一列车占用,使列车与列车之间保持一定距离的技术方法称为行车闭塞法。目前,我国城市轨道交通列车主要采用以下三种闭塞方法。

1. 移动闭塞

(1) 在 CBTC 模式下,移动闭塞没有固定的闭塞区间,列车运行闭塞区间的终端(移动授权)由前一列车在线路上的运行位置、运行状态等因素确定。

(2) 由 OCC 负责监控列车的安全间隔和运行状态,列车加速、减速、停车和开门等由车载信号系统自动控制或由司机参照车载信号系统人工控制。

(3) 列车凭车载信号显示的目标距离和推荐速度运行,可以采取 AM 模式、ATPM 模式进行驾驶。若遇非正常情况,司机须上报行调,按行调命令执行。

2. 固定闭塞

固定闭塞是当无线通信移动闭塞功能故障或不能使用时所采用的代用闭塞法,分为具

备列车超速防护的固定闭塞和不具备列车超速防护的固定闭塞。

3. 电话闭塞

采用电话闭塞组织行车的情况有：一个或多个联锁区联锁设备故障时；中央及车站工作站上一个或多个联锁区均无法对线路运行车辆进行监控时；车站与车辆段信号设备故障造成联锁失效时或正线与车辆段信号接口故障时；其他情况需采用电话闭塞组织行车时。

（二）城市轨道交通行车安全对信号设备操作的基本要求

正确操作与行车相关的信号设备是保证城市轨道交通行车安全的前提。城市轨道交通信号系统一般包括列车自动防护（automatic train protection，ATP）子系统、正线计算机联锁（computer based interlocking，CBI）子系统、列车自动运行（automatic train operation，ATO）子系统、列车自动监控（ATS）/本地控制工作站（local control workstation，LCW）子系统，各子系统之间相互渗透，实现地面控制与中央控制相组合，构成一个以安全设备为基础，集行车指挥、运行调整和列车驾驶自动化等功能为一体的城市轨道交通信号系统。

1. ATS 工作站操作规定

（1）城市轨道交通 ATS 工作站的操作人员必须经过培训，考试合格方可上岗操作。

（2）ATS 中央设备正常时，行调在人机接口/人机界面（human-machine interface，HMI）上进行监控。若有需要，行调可授权联锁站控制，或由联锁站执行"紧急本地控制"。

（3）中央设备故障或 ATS 子系统不能自动排列进路时，行调可人工介入操作。

2. ATS/LCW 集成工作站操作规定

（1）城市轨道交通 ATS/LCW 集成工作站的操作人员必须经过培训，考试合格方可上岗操作。

（2）在正常情况下，ATS/LCW 集成工作站应使用 ATS，当 ATS 设备故障时，经行调授权后可转换使用 LCW。

（3）ATS/LCW 集成工作站操作员在操作或监控设备时，严禁进行与行车无关的操作。操作人员必须离开时，应将工作站退回到登录状态。

（4）操作 ATS/LCW 集成工作站过程中，操作员发现进路要素显示不正确时，须立即停止该项操作，并报告行调。车站应转换为 LCW 界面进行操作，若仍不能正常操作，则按 ATS/LCW 集成工作站设备故障处理。

（5）设备管理人员或维修人员需操作 ATS/LCW 集成工作站时，应报告车站行车值班员，并征得行调同意，取得控制授权后，以相应身份登录系统进行操作。

任务实施

2014 年 9 月，某城市轨道交通运营企业的 1407 次列车得到发车命令，正准备出站时，在车站值班的工作人员突然发现列车顶部的受电弓上缠有一个白色的塑料袋，车站工作人员立即采取紧急措施，用无线电台报告行调。考虑到列车已经驶离本车站，行调将 1407 次列车扣停在前方站，经前方站工作人员的进一步确认，确实有塑料袋缠在受电弓上。行调指示 1407 次列车降下后弓单弓运行，要求沿途各站注意观察。经过几个车站后，有一个车站值班员发现车顶有蓝色闪光，并且闻到塑料的焦糊味，行调进一步对 1407 次列车采取限速运行的措施，但 1407 次列车限速至 45 km/h 并运行一个区间后，仍有焦糊味。为确保行车安全,行调果断采取措施,命令 1407 次列车到前方站清客后回车辆段进行检修,以确保行车安全。

受 1407 次列车退出运营的影响,后续由 1012 次列车替开 1408 次列车,由 0812 次列车替开 1012 次列车,再调用备用列车替开 0812 次列车,由存车线加开 7102 次列车,1011 次列车受到影响,终到晚点 188 s。

认真阅读并分析以上城市轨道交通系统的典型行车案例,在认真分析前因后果的基础上,进一步认识城市轨道交通行车安全的重要性及行车事故应急处理的措施。

效果评价

评价表

项目名称	项目 3　城市轨道交通行车安全管理	学生姓名	
任务名称	任务 3.1　城市轨道交通行车安全基础知识	分数	
项　　目		分　值	考核得分
(1) 对行车组织原则的了解情况		20	
(2) 对行车指挥的原则、指挥机构、层级划分及职责的掌握情况		30	
(3) 对信号操作的规定的掌握情况		20	
(4) 对行车闭塞法分类的掌握情况		10	
(5) 对行车基础知识的整体把握情况		20	
总体得分			

教师简要评语:

教师签名:

任务 3.2　城市轨道交通列车运行安全管理

情景导入

2013 年 6 月 18 日 8 时左右,某市由 B 站开往 C 站的城市轨道交通列车的第 2 节车厢的一扇窗户玻璃突然龟裂,致使窗户附近的乘客受到惊吓,发疯似的向列车前方奔跑。列车到达 C 站后,这节车厢的乘客一窝蜂地涌下车,往站台上冲,顿时乱作一团。这是一起典型的城市轨道交通列车在正线运营过程中的突发安全事件。玻璃龟裂是偶发现象,可能是冷热空气造成的,也可能是异物撞击造成的。为了确保城市轨道交通运营服务的质量,保证广大乘客的安全,列车驾驶员向行调汇报后,将该故障列车退出运营服务,并启动备用列车上线运行。

确保每列城市轨道交通列车都能稳定、安全地运行是对城市轨道交通行车组织最基本的要求。城市轨道交通列车运行安全管理知识是确保城市轨道服务质量的重要保障。

任务要求

通过本任务的学习,要求掌握城市轨道交通列车出段安全、列车正线运行安全、列车折返安全的相关知识,以及城市轨道交通列车驾驶员的工作规范。

知识准备

城市轨道交通列车的运行线路一般分上下行,按双线、右侧单方向运行。列车运行中根据不同的情况采用不同的驾驶模式,常用的驾驶模式有自动驾驶模式、超速防护下的人工驾驶模式、限制人工驾驶模式和非限制人工驾驶模式。自动驾驶模式是列车在正线运行的正常驾驶模式,由系统执行速度调节、车站停车、列车折返、安全防护和车门控制等,驾驶员负责监控;在超速防护下的人工驾驶模式下,驾驶员人工控制列车运行,ATP 提供超速防护、折返行驶和门控防护等;限制人工驾驶模式是一种受超速防护系统监督的人工驾驶模式,ATP 提供的固定限速值为 25 km/h;在非限制人工驾驶模式下,ATP 不提供任何防护,列车运行安全完全由驾驶员负责。列车驾驶模式为自动驾驶模式或超速防护下的人工驾驶模式时,凭车载信号的显示运行;列车驾驶模式为限制人工驾驶模式或非限制人工驾驶模式时,凭地面信号的显示运行。

按照城市轨道交通列车运营的基本程序和步骤,城市轨道交通列车的运行安全包括城市轨道交通列车出段安全、列车正线运行安全、列车折返安全和列车入段安全四个方面。

一、列车出段安全管理

(一) 驾驶员出勤的安全要求

城市轨道交通列车驾驶员的出勤有车辆段出勤和车站出勤两种方式,在安全要求上主要包括纪律和业务两方面。

(1) 纪律方面的安全要求。纪律方面的安全要求包括:按时到车辆段运转值班室或正线换乘室办理出勤手续,防止因迟到而慌乱,影响行车安全;睡眠充足,不得饮酒或含酒精类饮料,不能服用影响精神的药品,保证值乘时精神饱满;不得携带与工作无关的物品,保证驾驶列车时注意力集中。

(2) 业务方面的安全要求。业务方面的安全要求包括:携带列车驾驶证、驾驶员手账、相关规章文本和故障应急处理资料等备品,领取相关钥匙、无线手持电台和运营时刻表等备品,以备值乘途中所需;了解运行命令、行车指示、安全注意事项及列车车次、列车号和停放股道等,做好行车安全预想;在正线交接班时,向交班驾驶员了解列车技术状态、行车组织方式、线路状况和安全事项等,对所值乘的列车情况做到心中有数。

(二) 列车安全检查

列车出库前,驾驶员必须按规定程序对列车进行严格检查和测试,以确保列车技术状态良好。检查中发现有危及行车安全的故障时,禁止投入运营。

列车通电前,主要检查车体外部和贯通道,这时必须确保高压电及低压电都已切断,并施加停放制动。列车外部部件的检查内容包括:车体表面是否损坏,列车标志是否完整清晰,车钩及缓冲装置有无损坏变形,电缆软管有无脱落,各塞门位置是否正确,转向架是否损坏变形,制动系统有无漏风,空气弹簧有无破损漏气,车底箱门是否关好及外部盖板是否关好等。贯通道的检查内容包括:内外有无异声,有无裂纹和损坏,踏板有无损坏,保险锁和钩盖是否关好等。

驾驶员在车外巡视检查完毕,到驾驶室唤醒列车,监控列车初始化和自检过程,出现故障报警时,应确认故障部位,根据具体情况进行处理。确认列车两侧、地沟、站台上无作业人员后,升起受电弓,检查高压供电是否正常,确认制动系统和门控系统工作是否正常,打开客室空调,列车准备就绪。

列车处于停放制动施加状态后,沿车体内部检查驾驶室与客室。驾驶室的检查内容包括:照明灯与阅读灯是否正常点亮,外部灯状态是否良好,司机控制器位置是否正确、操作是否灵活,无线通信设备作用是否良好,电气箱门是否锁闭,各种仪表显示是否正确,驾驶室门及通道门作用是否灵活并锁闭良好,灭火器与急救工具是否齐全有效等。客室的检查内容包括:照明灯与应急灯是否正常点亮,内部设施是否损坏,客室侧门是否锁闭良好,车门紧急解锁装置是否完整可用,紧急通话装置作用是否良好,灭火器是否遗失等。

对列车外部和内部检查完毕后,驾驶员还需要进行全面测试。测试的项目包括牵引系统、制动系统、客室侧门和列车通信系统等。所有项目测试成功,才能启动列车离开车库。

(三)列车出段运行

经列车自动监控系统确认的计划列车检查测试完毕,确认状态合格后,驾驶员按规定时刻驾驶列车出库。列车启动前,驾驶员确认调车信号开放、车库大门开放、平交道口无人员及车辆穿行。列车在无码区运行时,驾驶员应严格控制速度,加强瞭望,注意调车信号显示、道岔位置、物品或人员侵入限界等情况,发现危及行车安全的情况立即停车。

列车运行到转换轨处一度停车,行调使其进入系统,列车自动接收目的地及车次号。驾驶员需与行调进行通信测试,核对车次号。到规定时刻后,ATS系统开放信号,驾驶员确认防护信号机开放,驾驶列车继续运行。设有车载ATP的列车待显示屏收到速度码后,采取规定的驾驶模式,凭车载信号进入车站。无车载ATP的列车凭地面信号的显示进入车站。

运营时间内组织非计划列车出段时,行调要利用运营间隙,不得影响正线列车运行。列车运行到转换轨处停车后,由行调或驾驶员人工设置车次号和目的地,人工排列进路,驾驶员确认防护信号开放后,按收到的速度码或地面信号的显示进入车站。

二、列车正线运行安全管理

(一)正常情况下的列车运行

驾驶员必须严格执行运营时刻表,运行中按规定操作设备,采取正确的驾驶模式,禁止打盹、听歌、看书等。驾驶员值乘中应集中精力,坚持不间断瞭望,时刻注意列车显示信息、地面信号显示、前方进路状态、线路状况、轨旁设备、人员或物品侵限情况等,并随时观察各种仪表的显示状态,发现危及行车或人身安全的情况时,迅速采取紧急制动措施,并向行调报告。

列车在区间自动停车时,驾驶员应报告行调,按其指示处理。联系不到行调时,驾驶员确认视线所及范围内无列车且无道岔时,可自行选择限制人工驾驶模式,低速运行并进站。运行中注意瞭望,发现前方有列车或道岔时,立即停车联系行调。

列车接近车站时,严格控制速度,做好制动准备,进站后对标停车。对于未设屏蔽门的车站,在列车进站过程中,驾驶员应注意观察站台乘客候车状况,遇乘客较多或乘客越过安全线时,应鸣笛示警,必要时立即停车。

列车按运营时刻表通过车站或按行调命令临时变更通过车站时,驾驶员应注意瞭望车站线路情况、站台人员情况,车站应做好乘客广播,并注意站台乘客的候车动态。

(二) 列车推进运行

列车前端的驾驶室(运行方向)发生故障,列车需推进运行时,必须得到行调的准许。重联列车推进运行时,驾驶员应在后一列车前端驾驶室(运行方向)驾驶。推进运行时控制好速度,列车前端驾驶室应有人引导,遇特殊情况无人引导时,应严格控制运行距离,行调、车站、驾驶员之间时刻保持联系,并做好必要的防护。引导人员负责瞭望,并与驾驶员保持不间断联系。当驾驶室之间不能进行内部通话时,引导人员与驾驶员使用无线手持电台保持联系。驾驶员应根据引导人员的指令操纵列车,根据需要减速或停车。天气恶劣难以辨认信号时,禁止列车推进运行。在坡度超过30‰的下坡道推进运行时,禁止停车作业。

(三) 列车退行

由于事故等原因,列车无法前进,也无法救援,为避免区间清客,经行调准许,列车可退行至最近的车站。行车调度员同意列车退行前,必须确认列车后方线路空闲,并加锁退行路径上有关道岔。列车全部越过站台时,驾驶员应到列车退行方向的前端驾驶室牵引操纵,车站派人在进站站台端部显示引导信号,列车一度停车,确认引导信号正确后方可进站。列车部分越过站台时,采用推进方式退行,车站不用引导接车。行调下达准许退行指示前,应通知有关车站维持好站台乘客的候车秩序。退行前,驾驶员应确认列车性能良好,并通过广播安抚乘客;退行时,应注意瞭望线路情况、道岔位置及站台乘客状态,发现异常情况立即停车;退行到站后,及时报告行调。

(四) 列车反方向运行

由于设备故障、发生事故或其他原因,打乱了列车运行秩序,造成上下行列车不均衡,一个方向列车密度大,另一个方向列车密度小,这时可以采用列车反方向运行的方法进行调整。列车需要反方向运行时,须有调度命令。驾驶员要控制好速度,运行中加强瞭望,并做好随时停车的准备。对于设有反向列车超速防护系统的区段,驾驶员根据收到的速度码采取正确的驾驶模式运行。

三、列车折返安全管理

列车到达终点站,乘客全部下车后,站务员进入列车检查有无滞留乘客。驾驶员得到站务员清客完毕的通知或信号后,进行折返作业。

(一) 自动折返

建立列车自动折返进路时,计算机联锁设备根据折返进路命令检查进路空闲、超限界绝缘相邻区段空闲、有关道岔位置正确且锁闭、未施行人工解锁、敌对进路未建立及检查联锁条件正确后,顺序控制折返进路的办理,锁闭的进路随着列车的运行而自动解锁,并自动触发相应的进路。折返轨自动解锁的条件:检查确认折返进路已建立,列车已折返,折返轨占用并出清。保护区段自动解锁的条件:从列车占用目的轨起 30 s 后。取消自动折返进路和取消进路的含义不同:取消自动折返进路仅取消自动折返进路属性,不会取消已办理的进路;取消进路不仅取消了自动折返进路属性,也取消了进路。自动折返进路可以随列车运行自动解锁,也可以通过办理取消进路来解锁。

1. 无人自动折返

(1) 列车停于终点站或其他折返站规定位置,驾驶室显示屏出现折返图标和 AR 符号,自动折返灯点亮。

(2) 列车按规定程序开门,乘客下车。

(3) 驾驶员确认车内无滞留乘客,停站时间已到,列车门与屏蔽门关闭。

(4) 驾驶员按下驾驶室的自动折返按钮,自动折返灯熄灭,触发无人自动折返系统,设在站台端部的无人折返灯开始闪烁。

(5) 驾驶员关闭列车主控制器钥匙,关闭驾驶室门,到站台上手动操作无人自动折返系统。

(6) 待进路准备妥当后,由车载系统控制列车自动驶入折返线,自动改变列车运行方向,自动驶入对面发车站台,对准停车标停车。无人自动折返系统检测到列车已在规定区域停稳后,列车门和屏蔽门自动打开。

(7) 在列车无人自动折返过程中,驾驶员可以自行走到对面站台,接班驾驶员也可以事先待在列车上,但是列车驾驶均由车载系统自动完成。

(8) 列车折返到对面站台后,另一端驾驶室的自动折返灯点亮闪烁,驾驶员合上列车主控制器钥匙,自动折返灯熄灭,无人自动折返完成。

(9) 折返作业完成后,列车不能自动启动,必须经过驾驶员操作。

2. 有人自动折返

(1) 列车停于终点站或其他折返站规定位置,驾驶室显示屏出现折返图标和 AR 符号,自动折返灯点亮。

(2) 列车按规定程序开门,乘客下车。

(3) 驾驶员确认车内无滞留乘客,停站时间已到,列车门与屏蔽门关闭。

(4) 驾驶员按下驾驶室的自动折返按钮,自动折返灯熄灭。

(5) 待进入折返线的进路准备妥当后,驾驶员启动自动驾驶模式,列车自动驶入折返线,越过折返线自动停车,驾驶员关闭列车主控制器钥匙,关闭驾驶室门,另一端驾驶室的自动折返灯点亮闪烁。

(6) 驾驶员到另一端驾驶室合上列车主控制器钥匙,自动折返灯熄灭。

(7) 由折返线进入正线的进路准备妥当后,驾驶员启动自动驾驶模式,列车自动驶入对面发车站台,自动对准停车标停车,列车门和屏蔽门自动打开,有人自动折返完成。

(二) 人工折返

1. 正常情况下的人工折返

检查进路空闲、超限界绝缘相邻区段空闲、有关道岔位置正确且锁闭、未施行人工解锁、敌对进路未建立及检查联锁条件正确之后,防护折返进路的防护信号机开放。随着列车的运行,进路自动解锁。

（1）列车停于终点站或其他折返站规定位置,按规定程序开门,乘客下车。

（2）驾驶员确认车内无滞留乘客,停站时间已到,列车门与屏蔽门关闭。

（3）驾驶员确认防护信号开放正确、道岔位置正确,采用适当的驾驶模式,以规定的速度人工驾驶列车,越过折返线停车,关闭列车主控制器钥匙,关闭驾驶室门。

（4）驾驶员到另一端驾驶室合上列车主控制器钥匙,确认防护信号开放正确、道岔位置正确,采用适当的驾驶模式,以规定的速度人工驾驶列车,到达对面发车站台并停于规定位置,按压相应侧开门按钮,打开列车门和屏蔽门,折返作业完成。

2. 联锁故障时的人工折返

在联锁设备发生故障的情况下,应将折返进路上的道岔扳向正确的位置并加锁。需要人工手摇道岔时,应有专人进行防护。列车折返作业按调车方式办理,由车站负责指挥。驾驶员凭站务人员的道岔开通信号进入折返线,越过折返线停车更换驾驶室后,再凭站务人员的道岔开通信号到达对面发车站台,对准停车标停车。运行期间,驾驶员应加强瞭望,注意道岔位置、线路状况和手信号显示等,发现不正常的情况立即停车。

四、列车入段安全管理

（一）列车入段运行

运营结束后,列车自动监控系统确认的计划列车入段时,由系统自动控制列车,车辆段信号楼值班员预先办理入场进路,确认列车目的地号,监督列车回库。非计划列车入场时,行调应通知车辆段信号楼值班员预先办理入场进路,人工排列回库进路,驾驶员确认信号后按收到的速度码回库。

准备入段的列车驾驶员通过广播通知全部乘客下车,确认车内无滞留乘客后关好车门。以规定模式驾驶列车至转换轨处一度停车,联系车辆段信号楼值班员,确认进路和停车股道,凭开放的调车信号进入车辆段。列车运行至停车库前和平交道口处一度停车,确认车库大门开放、无异物侵入限界后,以低速运行至规定停车位置停车。

列车入库停稳后,驾驶员检查列车备品齐全良好,施加停放制动,将列车各系统退出工作状态后,取下主控制器钥匙,携带有关备品及值乘期间的各种记录下车,锁好驾驶室门,巡视列车一周,确认列车无异常后,办理退勤手续。

（二）列车驾驶员退勤安全要求

列车驾驶员的退勤地点有车辆段和车站两种。

在车辆段退勤时,驾驶员将列车钥匙、列车报单和列车故障记录单等交于运转室值班员,报告列车技术状态与列车运行情况等,并提供列车故障情况、行车安全事故和服务纠纷等书面材料。

在车站退勤时,驾驶员向接班驾驶员完整交付列车钥匙与无线手持电台等工具物品,并准确、全面、清楚、无误地说明列车技术状态、线路状况、行车组织方式、行车命令和行车安全注意事项等,使接班驾驶员对所值乘的列车心中有数。

五、列车驾驶员的工作规范

确保行车安全是城市轨道交通运营安全工作的重要环节。确保列车运行安全,既需要列车驾驶员严格执行工作规范,又需要制定规范的作业准则。

(一) "三严格"

(1) 严格遵守各项规章制度,正确执行各项操作程序,确保客车运行安全和人身安全。

(2) 严格按照列车运行图行车,维护运行秩序。工作中严守岗位,不得擅自离岗,做到行车必有人。

(3) 严格按照要求规范使用驾驶室设备,爱护列车,精心操作。

(二) "八必须"

(1) 电客车驾驶员必须经考试合格并取得"电客车司机驾驶证"后方准独立驾驶列车。

(2) 电客车驾驶员必须严格执行有关行车安全规章制度,服从调度指挥,按照运行图行车,为乘客提供安全、正点、快捷、舒适的服务。

(3) 列车受电前,驾驶员必须确认所有人员在安全区域,方可鸣笛升弓。

(4) 驾驶员在动车前、升降弓前、鸣笛标前、平交道口前以及遇天气不良等其他需要鸣笛警示的情况时,必须鸣笛。

(5) 整备作业或正线运行时,驾驶员需要离开驾驶室必须锁闭驾驶室门窗。

(6) 启动列车前,驾驶员必须确认动车凭证及行车"五要素"(信号、道岔、进路、制动、车门),防止冒进信号。

(7) 行调发布口头命令时,受令驾驶员必须认真逐句复诵,领会命令的内容并做好书面记录,做到听清、记清并严格执行行调命令,严禁臆测行车,以便向接班驾驶员进行交接。

(8) 班前充分休息,做好行车预想,班后做好行车总结。对于行车工作中发生的事故,必须及时、准确地汇报相关信息,以便有关人员进行调查处理。

(三) "十严禁"

(1) 横越线路时,严禁跨越地沟、钻车底。

(2) 穿越道岔区时,严禁脚踏尖轨与道岔转动部分。

(3) 受电弓升起后,严禁触摸电气带电部分、进行地沟检查及攀登车顶。

(4) 上下列车抓稳、抓牢,严禁飞乘飞降。

(5) 严禁实习驾驶员在没有电客车驾驶员监督的情况下擅自操作列车。

(6) 电客车驾驶员当班时,必须集中精力,认真瞭望,严禁做与行车无关的事。

(7) 严禁电客车在无人引导的情况下推进运行。

(8) 在非正常行车的情况下,严禁无凭证(或携错误凭证)开车。

(9) 原路折返时,严禁没有指令和未确认道岔动车。

(10) 严禁擅自带无关人员进入驾驶室,因工作需要登乘驾驶室时,必须严格执行"登乘制度"。

任务实施

以下是某城市轨道交通运营企业制定的驾驶员的作业准则和电客车在运行中的操作要求,请在认真学习的基础上,进一步认知城市轨道交通列车运行安全的重要性,并对该作业准则和操作要求进行修订和完善。

1. 驾驶员的作业准则

(1) 列车运行安全准则。

①驾驶员在取得"电客车司机驾驶证"并经相关部门鉴定合格后方准独立驾驶电客车；实习驾驶员必须在正式驾驶员的监督下才能操作列车。

②严格遵守各种规章制度，按照要求操作和使用设备，正确执行各项作业程序，确保电客车运行安全。

③严格按运营时刻表动车，动车前必须确认行车凭证和动车"五要素"（进路、信号、道岔、车门、制动）。

④班前严禁饮酒，严禁服用影响精神状态的药物并充分休息，班中精力集中，保持不间断瞭望，严禁在列车运行中干与工作无关的事。

⑤操作列车保护装置前，必须确认其符合安全条件，取得行调的授权后才能进行操作。

⑥接收行调命令或行车指示时，驾驶员必须认真逐句复诵命令内容，同时记录在司机手帐上，并做好交接。对调度命令不清楚时严禁动车。

⑦当班时私人通信工具必需关机。特殊情况下，在无法使用其他行车通信工具进行联系时，驾驶员可以使用私人通信工具。严禁携带便携式音响或游戏机等娱乐工具上班。

(2) 折返作业安全准则。

①严格遵守交接制度，坚持"有车必有人"的原则。

②关门前必须确认行车凭证及动车"五要素"。

③换端操纵时，必须确认后端钥匙已关后方可激活本端。

④动车前确认所有人员均在安全区域。

(3) 站台作业安全准则。

①开关屏蔽门、车门时，必须严格执行"一确认、二呼唤、跨半步、再开门"的作业程序（一确认，确认对标准确；二呼唤，呼唤开关那一侧车门、屏蔽门；跨半步，一只脚站在列车上，另一只脚站在站台上；再开门，确认无误、呼唤正确、司机站稳后，再进行开关门作业）。

②列车在站台停稳后，应先确认列车停在规定的范围内。

③开屏蔽门、车门时，应注意列车与站台间的空隙，避免乘客摔伤并观察乘客上下车情况。

④关门时根据 PDI 显示及运营时刻表规定的时间关屏蔽门、车门。确认屏蔽门、车门关闭，无夹人夹物后进入驾驶室，凭车载信号或地面信号显示发车。

(4) 人身安全准则。

①升弓前，必须确认所有人员均在安全区域。

②车辆段作业时，严禁飞乘飞降。

③在正线或出入车辆段线，禁止未经行调同意擅自进入线路。

④进出司机室时，注意站台与司机室侧门之间的间隙，谨防摔伤。

⑤进出辅助线线路时，司机必须报告行调，得到行调同意并穿好荧光服后才能进出辅助线线路。

⑥列车在隧道内发生故障需要清客时，司机必须做好防溜措施并打开逃生门，等待车站人员到来后，才能往隧道疏散乘客。

⑦在场（段）内有地沟的股道动车出库前，必须确认地沟无人后方可动车。

2. 电客车在运行中的操作要求

(1) 驾驶员在场(段)内与派班员办理电客车出乘手续,并按规定于电客车出库前 30 min 进行整备作业。

(2) 电客车出场(段)时,驾驶员凭地面信号显示,采用限制人工驾驶模式驾驶,运行至转换轨一度停车,与行调联系后转换驾驶模式,凭车载信号或地面信号进入正线。

(3) 非 CBTC 模式下,电客车一般配备两名驾驶员,一名驾驶员负责驾驶电客车和操作电客车相关设备;另一名驾驶员负责操作屏蔽门的开关,协助驾驶员瞭望进路,监督电客车驾驶员按规定速度运行。

(4) 电客车入场(段)时,驾驶员在终点站进行广播,通知乘客全部下车后关好车门,运行至 XR/XC(入段/出段)信号机外方一度停车,与场(段)值班员联系后转换驾驶模式,以限制人工模式运行,凭地面信号显示进入车辆段。

(5) 电客车在车站停稳后,驾驶员迅速打开驾驶室门,观察乘客上下车情况,根据 PDI 显示及运营时刻表规定的时间关车门。当车门关闭且确认无夹人夹物后进入驾驶室,凭车载信号或地面信号显示发车。

(6) 电客车进站停车,当未到停车标停车时,司机确认运行前方无异常后,迅速自行动车对位。

(7) 电客车停车位置越出站台一个车门以下时,司机自行后退对位停车,通过广播安抚乘客,报告行调;电客车停车位置越出站台一个车门及以上时,报告行调,按行调的指示操作。若电客车不开门继续运行到前方站,则行调应通知本站及前方站,车站对站台进行广播,做好乘客安抚工作。

(8) 运营时刻表中没有规定通过车站或无行调命令,驾驶员不得驾驶电客车通过车站。当电客车通过车站或清客时,驾驶员应及时广播通知乘客。

(9) 电客车运行驾驶模式按安全级别从高到低依次为:自动驾驶模式、ATP 监督下的人工驾驶模式、点式 ATP 监督下的人工驾驶模式、限制人工驾驶模式、非限制人工驾驶模式。

运营时间内,上述驾驶模式的转换除在规定位置的操作外,从高到低转换时,必须得到行调允许后方可进行操作;从低到高转换时,司机视情况进行操作,之后要及时报告行调。

(10) 电客车司机在运行中要掌握好各种速度。下面以西安城市轨道交通为例,说明电客车运行的限速要求,如表 3-1 所示。

表 3-1　电客车运行限速表

序号	项目	限制速度				说明
		自动驾驶模式	ATP 监督下的人工驾驶模式/点式 ATP 监督下的人工驾驶模式	限制人工驾驶模式	非限制人工驾驶模式	
1	正线运行	设定速度	推荐速度	25 km/h	60 km/h	
2	电客车通过车站	设定速度	40 km/h	25 km/h	40 km/h	电客车头部离开头端墙的速度

续表

序号	项 目	限 制 速 度				说 明
		自动驾驶模式	ATP监督下的人工驾驶模式/点式ATP监督下的人工驾驶模式	限制人工驾驶模式	非限制人工驾驶模式	
3	电客车进站停车	设定速度	50 km/h	25 km/h	50 km/h	电客车头部进入尾端墙的速度
4	电客车推进运行	—	—	25 km/h	25 km/h	单列车后部推前部为25 km/h,救援列车在被救援列车尾部推进时为25 km/h,在前端牵引运行时为40 km/h
5	电客车退行	—	—	—	25/35 km/h	因故在站间退回发车站时(推进/牵引)
6	引导信号	—	—	25 km/h	25 km/h	
7	电客车进入终点站	设定速度	35 km/h	25 km/h	30 km/h	
8	电客车载客在辅助线上运行	设定速度	25 km/h	25 km/h	25 km/h	
9	车辆段	—	—	25 km/h	25 km/h	库内线路为5 km/h,试车线除外。洗车时限速3 km/h

效果评价

评价表

项目名称	项目3　城市轨道交通行车安全管理		学生姓名	
任务名称	任务3.2　城市轨道交通列车运行安全管理		分数	
项　目			分　值	考核得分
(1)对城市轨道交通列车正线运行安全知识的掌握情况			30	
(2)对城市轨道交通列车出入段、折返安全知识的掌握情况			30	
(3)对城市轨道交通列车安全知识的掌握情况			20	
(4)对驾驶员工作规范的掌握情况			20	
总体得分				

续表

教师简要评语：

教师签名：

任务 3.3　城市轨道交通调车作业安全管理

情景导入

城市轨道交通调车作业是指列车或单节车辆除在正线运行和车站、车场到发以外的一切有目的的移动。在调车作业中发生的事故称为调车事故，调车事故主要有撞、脱、挤、溜四种类型，即冲突、脱轨、挤岔、溜逸。

某城市轨道交通运营企业车辆段列车在洗车线洗车完毕，列车驾驶员没有与车辆段信号楼值班员取得联系，也没有认真确认信号机显示和道岔位置，就擅自开动列车进行调车作业，最终致使列车以 15 km/h 的速度挤坏道岔。信号楼值班员听到挤岔警示后，立即呼叫驾驶员停车，列车越过道岔约 30 m 后停车。事后分析事故原因时发现，该调车区段信号设备的特殊位置给驾驶员确认进路带来了一定的影响：该调车作业区信号机设于线路左侧，与驾驶员靠右侧行车的习惯不一致；另外，该区段道岔为交分道岔，对于不熟悉其结构的人来说，不易辨认道岔开通位置。当然这些只是客观原因，最主要的原因还是主观方面的，即列车驾驶员安全意识不强，严重违反规章制度的相关规定，没有进行调车作业前的一系列呼唤、应答、确认信号设备状态的行为。从本起事故中应该吸取的教训如下：列车驾驶员及有关调车作业人员应熟悉车辆段的设备，特别是一些特殊设备；调车领导人布置调车作业计划时，除了督促作业人员了解作业内容外，还要说清楚需要特别注意的安全事项。

任务要求

通过本任务的学习，要求掌握城市轨道交通调车作业安全基础知识及调车作业安全要求；掌握调车作业计划的编制与传达以及安全注意事项的有关基本知识；掌握调车作业事故预防的基本措施与方法。

知识准备

城市轨道交通列车除在正线的正常运行和在车站、车辆段、停车场的到发作业以外，其他一切有目的的移动均属于调车作业范畴。

按城市轨道交通调车作业工作内容的不同，调车作业可分为列车在车场、车辆段内的转线、转场作业，非正常运营时间段的出入车辆段和停车场的作业，洗车、试车作业，以其他电动列车或机车作为动力的列车的编组、解体、转线、摘挂和取送作业。按作业地点不同,调车作业可分为车辆段调车作业、停车场调车作业和车站调车作业。

城市轨道交通调车作业执行统一领导、单一指挥的原则。调车领导人和调车指挥人的设置,各城市轨道交通企业会由于地域差别而产生一定的差异,但也是大同小异。一般来说,在城市轨道交通车辆段或停车场进行调车作业时,以车辆段调度员为调车领导人,以调车长为调车指挥人;在车站进行调车作业时,以车站值班站长为调车领导人,以运转车长为调车指挥人。

一、调车作业计划

调车作业计划是进行调车作业的依据。调车作业计划的正确与否、合理与否,直接关系到调车作业的安全与效率。调车作业计划由调车领导人编制,以书面形式下达。在编制调车作业计划时,必须认真检查核对,确保与实际情况相符,计划应安全、正确、可行。在向列车驾驶员和有关人员布置调车作业计划时,要保证所有参与调车作业的人员均充分理解作业内容、作业方法和操作要求,了解机车车辆停留位置,熟悉调车径路上的线路、道岔和信号机等,明确运行速度、驾驶模式和防溜措施等安全注意事项。

调车作业人员必须严格执行调车作业计划,不得擅自变更。当必须变更计划时,应停止作业,重新布置、传达,确认所有作业人员均了解清楚后方可继续进行调车作业。

二、调车作业安全规定

调车作业方法一般仅限牵引和推进调车,禁止溜放调车。未取得行调准许,禁止使用转换轨进行调车作业,有些城市规定,使用转换轨调车时按列车办理。在特殊情况下采用手推调车时,须经有关负责人同意,控制好速度,并采取相应的安全措施。越出站界(或场界)调车时,须得到行调的准许。

(一)调车作业的一般规定

调车作业的一般规定如下:

①车辆段内的调车作业不得影响出入段列车的正常运行。

②不得调动挂有禁止移动标志牌或设有红闪灯的车辆或列车。

③进行调车作业的列车应安装可靠的制动装置,保证车辆有足够的制动力,遇危险情况能及时停车。

④在调车过程中,有关人员应严密监控作业动态,发现调车作业人员违反安全规定,有危及调车作业安全、设备安全及人身安全的情形时,应立即采取适当措施,并通知有关人员停止调车作业。

⑤由于情况变化或实际工作的需要,必须取消调车进路时,应确认调车尚未起动,通知调车长或调车驾驶员,得到回复后方可关闭调车信号。

(二)调车作业指挥及各岗位作业要求

调车作业指挥及各岗位作业要求如下:

①场(段)调车工作由场(段)调度员集中领导、统一指挥,场(段)值班员负责办理接发列车、排列进路和调车作业进路控制,调车作业人员应按相关标准和调车作业计划执行。

②场(段)调度员应根据机车车辆(包括客车,下同)、线路、设备检修计划和现场作业情况,科学、合理地编制调车作业计划,组织调车人员安全、及时地完成调车任务。

③调车作业由调车员单一指挥,根据调车作业计划单,正确、及时地显示信号,指挥调车驾驶员,并注意行车安全。

④调车驾驶员应根据调车员的信号准确、平稳地操纵机车,时刻注意确认信号,不间断地进行瞭望,正确、及时地执行信号显示要求,负责调车作业的安全。

⑤场(段)值班员根据调车作业计划单和现场作业情况、机车车辆停放股道,正确、及时地排列调车进路,开放调车信号,做到随时监控机车车辆运行情况。

三、列车调车作业安全操作

(一)作业前安全检查

为了做到调车时心中有数,调车作业人员在调车作业开始前,应按规定程序前往现场实地检查。了解停留车辆的位置、防溜情况,查看线路上及限界内有无障碍物,是否有小半径曲线,确认道岔的开通位置等。

(二)调车运行安全

调车作业必须按调车信号机和调车手信号的显示进行。没有信号不准动车,信号不清立即停车。进行调车作业时,调车长必须正确、及时地显示有关信号,驾驶员要认真确认信号,并鸣笛回示。若驾驶员没有回示,调车长立即显示停车信号。调车作业中,牵引运行时,前方进路的确认由驾驶员负责;推进运行时,前方进路的确认由调车长负责。调车起动前,应确认防溜措施已撤除,所有人员在安全位置。调车运行中,应时刻确认道岔位置与信号显示正确,有关人员在安全位置,调车线路及其限界内没有障碍物。进入停车库或维修库前,停车确认车库大门及入口处没有异物或人员后方可驶过。调车越过平交道口前,一度停车,注意观察没有障碍物或行人,确保安全后再通过。两列车或两车组不准在同一条线路内同时移动,必须待其中一列车或一车组暂停后,另一列车或车组才能移动。调车长应掌握好距离,及时显示信号。驾驶员根据调车长的距离信号,严格控制调车速度。当天气不良或瞭望困难时,应适当降低速度。在尽头线上调车时,距线路终端应有一定的安全距离。遇特殊情况必须近于安全距离时,要严格控制速度,并加强对线路的观察,发现问题及时停车。

(三)列车连挂安全

连挂车辆时,应显示规定的距离信号,以便驾驶员根据停留车的距离不断地降低速度,达到要求的连挂速度,防止超速连挂。没有显示规定的距离信号不准挂车。当暴风、雨、雪、雾等恶劣天气造成视线不良,或曲线、坡道和照明不足等造成瞭望不便,调车长确认前方停留车位置有困难时,应派人显示停留车位置信号。

连挂车辆时,应确认被连挂车辆状况以及无人员或异物侵入限界,并根据线路、车辆情况调整钩位,防止连挂时损坏车钩或造成溜逸。连挂车辆后应试拉,确认连挂妥当。在同一条线路需要连挂多辆车时,不得连续连挂。根据需要连接规定数量的制动软管,并进行自动制动机简略试验。

(四)列车防溜

城市轨道交通调车作业完毕后,应及时将列车或车辆停在线路的警冲标内,防止越过警冲标或压道岔；对不再移动的列车，应做好防溜措施，不论停留线路有无坡道，也不论停留时间长短，均应使用列车的停放制动装置或使用铁鞋做好防溜措施。调车作业中临时停车时，列车应保持制动状态，不得关闭空气压缩机。必要时，还应使用铁鞋进行防溜。交接班时，接班人员必须按规定检查现场停留车辆的防溜措施，发现问题及时处理并报告。

四、列车调车作业事故预防

（一）列车调车作业常见事故及原因分析

1. 调车作业计划不清或传达不彻底

调车作业计划是信号员、调车组等调车作业相关人员的统一行动计划。如果调车作业计划本身不清，造成调车进路排错，机车车辆进入线路；或调车作业计划传达不彻底，造成信号员及调车驾驶员行动不一致，极易发生事故。

2. 作业前检查不彻底，准备不充分

调车作业前，必须按规定提前排风，摘解风管，核对计划，确认进路，检查线路、道岔和停留车辆情况。手闸制动时要选闸、试闸，铁鞋制动时要准备足够的良好铁鞋。

3. 误排进路或未扳、错扳、临时扳动道岔或错误转动道岔

信号员误排进路或未扳、错扳、临时扳动道岔或错误转动道岔，调车员和驾驶员不认真确认信号及道岔位置，极易造成冲突、脱轨和挤岔事故。

4. 调车手信号显示不标准

调车手信号显示不标准有三种情况：一是未按规定的要求显示信号；二是错过了显示信号的时机；三是错误地显示信号。上述情况都有可能导致事故的发生。

5. 前端无人引导推进运行或推进车辆不试拉

推进作业时，前端无人引导，调车驾驶员就无法确认线路和停留车情况，极易造成撞车和挤岔事故。推进车辆不试拉，一旦车辆中有假连接，就会导致制动或停车时车辆脱钩溜逸，也容易发生撞车、脱轨、挤岔和溜逸事故。

6. 没按规定采取防溜措施

调车作业中，在线路上停放车辆时，如不按规定采取防溜措施，极易发生车辆溜逸事故，一旦车辆溜逸入区间，后果不堪设想。

（二）预防调车作业事故的措施

城市轨道交通调车作业包括站场内调车作业和正线调车作业两种。

1. 预防站场内调车作业事故的措施

（1）做好调车作业前的准备工作。

①调车作业必须按照调车作业计划及调车信号机或调车手信号的显示要求进行。没有信号不准动车，信号不清立即停车。

②在特殊情况下，使用无线对讲机进行调车作业的联络时，驾驶员与调车人员必须保持联络畅通，联络中断应立即停车，采取措施。

③调车组人员不足时，不能动车。

（2）正确、及时地编制及传递调车作业计划。

①运转值班室值班员要根据生产作业有关部门提出的要求，正确、合理地编制调车作业

计划,并将计划向信号楼值班室、调车组等参加调车作业的人员传达清楚。

②参加调车作业的有关人员在接受调车作业计划时必须复诵,核对正确无误后执行。

③进行调车作业时,调车指挥人应将接受的作业计划向调车驾驶员及有关人员传达,并讲清作业方法与安全注意事项。

④调车作业中需要变更作业计划时要停止作业,由运转值班员将变更后的计划向调车指挥人及信号楼值班室重新布置、传达清楚;调车指挥人要重新向调车驾驶员及有关人员传达清楚。

(3) 正确、及时地显示信号。

①调车作业时,调车人员必须正确、及时地显示信号;驾驶员要认真确认信号,并鸣笛回示。

②连挂作业时,调车人员必须向驾驶员显示三、二、一车的距离信号,没有显示三、二、一车的距离信号不准挂车,没有驾驶员的回示应立即显示停车信号。

③当调车指挥人确认停留车位置有困难时,应派相关人员显示停留车位置信号。

④连挂车辆前驾驶员必须一度停车,检查被连挂车辆的状态;连挂车辆后必须先试拉,确认连挂妥当后方可启动。

⑤摘挂后的车辆必须按规定安放止轮器或采取制动措施,防止溜车。

(4) 认真确认调车进路。

①单机运行或牵引车辆运行时,前方进路的确认由驾驶员负责。

②推进车辆运行时,前方进路的确认由调车指挥人负责,若调车指挥人所在位置确认前方进路有困难,则可指派参加调车作业的其他人员确认。

③操作进路人员应确认列车、车组或单车尚未启动,并通知调车指挥人和调车驾驶员,关闭信号机后取消调车进路。

(5) 严格、准确地控制运行速度。

①在空线上运行时应严格按照线路、道岔的允许速度运行,瞭望条件不良、气候条件不好时应适当降低速度。

②调车作业中,进入车库、厂房时以 5 km/h 的速度运行。

③接近被连挂车辆时以 3 km/h 的速度运行。

④电动列车在停车场内以 20 km/h 限速模式运行。

(6) 在尽头线上调车必须保持必要的安全距离。在尽头线上进行调车作业时,距离线路终端应有 10 m 的安全距离,遇特殊情况必须近 10 m 时,要严格控制,以随时能停车的速度运行,不超过 3 km/h。

(7) 做好站场内调车作业与接发列车之间的协调。在列车运行图规定的接发列车以外的时间,站场运转值班员可以确定场内的调车作业;但与行调布置的临时接发列车计划有抵触时,以接发列车作业为主;必须先进行调车作业时,应得到行调的批准同意。

2. 预防正线调车作业事故的措施

(1) 正线调车由调车指挥人提出申请,行调在接到申请后,经确认不影响正常运营时方可同意调车申请,并做好相应记录。调车进路的排列由车站进行操作,但行调必须加强对调车进路及调车全过程的监控。

(2) 遇正线调车时,行调应事先取消相关进路的自动进路功能。

(3) 正线调车遇到轨道电路压不死等不正常现象时，必须采用单锁道岔的方式，必要时需现场加钩锁器，确保安全。

(4) 若涉及越出站界调车，则行调应发布调度命令，令相关车站办理闭塞后方可进行。

任务实施

分析以下调车作业事故案例，并说明城市轨道交通调车作业的基本安全要求。

案例一：列车与列检库门相撞

1. 事件概况

某城市轨道交通列车回列检库股道时，负责股道大门的保安人员未把大门开启到位，驾驶员入库前未认真确认，未发现大门侵入限界，导致列车与大门相撞。列车头部表面擦伤，列检库大门严重破损。

2. 原因分析

这个事故的原因很简单，大门保安和驾驶员工作不负责任、不认真。

3. 防范措施

城市轨道交通公司事后进行了反思，有针对性地制定了应对措施，基本断绝了此类事件的发生。具体措施如下：要求库门负责人在列车入库时，将大门开启到位，确认没有侵入限界；列车在大门前一度停车，确认库门开启良好、线路及其限界内无人员或障碍物后方可动车入库。

案例二：列车连挂时车钩碰撞

1. 事件概况

某车辆段派列车出库连挂一故障列车时，因位于小半径曲线，自动连挂时钩位未对正，导致车钩碰撞，两列车均有不同程度的轻微损伤。

2. 原因分析

经查，按该列车的技术文件要求，在半径小于 300 m 的线路上，列车不得进行自动连挂，而当时列车连挂的线路半径只有 150 m。

作业人员不了解该车的技术要求，也不了解所处线路的半径，没有想到手动调整钩位，导致车钩发生碰撞。

3. 防范措施

对职工加大培训力度，使调度人员、调车人员和驾驶员等人员均了解全线车站、线路等设备情况。对曲线、坡道等特殊地段的调车作业进行安全预想，使作业人员掌握特殊情况下的调车作业办法。在特殊地段进行标示，以便在调车作业中起到警示提醒作用。

效果评价

评价表

项目名称	项目 3　城市轨道交通行车安全管理	学生姓名	
任务名称	任务 3.3　城市轨道交通调车作业安全管理	分数	

续表

项　目	分　值	考核得分
（1）对调车事故常见原因的掌握情况	20	
（2）对调车作业基本安全要求的了解情况	20	
（3）对调车事故预防措施的掌握情况	40	
（4）是否详细了解调车作业对行车安全的影响	20	
总体得分		

教师简要评语：

教师签名：

任务 3.4　城市轨道交通行车事故案例分析

一、广州地铁列车在长寿路至陈家祠上行区间溜逸事件

（一）事件经过

2008年7月23日21:24,1326次列车进长寿路站上行站台，对标停车后，驾驶员按压"左门开"按钮后，车门无法打开，进驾驶室发现"左门开"指示灯不亮，认为无开门使能信号，于是按压"强行开门"按钮，给出开门使能信号，但"左门开"指示灯还是不亮。

21:27,1326次列车驾驶员关钥匙后切除ATP，"左门开"指示灯仍不亮。

21:29,1326次列车驾驶员报行调切除ATP后仍然不能开门。行调问司机是否对准停车标，司机回答列车已经对准停车标。行调命令司机使用继电器开门。

21:30,1326次列车驾驶员到客室打开设备柜后，用钥匙按压8K01/8K07继电器，车门仍不能打开。

21:30,行调命令1326次列车驾驶员解锁车门、组织清客，并与车站联系，司机播放清客广播后解锁了1A28车的两个车门。此时车站值班站长通过驾驶室进入列车内部，解锁紧急开门手柄，手动开启车门，前两节车厢因乘客比较多，每节车厢手动开启两个车门，其他车厢每节车厢开启一个车门，共解锁8个车门疏散乘客(800人左右)。

21:30,2410次列车驾驶员以自动驾驶模式正点到达黄沙上行站台，开门后行调要求列车驾驶员清客待令，驾驶员按命令执行。

21:32,行调问1326次列车驾驶员清客情况，驾驶员回答没有清客完毕；行调命令驾驶员清客完毕后，沿途不停站，到广州东退出服务。

21:32,长寿路站行车值班员通知值班站长及车站全体员工列车延误信息，延误时间15 min左右。行车值班员播放广播"1号线往东站延误10 min以上"。车站安排人员在边门

处引导乘客处理手中的单程票及已经刷卡进站的羊城通,通知客运值班员协助做好退票工作及乘客解释工作。

21:33,1326次列车驾驶员清客完毕后报告行调。

21:33,黄沙上行2410次列车清客完毕后,行调命令改开602次列车担当救援任务,以ATO模式到达前方长寿路故障车前,自动停车后,做好连挂前的准备工作。

21:34,1326次列车驾驶员报列车不能关门,行调命令驾驶员按压"强行开门/关门"按钮。

21:34,602次列车以自动驾驶模式动车,自动停车后转换为限制人工驾驶模式,运行到离故障车1 m处一度停车。

21:36,行调询问1326次列车驾驶员是否已经动车,驾驶员报告正在尝试动车。行调命令其动车后沿途各站不停站通过,行驶到广州东站。驾驶员按命令执行。因当时列车已切除ATP,就操作了车门旁路2S13,当时驾驶员操作台上旁路指示灯亮。

21:36,602次救援列车驾驶员使用对讲机联系故障列车驾驶员,但无应答。

21:37,1326次列车驾驶员发现旁路车门后,推牵引手柄,列车出现保压制动不能缓解,显示屏显示4个DCU中等故障,驾驶员将方向手柄回"0"位,重新牵引一次,仍然不能动车,驾驶员马上报告行调。

21:37,行调决定救援,此时长寿路站值班站长上车给1326次驾驶员提供了另一条方孔钥匙,驾驶员和学员一起去切B09(未施加停车制动),司机切除了1A28、1C28、1B27车的B09后,返回1A28驾驶室向行调报告;学员切除了1B28、1C27、1A27车的B09后,跟随驾驶员返回1A28驾驶室。

21:41,行调询问602次救援列车驾驶员是否已经连挂好,救援列车驾驶员说未见到故障车驾驶员,不清楚故障车的防护情况。

21:42,1326次列车驾驶员到达1A28车驾驶室,报告行调已切完B09。行调命令开行602次列车,与救援车驾驶员做好连挂后,推进运行到公园前,上行经渡线到下行经坑口回厂。

21:43,1326次列车发生向前溜动并加速,但1326次列车驾驶员误认为列车已经连挂并处于被推进运行中,未采取任何停车措施。

21:43,602次列车驾驶员发现前方故障车以3 km/h的速度向前移动,驾驶员马上报行调。

21:44,行调问故障车驾驶员现在列车是什么样的状态,故障车驾驶员回答被后面的车推进运行,其在前面监控。

21:45,行调询问故障车连挂情况(故障车驾驶员反馈当时列车移动的速度达到15 km/h)时,命令驾驶员马上拉停列车,驾驶员马上施加停车制动,并恢复1A28、1B28车的B09。

21:46,行调问故障列车是否已经停车,驾驶员回答已经停车。行调随后命令驾驶员恢复三节车的B09后限速30 km/h到广州东退出服务。驾驶员询问行调是否再恢复两个B09,行调重新命令驾驶员只恢复(列车)两个B09后限速25 km/h到广州东退出服务。

21:47,行调要求602次列车驾驶员进长寿路上行站台不开门待令。

21:49,行调问故障车驾驶员是否已经动车,驾驶员报列车出现4个DCU严重故障,不能动车。行调命令故障车驾驶员切除车上的B09,到后端与救援车驾驶员做好连挂后报行调。

21:51,行调命令 602 次列车驾驶员动车到长寿路至陈家祠区间,执行救援任务。

21:53,连挂完毕后故障车驾驶员换端,切除 1A28、1B28 车的 B09。

21:55,602 次列车到达 1A28 车驾驶员室,指挥救援车驾驶员动车。

21:13,602 次列车到达公园前上行站台。

22:16,救援车经过公园前渡线到达公园前下行线后换端,以 ATP 超速防护下的人工驾驶模式限速 45 km/h 运行。

22:39,602 次救援车在车厂 XK 信号机前停稳,报信号楼后回厂。

(二)事件分析

1. 列车故障处理方面

(1) 列车故障信息未做交接。1326 次列车(27+28)"左门关"指示灯不亮的故障情况在 1324 次列车上已出现,但 1324 次列车驾驶员未做好交接,造成 1325 次列车驾驶员也没有交接给 1326 次列车驾驶员。

(2) 1326 次列车驾驶员未认真查阅"客车状态记录卡"。1324 次列车驾驶员已将"左门关"指示灯不亮的故障信息填写在"客车状态记录卡"上,但 1326 次列车驾驶员未查阅,造成不清楚该列车有此故障。

(3) 1326 次列车以 ATP 超速防护下的人工驾驶模式运行到长寿路时,由学员负责驾驶,由驾驶员负责开门,没有执行驾驶列车、开门等作业程序由同一人操作的规定。

(4) 1326 次列车驾驶员在长寿路站开门时,没有按压 1A28 左侧"开门"按钮,造成该列车左侧车门未打开(列车回厂后,按压 1A28 左侧"开门"按钮,该列车左侧车门能正常打开)。

(5) 1326 次列车驾驶员发现左侧开门灯不亮时,没有按压"试灯"按钮,误认为没有开门使能信号,造成按压"强行开门"按钮和切除 ATP 都不起作用,一直未按压"开门"按钮尝试开门。

(6) 1326 次列车驾驶员切除 ATP 后,多次按压"强行开门"按钮("强行开门"按钮只有在具备 ATP 功能的情况下才有效),反映了该驾驶员缺乏车辆基本业务知识。

(7) 1326 次列车驾驶员采用操作继电器的方式开门时,进行了操作错误(回厂后要求驾驶员用继电器开左门时,其错按了下一行的 2K03 继电器)。

(8) 1326 次列车驾驶员操作车门旁路尝试动车,但未实现,需请车辆中心调取相关数据进行分析。

2. 列车救援方面

(1) 长寿路站目前已安装屏蔽门,但尚未投入使用,1326 次列车驾驶员在清客完毕准备动车前,没有按规定先将已解锁的车门复位,存在乘客人身安全隐患。

(2) 1326 次列车驾驶员在切除 B09 时(切除五节车的 B09,保留连挂端 A 车 B09),未按规定由本人完成,而是擅自安排学员前去切除 B09(本人未做监督),造成在没有连挂前,将最后一节车的 B09 也切除,驾驶员也没有按规定到达 1A27 端指挥连挂,而是返回 1A28 端。

(3) 当学员切除 B09 返回 1A28 端,告诉驾驶员已切除完 B09 时,驾驶员没有意识到连挂端 A 车的 B09 已被切除,没有意识到学员在实际执行过程中与其最初安排的事项的差异。

(4) 1326 次列车溜逸后,驾驶员没有意识到该车未与救援列车连挂,自己也没有给出动车指令,误认为列车处于推进运行状态。

(5) 1326次列车溜逸过程中,行调询问驾驶员情况时,要求驾驶员停车,驾驶员还是认为列车正在以推进方式运行,没有意识到列车发生溜逸。

(6) 行调组织第二次连挂时,驾驶员也没有到1A27端指挥连挂,而是在学员通知和行调要求下,才由1A28端前往1A27端指挥连挂,这是严重失职的行为。

(7) 长寿路站在救援信息发布后,发现列车有移动,只简单地报行调"被连挂的列车没关车门,现在已经动车",没有将救援列车还停留在站外的信息一同上报,造成信息失真。

(8) 长寿路站行车值班员在收到救援信息后,用对讲机报值班站长,在值班站长没有回应的情况下,没有通过广播等方式联系值班站长。

(三)事件定责

此次处理车辆故障的过程中,发生了列车溜逸,根据《运营事故(事件)调查处理规则》第6.6条第16款的规定,本次事件定性为险性事件,车务中心车务一部负全部责任。

(四)整改措施

(1) 从7月24日下午起,从乘务一、二分部共抽出四名一级列车驾驶员到控制中心值班,指导现场驾驶员有效处理车辆故障,为控制中心值班主任提供专业(车辆、信号)咨询及给出处理建议(是否救援、退出服务等)。

(2) 从7月24日起,乘务学员暂停在1号线和2号线正线上的培训,在奥运会结束前,列车在正线采用自动驾驶模式运行。

(3) 乘务分部在两周内对所有列车驾驶员进行救援和故障处理培训,确保人人过关。

(4) 乘务分部对"客车状态记录卡"的交接要严格管理,要求接班驾驶员必须认真查阅"客车状态记录卡"的内容,并与交班驾驶员交接清楚。

(5) 当列车实施救援时,故障列车驾驶员必须到达连挂端指挥连挂,以提高连挂的效率与质量。

二、上海地铁4号线塘桥下行触网异物影响列车运行严重事件

(一)事件经过

2009年1月2日08:18,电力调度员(下文简称电调)通过SCADA发现4号线塘桥牵引站211开关△I跳闸,浦电牵引站213开关△I跳闸,自动重合闸均成功。电调立即通知供电值守点及行调,报告供电调度和COCC。

08:19,行调接设备报塘桥211、浦电213开关跳闸,询问塘桥下行40591次0403#车驾驶员车况。驾驶员回复有乘客反映车顶上有火星及异响,但车况正常。行调令驾驶员注意车况,通知供电调度、车辆调度,报OCC。

08:26,塘桥车站报下行触网上有异物垂下,并影响列车通过,行调询问车站是什么物体,其回复还在确认中。行调报OCC,向供电、工务、客调发抢修令。

08:28,电调立刻向供电调度、客三调度发布492#抢修令,经询问得知供电浦东大道值守点人员正在赶往塘桥途中。

08:28,塘桥车站回复无法确认垂下异物是否影响列车运营,行调令车站再次进行确认。

08:29,行调令南浦大桥下行40791次0419#车待命。

08:31,南浦大桥下行 40791 次 0419#车开始清客。

08:34,南浦大桥下行 40791 次 0419#车驾驶员回复清客完毕,行调令其待命。

08:35,安排临平备车 0401#车上行空车至杨树浦路折至下行空车,反向运行至世纪大道待命。

08:35,值守人员至现场后,报塘桥牵 211 开关△I 动作电流为 3 714 A,浦电牵 213 开关△I 动作电流为 2 506 A,电调令其在现场值守。

08:36,塘桥车站回复,经再次确认,异物无法处理且无法确认垂下异物是否影响列车运营,现人员已出清线路。

08:37,行调安排南浦大桥下行 40791 次 0419#车以 ATP 手动方式限速 20 km/h 进入区间,并且进站时限速 5 km/h,对触网进行确认。

08:43,临平备车 0401#车经杨树浦路渡线折至下行。

08:46,40791 次列车驾驶员报触网上方有物体垂下,需下线路进行确认,行调令其带好对讲机后进行确认。

08:49,40791 次列车驾驶员回复下行百米标 107 处通风管护栏下垂、侵限,列车无法通过。

08:46,行调对 4 号线外圈列车进行调整。

08:50,临平备车 0401#车下行反向运行至世纪大道。

08:50,电调询问供电调度是否要将塘桥至浦电下行触网停电,供电调度称待询问后再答复。

08:54,塘桥值守人员回复,需将塘桥至浦电下行触网停电后才可以去除异物。

08:54,供电人员到达塘桥车站进行抢修。因塘桥值守人员申请塘桥至浦电路下行触网停电,行调通知塘桥下行站外 40791 次 0419#车收车待命。

08:55,40791 次 0419#车驾驶员报列车收车完毕,行调向电调申请塘桥至浦电路下行触网停电。

08:55,接设备调度报塘桥至浦电路下行触网已停电,同时塘桥车站报供电人员称处理异物需 10 min。

08:58,临平备车 0401#车世纪大道下行载客投入运营。

08:59,工务回复异物不属于工务设备。

09:02,供电抢修人员来电称通风管下垂物已清除,供电人员和工具已撤清,具备送电条件。

09:04,塘桥车站报现场供电人员称异物已处理完毕,行调令车站通知现场人员抓紧出清线路。

09:08,供电现场人员全部撤离线路,触网具备送电条件。行调向电调申请塘桥至浦电路下行触网送电。

09:08,电调送电成功,通知行调,报 COCC。

09:09,行调接设备调度报塘桥至浦电路下行送电完毕,通知塘桥下行 40791 次 0419#车启动列车,准备恢复运营。

09:12,40791 次 0419#车驾驶员报列车启动完毕,行调令驾驶员限速 5 km/h 进站对位。

09:14,40791次0419♯车动车至塘桥下行开门载客,报COCC。

09:20,行调对全线列车进行调整。

(二)过程分析

(1) 08:18,电调发现4号线塘桥牵引站211开关△I跳闸,浦电牵引站213开关△I跳闸,自动重合闸均成功。设备调度立即通知供电值守点及行调确认情况。行调接报后对该区段内的40591次0403♯进行车况确认,同时通知供电、车辆调度及COCC。事件的初期处置符合预案要求。

(2) 08:26,行调在得到异物侵限的信息后,能及时向供电、工务、客三调度发布抢修令,并布置下行后续0419♯车在南浦大桥站待命,避免了载客列车迫停区间的后果,但在后续处理过程中,由于行调询问的针对性不强,造成确认时间过长。

(3) 08:35,行调安排临平备车0401♯车上行空车至杨树浦路折至下行空车反向运行至世纪大道待命,调整措施合理,但安排临平备车的时间可适当提前。本案例中,08:26接报侵限后,行调即可布置临平备车投入调整运行,应布置备车至世纪大道下行后,立即投入下行载客运营,以减少世纪大道下线的行车间隔。由于无法判断故障点的开通时间,行调可提前几站布置上行后续列车做好在杨树浦路上行清客折返至世纪大道下行载客的准备,确保世纪大道下行不出现行车大间隔。

(4) 09:02,供电抢修人员来电称通风管下垂物已清除,供电人员和工具已撤清,具备送电条件。而行调在09:08方申请触网送电,间隔时间较长。

(三)改进建议

(1) 突发事件初期的相关列车扣车工作是事件处置成功的基础,本例中,正因为行调及时扣车,才避免了后续列车载客进入区间。考虑到目前各线早高峰行车间隔普遍较小,极易发生漏扣车的情况,因此,行调应增强对扣车重要性的认识。

(2) 无效通话过多造成事件处置时间延长,此情况在历次的事件处置中多次发生,侧面反映出行调在语言表达能力及业务水平方面仍有待提高。现场沟通时,行调要明确自己的目的,向车站或驾驶员发令时,相关要素需齐全,使对方清楚自己的要求。建议各控制中心对行调加强突发事件初期处置的模拟实操训练,同时要通过多种培训形式加强行调对现场设备的了解,增强判断能力。经事后了解,侵限物为排热风管的支撑铁架。

(3) 行调在突发事件的处置中,在确保安全的情况下,应尽力维持非故障段的列车运营秩序,灵活合理地组织运营,避免故障影响区段的扩大和最大晚点区段的转移。

(4) 运营期间的抢修中,行调要重点做好抢修登记这一环节,登记时留下抢修施工负责人的姓名、联系方式,向其说明安全防护要点、要求。抢修施工注销时,行调需与施工负责人确认全部人员已撤离,具备送电动车条件。线路开通后,首列通过故障点的列车应以ATP手动方式限速通过故障点。

(5) 当线路中断且改变正常运营方式时,行调要对中间折返站加强客运组织的监控,及时与公安和服务热线保持联系,以免因客运组织不力造成乘客纠纷。同时,可采用区间限速和分别扣车的调整措施,避免列车在同一车站长时间扣车。

在今后的突发事件处置中,建议各主任调度应更沉稳、冷静,把握好处置方案的作业要点,监护调度员对方案的执行情况,做好各专业的协调工作,充分发挥班组指挥者的作用。

效果评价

评价表

项目名称	项目 3 城市轨道交通行车安全管理	学生姓名	
任务名称	任务 3.4 城市轨道交通行车事故案例分析	分数	
项 目		分 值	考 核 得 分
(1) 简述典型案例的主要内容的能力		20	
(2) 从典型案例中吸取的主要经验教训		40	
(3) 学习典型案例的主要心得与体会		40	
总体得分			

教师简要评语：

教师签名：

思考与练习

1. 简述城市轨道交通行车的基本原则。
2. 如何认识城市轨道交通行车指挥架构中各层级的职责及关系？
3. 行车闭塞法分为哪几种？分别在什么情况下使用？
4. 接发列车作业事故的种类及主要原因有哪些？
5. 接发列车作业安全注意事项有哪些？
6. 如何保证接发列车作业安全？
7. 简述调车作业事故产生的原因。
8. 调车作业有哪些安全注意事项？
9. 要保证调车作业安全，你有哪些好的建议？
10. 简述列车驾驶员的工作规范。
11. 简述列车驾驶人员的作业准则。

项目 4
城市轨道交通设备安全管理

📕 项目描述

设备安全管理是安全管理体系的重要内容,本项目主要介绍城市轨道交通设备安全管理主要方法和不同设备的安全管理要点。

📕 学习目标

(1) 了解城市轨道交通设备安全管理的三个阶段及其安全管理内容。
(2) 掌握城市轨道交通机电设备的安全管理要点。
(3) 掌握城市轨道交通特种设备的安全管理要点。
(4) 掌握城市轨道交通设备故障及预防措施。

📕 能力目标

(1) 具备正确识别各种轨道交通安全设备的能力。
(2) 具备发现设备故障的能力。
(3) 具备分析设备故障原因的能力。
(4) 具备处理设备事故的初步能力。

📕 项目导入

2016年10月,某市新建地铁3号线投入试运营,广大市民积极报名参加试乘体验活动。在某高架车站,因为户外景色较好,广大市民纷纷下车欣赏,由于客流量太大,超出高架车站电梯的承载能力,导致电梯报警。一名老年乘客听到报警声后,慌乱中摔伤了腿部,影响了地铁的形象。此案例说明目前我国城市轨道交通设备的国产化率正在逐步提高,系统集成方面的经验不断丰富,但由于城市轨道交通系统涉及车辆、轨道、信号及供电等多个专业领域,系统集成非常复杂,很容易出现设备不稳定的情况,进而造成列车运行故障。尽管设备故障通常不会造成人员伤亡,但会给正常的列车运行和城市公共交通带来较大影响。

任务 4.1　城市轨道交通设备安全管理基础知识

情景导入

2012 年 7 月 3 日 18 时 15 分左右,某地铁 2 号线因信号设备故障,部分区段列车限速运行,发车班次间隔延长。由于事发时正值下班高峰,不少站台内都黑压压地挤满了乘客。

该地铁集团运营管理部随即发布微博称,2 号线因信号设备故障,虹桥火车站至中山公园站区段列车限速运行,发车班次间隔延长,预计影响时间 10 min 以上。随后,地铁方表示,2 号线乘客客流很大,为了缓解乘客滞留现象,人民广场站等车站已采取限流措施,中山公园站部分列车提前折返运行,增加往浦东方向的运力。地铁方还建议,原本乘坐 2 号线前往浦东方向的乘客,可换乘 4 号线、7 号线、8 号线等线路绕行或改乘地面公交。欲搭乘地铁 2 号线前往虹桥枢纽乘坐火车或飞机的旅客,请及时换乘 10 号线,尽量避开 2 号线。

据站台工作人员介绍,2 号线因为信号设备故障,部分站将采取限流措施。工作人员还表示,若乘客有急事,可改乘地面交通。截至 19 时 10 分,地铁方表示,经抢修,2 号线信号设备故障已排除,受影响区段运营正逐步恢复正常。但时值晚高峰,客流量较大,运营彻底恢复尚需时间,现人民广场站等大客流车站已取消限流措施。

设备安全管理是确保设备安全运行的重要措施,本任务将重点讲述设备安全管理相关知识。

任务要求

通过本任务的学习,要求能够掌握设备安全的概念,了解设备安全管理的不同阶段及各个阶段的管理内容。

知识准备

一、设备安全的概念

设备安全是指设备按照使用说明书的规定,在预定的条件下执行其功能不产生损伤或危害的能力。

城市轨道交通行业的设备安全可以这样理解:维持城市轨道交通系统正常运营的各类设备设施处于安全状态,能够按照预期发挥既定的功能,保障行车、客运服务、设备设施维护等工作正常进行。

设备安全要满足三方面的要求:一是设备设施服务对象的安全;二是设备设施操作人员的安全;三是设备设施自身的运行安全。

二、设备安全管理的三个阶段

(一)设备设计阶段的安全管理

在设备设计阶段,应充分考虑设备在实现系统功能时是否存在安全漏洞或隐患,在设计阶段要尽可能消除安全隐患。

1. 符合人机工学

设备是为人提供服务的,应从使用和维修两方面考虑人机工学要求。人机界面应友好、简洁、便于操作,其尺寸应符合人机工学要求,便于使用、操作和维护。良好的人机界面设计能够为维护人员提供方便,使其舒适地与设备互动,减少不适应带来的危害,并避免用户在使用过程中出错。如果车站自动售票机的使用界面设计不合理,就容易误导乘客,使其进行错误操作,进而引发设备故障。

2. 设备能力足够

设备应具有足够的抗破坏能力、良好的可靠性和对环境的适应性,这是对设备本身提出的基本安全要求。例如,地铁救援车辆通常是由货车改装而来的,但由于设计时对车载救援设备的重量估计不足,选用了载重较小的车辆进行改装,造成车辆安装救援设备后,车辆载重接近最大限度,车辆行驶稳定性较差。

3. 有害影响不超标

有害影响包括废气、废液、烟尘、噪声。有害物质及噪声的释放需符合国家标准。在设计阶段就应考虑设备设施的有害影响及对策,避免建成后无法整改或整改成本太大。例如,城市轨道交通地面线路、车站站外冷却塔的设置,容易造成居民区噪声超标,如果在设计上无法通过优化线路走向、调整冷却塔位置等方式来满足环保要求,就应考虑加装噪声隔离设施。

4. 良好的可维修性

当设备出现故障时,在规定的条件下,按照规定的程序和手段实施维修,可以保持或恢复执行其预定功能的状态,这就是设备的可维修性。设备的可维修性包含的内容有:维修空间满足拆卸、安装、检查的要求,能够快速查找故障原因,能够快速更换故障的零部件,故障的零部件便于采购。

(二)设备购置和安装阶段的安全管理

1. 设备购置和安装需充分完整地体现设计要求

设备采购招标文件应列明全部技术要求,防止投标人误解标的的设备功能或没有详细掌握标的的设备技术条件,造成招标设备不满足设计技术要求,在设备购置阶段产生无法弥补的损失。

复杂系统设备在招标完成后还要进行设计联络,以明确更细致的设计要求。设备安装调试时,严格按照设计文件及采购合同要求的安装工艺、安装尺寸进行安装,按照合同约定的功能进行全面调试。安装调试过程中的安全管理按照施工安全管理要求进行,保证安装调试阶段人员及设备的安全。

2. 采购的设备、零部件要符合规定

对于有质量认证要求或安全资质要求的设备、重要零部件,应确保采购的设备、零部件符合规定,如重要电气设备、消防设备、安防设备应具备 3C 质量认证,特种设备应具备特种设备生产许可证等。

(三)运营阶段的设备安全管理

通常所说的运营设备安全管理主要是指这一阶段的管理,包括设备使用维护管理、安全隐患管理、安全预案管理和事后矫正阶段安全管理。

1. 设备使用与维护管理

设备使用与维护管理是城市轨道交通设备管理的核心内容，也是设备安全管理的基础，其管理范围涵盖了设备使用维护技术规章、人员培训、物资配件供应、设备运行与使用、设备定期检修、设备故障处理、设备故障应急处理、评价改进等内容，任何环节出现纰漏都会不同程度地造成设备维护质量下降，形成安全隐患。尤其是设备维护工作，不仅直接影响到设备质量，关系到设备运行安全，而且在运营成本中占有较大比重。成熟的设备使用与维护管理是采用质量管理体系的概念，实现全面管理并不断改进的。

设备使用维护体系基本技术规章主要有《设备操作安全规程》《设备操作手册》《设备运行规定》《设备检修规程》《故障处理指南》《故障应急处置程序》等。

其中，《设备操作安全规程》用于规定设备操作人员应该遵守的安全操作程序，保证设备操作人员的人身安全以及设备安全。《设备操作手册》用于说明设备的全部功能及操作方法。《设备运行规定》用于规定设备运行方式和参数。《设备检修规程》用于规定设备的检修周期、检修试验内容和标准。应定期修复设备日常磨损，更换不良配件，维持设备性能，防止因设备超期运行而发生零部件失效故障，从而保证设备运行安全。《故障处理指南》用于指导设备操作人员或维修人员处理故障。《故障应急处置程序》用于指导行车、站务、司乘等相关人员在设备故障无法短时修复时如何采取应急处置措施。

2. 安全隐患管理

安全隐患是潜在的不安全因素，在一定条件下能够转化成为设备故障甚至形成设备事故。因此，要做到以下几点。

（1）消灭安全隐患。消灭安全隐患首先要发现安全隐患，可以通过危险源识别的方法进行查找，一经发现立即消灭。

（2）限制安全隐患发展的条件。对于无法消灭的安全隐患，梳理其发展变化的条件，对其发展的条件进行限制。例如，对重要零部件实行寿命管理，即使用"一定寿命"这一条件进行限制，使其未达到预期寿命就进行更换，避免隐患发展成为事故。

（3）严格监控安全隐患的发展变化。对于无法消灭又无法充分掌握其发展限制条件的安全隐患，采取缩短监控检查周期的办法，一旦发现其出现性能下降或运行品质变差的情况，立即采取干预措施，替换有安全隐患的零部件。

3. 安全预案管理

即使设备管理各项工作开展得十分严密，也不可能完全杜绝设备故障。另外，在什么时候、什么地方发生什么故障是无法提前知道的。因此，对于可能影响行车、客运服务的重要设备故障，应提前编制安全预案，一旦发生该类故障，运营单位就能够有条不紊地按照预先制定的方案行动，将故障影响降至最低。

预案编制是否合理，人员是否得到充分的培训和演练，是预案能否发挥作用的关键。例如，电客车故障应急处理存在两个层面的预案：一是指导驾驶员在故障发生时如何操作，即如何进行应急处置，以减小对正常运营的影响，称为现场预案；二是故障较为严重，引发行车组织方式的改变、客运服务的改变、救援工作的开展等工作的预案，称为专项预案。无论哪个层面的预案，组织有关实施人员进行专门的培训和演练都是十分必要的。

4. 事后矫正阶段安全管理

事后矫正阶段安全管理主要包括设备故障处理原则、单项故障的分析处理、故障数据统计分析、故障数据分析结果应用。

(1) 设备故障处理原则。

设备发生故障后,根据故障对运营的影响,可分为故障处理和应急处置两部分。对于影响行车、客运服务等的紧急故障,首先按照"先通后复"的原则采取应急处置,根据故障情况启用相应预案,尽快减少设备故障对行车、客运服务的影响,随后开展故障维修和运行恢复工作。例如,车载信号设备故障导致 IATP 模式不能建立,短时无法恢复时,驾驶员将列车操纵模式转换为人工驾驶模式,不影响列车运行,在继续行车的过程中,尝试重启车载设备,重新建立 IATP 模式,如果故障仍不能修复,行车指挥控制中心会组织故障列车运行至终点站下线处理。

对于不影响行车、客运服务的故障,可以在当日运营结束后再进行处理。

(2) 单项故障的分析处理。

对于较为严重的设备故障,应开展故障调查和分析,从设备的异常情况、现场应急处置措施、设备日常使用维护及设备日常管理情况等方面查找设备故障发生的原因,根据原因制定相应的整改措施,防止存在的问题重复发生,造成设备出现同类故障。

(3) 故障数据统计分析。

设备故障的数量、频次在很大程度上反映了设备的质量状况,通过故障数据不仅可以发现设备维护质量的优劣,还可以发现设备易发故障。因此,故障数据的分类、统计与分析十分重要,可评价、指导维护工作,使事后经验转变为预防措施,对设备质量的提升及设备寿命的延长具有重大意义。

(4) 故障数据分析结果应用。

通过对故障数据的统计分析,可以发现造成设备故障的原因的分布情况。该分布情况根据设备种类的不同而有较大的差别。

①人为操作造成的故障。例如,对于自动售检票系统,人为操作造成的故障占据了较大的比例。针对这种情况,应重点对客运操作人员加强专项操作培训,对乘客进行宣传引导,改进优化设备界面,减少误操作引发的故障。

②设备安装工艺造成的故障。例如,电客车司控器操作手柄安装工艺不良,造成相应功能无法实现。此类问题推荐采用专项普查、集中整改的办法,时间短见效快,需要专业维修部门具备快速反应能力和解决问题的能力。

③设备元器件使用寿命超限造成的性能下降或提前失效的故障。例如,屏蔽门的 PSL 操作盘在 IATP 模式下需要驾驶员手动操作开关屏蔽门,造成屏蔽门开关动作频繁,往往三个月就达到了使用寿命,需要进行更换,若不进行更换,屏蔽门故障发生率就会居高不下。

④设计不合理造成的故障。例如,风机运行电压在监控系统里的设定保护值低于风机自身保护器设定值,造成风机正常运行期间经常停机;低压配电箱空开与用电设备空开设置的保护定值没有极差配合,容易造成空开跳闸、设备停机。这类故障需要对设备参数进行合理设置。

设备故障的统计数据可用于估算故障备品、备件的储备数量。应根据采购周期,提前编制备品、备件的采购计划,避免故障发生时备品、备件不足,导致故障无法修复。

> 任务实施

选择生活当中的某一个产品,运用本任务介绍的设备安全管理三个阶段的内容,以小组为单位,讨论并分析该产品的安全管理方案。

> 效果评价

评价表

项目名称	项目 4　城市轨道交通设备安全管理	学生姓名	
任务名称	任务 4.1　城市轨道交通设备安全管理基础知识	分数	
项　　目		分　值	考核得分
（1）对设备安全概念的掌握情况		10	
（2）对设备安全管理阶段划分的了解情况		10	
（3）对设计阶段安全管理重点的掌握情况		10	
（4）对运营阶段安全管理重点的掌握情况		10	
（5）是否有小组计划		30	
（6）编制学习汇报报告情况		20	
（7）基本素养考核情况		10	
总体得分			

教师简要评语:

教师签名:

任务 4.2　城市轨道交通机电设备安全管理

> 情景导入

2009 年 3 月 20 日 6 时 5 分,某地铁 3 号线中央信号控制系统突发故障,导致列车出现延误。6 时 40 分左右,列车停止运营,由于正值早高峰期间,许多市民被迫改乘其他交通工具。10 时 15 分左右,中断 3 个多小时的 3 号线基本恢复运营,客村站至天河客运站区段的列车运行间隔延长到 5 分钟,客村站至番禺广场站区段的列车运行间隔延长到 8 分钟。当日中午 12 时左右,信号控制系统供应商阿尔卡特公司中国总部紧急派专家从上海赶到广州进行处理,经过一个晚上的抢修,3 号线于 21 日恢复正常运营。

2013 年 4 月 8 日上午 7 点左右,某地铁 1 号线苹果园站内挤满了等车的乘客,就在列车快要进站时,乘客闻到一股刺鼻的味道。此时,列车的倒数第二节车厢冒出浓烟,有明显的火光和巨响,不少乘客纷纷下车拍照,并猜测列车可能出现故障。事后,地铁采取临时限流措施,站台滞留了很多乘客,车站工作人员紧张调配维修,大约10多分钟后故障基本排除,乘客才挤上了列车。地铁运营公司表示,冒烟是一段通信电缆侵入限界与列车剐蹭所致。

本任务将重点介绍城市轨道交通机电设备安全管理的相关内容。

任务要求

通过本任务的学习,要求能够陈述机电设备安全管理的主要内容,了解机电设备安全管理的相关要求,掌握各种机电设备故障的处理方法,具备发现、分析、处理设备事故的初步能力。

知识准备

城市轨道交通系统的机电设备主要包括供电系统、通信信号系统、环控系统、给水排水系统、消防系统、屏蔽门系统、电梯系统、自动售检票系统、环境与设备监控系统。

一、供电系统安全管理

城市轨道交通供电系统是为城市轨道交通运营提供所需电能的系统,不仅为城市轨道交通电动列车提供牵引用电,还为保障城市轨道交通运营服务的其他设备提供电能,如照明设备、通风设备、空调设备、排水设备、通信设备、信号设备、防灾报警设备、自动扶梯等。在城市轨道交通运营过程中,供电一旦中断,不仅会造成城市轨道交通系统的瘫痪,而且会危及乘客生命安全,造成财产损失。

(一)城市轨道交通供电系统分析

1. 高压供电系统

高压供电系统是指城市电网对城市轨道交通系统内部变电所供电的系统。一般来说,城市电网对城市轨道交通进行供电的方式有三种,即集中式供电、分散式供电和混合式供电。

(1)集中式供电。沿城市轨道交通线路,根据用电量和线路的长短,设置城市轨道交通专用主变电所(主变电所应有两路独立的110 kV电源),然后由主变电所变压为城市轨道交通内部供电系统所需的电压级(35 kV或10 kV等),这种供电方案称为集中式供电。

(2)分散式供电。分散式供电是指不设主变电所,而直接由城市电网中的区域变电所的35 kV或10 kV中压输电线直接向城市轨道交通沿线设置的牵引变电所、降压变电所供电并形成环网。只有在城市电网比较发达、在有关车站附近有符合可靠性要求的供电电源的情况下才能采用这种供电方式。其中,配电网络的电压等级应与城市电网相一致。在这种方式下,可设置电源开闭所,并可与车站变电所合建。

(3)混合式供电。混合式供电是前两种供电方式的结合,以集中式供电为主,个别地段引入城市电网电源作为集中式供电的补充,使供电系统更加完善和可靠。武汉轨道交通、北京地铁1号线采用的就是此种供电方式。

2. 牵引供电系统

（1）牵引供电系统的组成。

在城市轨道交通牵引供电系统中，电能先从牵引变电所经馈电线、接触网输送给电动列车，再从电动列车经钢轨（轨道回路）、回流线流回牵引变电所。由馈电线、接触网、轨道回路及回流线组成的供电网络称为牵引网。牵引供电系统主要由牵引变电所和牵引网组成。

（2）牵引供电系统的运行方式。

①正常运行方式。正线各供电区间均由相邻牵引变电所双边供电，车辆段内的接触网由车辆段牵引变电所供电，停车场内的接触网由停车场牵引变电所供电。

②任意牵引变电所解列时的运行方式。当任意牵引变电所解列（不含线路端头的牵引变电所）时，由相邻变电所越区"大双边"供电；当正线线路端头的牵引变电所解列时，分别由相邻的牵引变电所单边供电。

3. 动力照明供电系统

在城市轨道交通系统中，除直流电动车辆外，其他所有交流低压负荷都由动力照明供电系统供电。动力照明供电系统由降压变电所、动力与照明配电系统构成。动力与照明配电系统的供电范围为车站、区间、车辆段和控制中心的所有动力照明负荷。

（1）动力照明负荷分级。根据各种用电负荷对供电可靠性的要求，城市轨道交通动力照明负荷一般分为三级。

①一级负荷。一级负荷包括消防用电设备及城市轨道交通运行中特别重要的负荷两部分。消防用电设备有消防泵、水喷淋泵、火灾报警系统、区间隧道通风机、排风/排烟机及相应的风阀、直升电梯、事故照明等。城市轨道交通运行中特别重要的负荷包括环境与设备监控系统、通信信号系统、无线传输系统、售检票系统、变电所自用电、直流屏电源及废水泵等。

②二级负荷。二级负荷包括站厅、站台层公共区的一般照明、节电照明，各设备用房的照明、出入口照明、集水泵、一般风机等。

③三级负荷。三级负荷主要包括空调冷水机组及其配套设备、自动扶梯、广告照明、电热设备、清洗机械等。三级负荷为单电源供电，由降压变电所单母线馈出。当供电系统处于非正常运行方式时，允许将其切除。

（2）降压变电所。每个车站都应设降压变电所，以承担本站及区间的动力照明负荷。若地下车站负荷较大，则一般在站台两端设降压变电所，各负责半个车站和相邻半个区间的供电，其中一端可以和牵引变电所合建为混合变电所。若地面车站负荷较小，则可设一个降压变电所。降压变电所的两路电源可以来自主变电所，也可以来自相邻牵引变电所，采用单母线分段，根据系统需要，也可以不设分段开关。

（3）动力照明配电系统。动力照明配电系统采用 380/220 V 三相五线制系统配电，基本采用放射式供电，个别负荷可采用树干式供电。一级负荷要求采用双电源、双电缆，供电末端自动切换，来电自复；二级负荷采用双电源、单电缆；三级负荷采用单电源、单电缆。

4. 电力监控系统

电力监控系统是实现控制中心对供电系统进行集中管理和调度、实时控制及数据采集的系统。除利用"四遥"（遥控、遥信、遥测、遥调）功能监控供电系统的运行情况，及时掌握和处理供电系统的各种事故、报警事件外，还可以利用该系统的后台工作站对供电系统进行数据归档和报表统计等工作。

（二）提高供电系统安全性的方法与措施

提高城市轨道交通供电系统安全性的方法与措施主要有以下几种：

（1）对供电系统设施设备进行日常维护。要保持城市轨道交通供电系统长周期的正常运行，应对各类设施设备及时进行维护保养，以减少随机故障的影响。从防灾、抗灾的角度来讲，日常安全维护制度还要确保牵引变电所内设备的完备性、灭火装置的充分性及可用性。

（2）完善供电系统的监测系统、安全装置、消防设施和信息传输系统。城市轨道交通供电系统要严格贯彻"安全第一、预防为主"的方针，对供电线路情况进行实时监测就是一项重要手段。城市轨道交通供电系统安全装置一般包括变电所内报警按钮、智能烟感探头、紧急照明和通风系统，消防设施包括灭火器、自动水喷淋装置和排烟装置等。

当发生爆炸、火灾、毒气事件时，第一时间掌握现场情况尤为重要。应备有四个应急渠道，即火灾报警系统、无线电通信系统、有线电通信系统和站台内的视频传输系统。

（3）建立完备的供电系统安全管理制度是实现城市轨道交通运营安全的基础。从保障我国城市轨道交通安全运营的实际情况来看，急需完善城市轨道交通灾害应急处理制度、城市轨道交通设备和设施日常安全维护制度、城市轨道交通紧急状况定期演练机制及国民城市轨道交通供电系统安全教育计划。

二、通信信号系统安全管理

城市轨道交通通信信号系统的安全性是行车和人身安全的重要保证。对于信号系统，其特殊性在于，通信信号系统（设备、电路、机件、软件等）发生故障时，可以使设备对行车表现出更大的限制，避免由于误动和错误显示引起行车事故。

城市轨道交通通信信号系统应从体系结构、关键设备、传输通道、信息传输等方面保证系统的可靠性与安全性。对于设备和系统，要满足通信信号系统的基本安全原则，即故障-安全原则，也称为 F-S（fail-sale）原则。

（一）通信信号系统中设备系统的安全性

传统的通信信号系统的逻辑和执行单元由安全型继电器构成，而现代城市轨道交通通信信号系统进入了计算机时期。为了构造一个故障-安全的计算机系统，必须解决以下问题：

（1）城市轨道交通通信信号系统必须采用安全型计算机，即在发生故障的情况下能够防止出现危及人身安全和重大设备损失的计算机，以实现数据处理过程的故障-安全。

（2）在输入/输出接口实现数据采集和驱动过程的故障-安全。

（3）数据信息传输过程的故障-安全。采用固定闭塞的信号系统，其数据信息传输一般采用封闭的专网传输方式；采用移动闭塞的信号系统，由于其开放的通信信号系统需要应对干扰和入侵的挑战，因此对数据信息传输系统的可靠性、安全性提出了更高的要求。分布式数据传输控制系统的干扰防护机制有三个，即通过设置截波感应级别忽略干扰、通过正确的跳频序列避免干扰和通过干扰中的竞争防护干扰。

同时，把故障-安全原则和计算机技术结合起来，形成一些新的安全方法和技术，如容错技术、故障检测与诊断技术、多重化技术。容错技术即采用外加资源的冗余技术，使系统在出现某些硬件故障或软件故障时，仍能正确执行规定的程序或实现规定的功能；故障检测与诊断技术能及时发现系统中出现的故障，避免输出错误信号，以便及时修复；多重化技术即利用多套软件和硬件实现数据比较、正确性检查及危险侧输出信息的运算，从而保证故障-安全。

（二）通信信号系统各子系统的安全性

1. 列车自动监控（ATS）系统的安全措施

列车自动监控（ATS）系统的安全措施如下：

（1）在控制中心设立两套 ATS 系统，互为热备份，即其中一个系统在线时，另一个系统也在不断更新数据信息，当出现故障需要切换时，热备份系统在很短时间内完成对轨旁信息的扫描，从而保证系统获取最新的数据。

（2）控制中心 ATS 主机与车站 ATS 设备间采用双通道（主、备）或环路方式构成系统，以保证在某点或某段通信信道发生故障时，系统仍能正常工作。

（3）当系统中某些单元出现故障或在运营过程中出现异常情况时，系统具备降级运行的功能，由调度员人工介入设置进路，对列车运行进行调整，如可以在车站完成自动进路调整或根据列车识别进行自动信号控制。

（4）当列车运行偏离运行图时，系统自动生成调整计划或自动调整列车的停站时间、区间运行时间。当偏离误差较大时，可由调度员人工介入，指定列车的停站时间和区间运行时间，或对系统实时运行图进行调整。

（5）通过列车识别（positive train identification，PTI）功能装置能自动完成全线监控区域内的列车跟踪（服务号、目的地号、车体号、车次号）。随着列车的运行，跟踪显示从一个轨道区段向下一个轨道区段移位、显示。

（6）ATS 系统中有与环境与设备监控系统（building automation system，BAS）的数据连接接口，当列车阻塞在区间隧道时，ATS 系统除采取相应的停车措施并修改运行图及显示外，还向 BAS 发送区间堵车信息，启动隧道风机及联动风阀等环控设备进行机械通风，为列车空调系统提供所需的空气冷却能力和新风量，维持列车内部的温度，向疏散中的乘客提供足够的新鲜空气。

2. 列车自动防护（ATP）系统的安全措施

列车自动防护（ATP）系统的安全措施如下：

（1）系统采用双侧网络、全冗余工作方式。网络各设备均配置冗余接口、热备份，保证任意网络通道或网络节点发生故障时，系统仍然可以正常工作。

（2）采用编码冗余技术。编码软件禁止使用条件循环语句，以免出现死循环现象，并且规定无论控制编码是否变化，编码控制程序每周期连续输出；若出现中断输出，则低频码源倒向安全侧。

（3）对数字轨道电路（digital track circuit，DTC）系统中故障率较高的设备双备份，如发送/接收板、功放板、通信板都采用并行热备份方式，只要有一路工作正常，即可完成监控中心与 DTC 系统的信息交换任务。

（4）为弱化、消除牵引电流等强信号对 DTC 系统工作稳定性的严重影响，除在电路设计中根据部件的承受能力分级设计防冲击电路，同时增加 DTC 信号能量以提高信噪比（信号中有效成分与噪声成分的比例关系参数）外，还可以采用数字信号处理方式来提高系统的抗干扰能力。

3. 列车自动驾驶（ATO）系统的安全措施

列车自动驾驶（ATO）系统的安全措施如下：

（1）列车运行速度超过限制速度时，ATO 系统显示并报警，通过 ATP 系统车载设备对列车实施制动。

（2）ATO 系统控制列车按照运行图运行，一旦 ATO 系统出现故障，立即转为人工驾驶。

（3）为保证数据的可靠性，实时速度和控制器数据、车门控制等信息采用循环方式传送。

（4）列车启动前进行安全检查，确保车辆接口的可靠性。

三、环控系统安全管理

城市轨道交通地下环境封闭、湿度大、发热源多，其空气质量与地面其他场所的空气质量相差较大。环控系统是城市轨道交通系统中的一个重要组成部分，它对城市轨道交通环境具有重大的影响，其重要性引起了国内外许多研究者和设计者的关注。

（一）城市轨道交通环控系统的组成

一般而言，城市轨道交通车站有两个空调机房，分别位于车站两端的站厅层和站台层。当少数地铁有设备层时，空调机房置于设备层。

1. 大系统风系统

风系统主要由组合式空调机组、回/排风机、电动（组合）风阀、与空调相关的防火阀和防火排烟阀、空气温湿度传感器等组成。

车站大系统风系统由四台相同的组合式空调机组组成，位于两个空调机房内，每端各两台。每端的空调机组负责就近的半个站厅和站台。每台空调机组设有混风段、过滤段、表冷段、中间段、风机段、消声段和送风段。由于城市轨道交通车站为全年冷负荷，所以不设置加热段。

2. 大系统水系统

大系统水系统主要由冷水机组和外围水路（包括冷却塔、冷冻水泵、冷却水泵、电动水阀、分水器和集水器）组成。

3. 小系统风系统

小系统风系统包括柜式空调机、回/排风机、电动风阀、与空调相关的防火阀和防火排烟阀等。小系统风系统种类较多，有全空气空调系统、纯通风系统和风机盘管等。风机盘管不在环控系统自动控制范围内，由各房间内设置的控制器自行调节控制。

4. 小系统水系统

小系统水系统主要由冷水机组和外围水路组成。

5. 隧道通风系统

隧道通风系统包括隧道通风机和相关电动组合风阀。设计上隧道通风机能正反转，并且能在并联后向某条隧道通风。

以上各系统中，大系统是重点监控对象。通常城市轨道交通空调设计和设备选型按照远期负荷选取，所以装机冗余量比较大，加上大系统全年负荷波动幅度很大，经常出现实际负荷小于设计负荷的情况。因此,大、小系统水系统可以联合运行,即大系统冷冻机可以同时给大、小系统提供冷冻水,将大、小系统的水系统合在一起当作一个空调水系统考虑。

(二)环控系统的运行模式和主要功能

1. 环控系统的运行模式

环控系统的三大运行模式如下:

(1)正常运行模式。正常运行模式是一种占主导地位的运行模式。在正常运行期间应尽最大努力优化环境系统的性能,满足乘客对舒适度的要求。

(2)列车阻塞模式。列车阻塞模式是指延误或运行故障等原因导致列车阻塞在隧道或车站。

(3)紧急情况运行模式。紧急情况运行模式通常是指由于运行车辆失灵而引起隧道内行驶的列车发生火灾,交通运输中断,要求乘客撤离时的模式。

2. 环控系统的主要功能

环控系统的主要功能如下:

(1)正常运行情况下排除余热余湿,为乘客创造一个往返于地面街道和列车内的过渡性舒适环境,隧道内温度应满足《地铁设计规范》(GB 50157—2013)的相关规定。对车站各种设备和管理用房,按工艺和功能要求提供具有一定温度和湿度条件的舒适性环境或通风换气次数。

(2)当列车因延误或车辆发生故障等阻塞于车站或区间时,受阻列车空调冷凝器产生的热量会连续释放到周围空气中去,而这时列车活塞风已经停止,从而使列车周围气温迅速升高。当列车空调冷凝器进风温度高于 46 ℃时,冷凝器压力会升高,从而使压缩机卸载运行,导致供冷量下降;当冷凝器进风温度低于 46 ℃时,系统会自动恢复到满负荷运行;当冷凝器进风温度高于 56 ℃时,压缩机就会停止运转,列车空调冷凝器就会自动停机,列车内温湿度会使乘客无法忍受。由于列车空调机组安装在列车顶部,列车空调冷凝器周围空气温度会比列车周围温度高出 5~6 ℃,因此为了使冷凝器周围空气温度低于 46 ℃,就要求列车周围温度低于 40 ℃。

(3)列车在区间隧道内发生火灾时,由于空间狭小及浮力抬升作用,区间隧道上部将形成一层热烟气。一方面,通风系统应向乘客和消防人员提供必要的新风量,形成迎面风速,引导乘客安全撤离火灾现场;另一个很重要的方面就是控制热烟气的流动,使烟气与通风气流朝同一方向流动,若通风气流不足,将使烟气向通风气流相反的方向流动,形成回流。因此,在通风时,通风风速必须大于形成回流的临界风速。

(三)环控系统安全管理的原则

城市轨道交通环控系统安全管理的原则如下:

(1)环控设备维修人员必须认真执行"三不动""三不离""三不放过""三级施工安全措施"等基本安全生产制度。

①"三不动"。"三不动"即未登记、联系好不动,对设备性能、状态不清楚不动,正在使用中的设备(指已办理好的进路或闭塞设备)不动。

②"三不离"。"三不离"即工作结束后不彻底试验好不离;影响正常使用的设备,缺点未修好前不离(一时克服不了的缺点,应先停用后修复);发现设备有异状时,未查清原因不离。

③"三不放过"。"三不放过"即事故原因分析不清不放过,没有防范措施不放过,事故责任者和群众没有受到教育不放过。

④"三级施工安全措施"。"三级施工安全措施"即列入运输综合作业方案中,设备停用且较复杂的施工,电务段长批准并派员参加;更换单项主要设备的施工,由领工员批准并派员参加;更换单项设备的主要部件,由工长批准并派员参加。

(2) 在安排维修作业时应有安全防范措施,并严格遵守有关技术作业安全规定。

(3) 各种特殊工种必须持证上岗,并进行必要的岗前培训,对上岗证应按规定进行年审。

(4) 各层级都应设专职或兼职安全员,负责安全工作及监控,形成安全管理网络。

(四)环控系统故障的处理原则

城市轨道交通环控系统故障的处理原则如下:

(1) 对发生故障的设备及时进行判断分析,及时排除故障,先行运行。

(2) 对重要故障的设备进行测试、诊断,进而修复或暂时修复。

(3) 详细记录故障的现象及修复过程,以备在其他修程开展时做出进一步的处理与修复。

(4) 保证故障设备能恢复使用功能,如无法达到,至少确保设备恢复运营所必须具备的功能。

(5) 及时向有关人员通报故障的测试、诊断及处理过程。

四、给水排水系统安全管理

城市轨道交通车站和车辆段给水排水系统由给水系统和排水系统两部分组成。其中,给水系统包括生活给水系统、生产给水系统和消防给水系统,其功能是满足生产、生活和消防用水要求;排水系统包括污水系统、废水系统和雨水系统,其功能是保证车站和车辆段排水畅通,为轨道交通安全运营提供保障。车辆段排水系统采用分流制的排放方式。

(一)给水排水系统的组成

1. 生产、生活给水系统

生产、生活给水系统主要由水源、水池、水泵、水塔(水箱)、气压罐、管道、阀门、水龙头等组成。

2. 消防给水系统

消防给水系统主要由水源、消防地栓、水泵接合器、消防水泵、管道、阀门、消火栓(喷头)、水流指示器等组成。

3. 污水排放系统

污水排放系统主要由集水井、压力井、化粪池等组成。

4. 废水排放系统

废水排放系统主要由集水井、压力井等组成。

5. 雨水排放系统

在隧道洞口、车站露天出入口及敞开式风亭处,当雨水不能自流排除时,宜单独设置排水泵站(房)。雨水经潜水泵提升至压力井后,再排入市政雨水管道系统。

（二）给水排水系统故障的处理原则

给水排水系统是车站及车辆段机电设备的一部分，其故障处理应遵循城市轨道交通相关规定及要求，即"先通后复"，以尽可能减少故障对正常运营的影响。

给水排水系统发生故障往往会影响城市轨道交通的正常运营，其中绝大多数故障主要是由水泵发生故障引起的。因此，熟知水泵故障的发生原因对快速处理给水排水系统故障有重要意义。

五、消防系统安全管理

城市轨道交通消防安全管理总的要求如下：城市轨道交通的消防安全管理应在当地政府的统一组织协调下，建立由政府相关部门（包括公安、消防）与运营单位及供电、通信、供水和医疗等单位密切协作、高效运转、分工明确的报警接警、监控和抢险救援机制。

（一）消防安全的危害因素

城市轨道交通消防安全的危害因素主要有以下几种：

（1）电气线路、电气设备故障引发火灾。城市轨道交通车站（含列车）内电气线路和设备密集，这些电气线路和设备在运行中发生短路、过负荷、过热等故障是引发城市轨道交通火灾事故的重要因素。

（2）人为因素引发火灾。工作人员违章操作、用火不慎，乘客携带易燃易爆危险品乘车，在城市轨道交通车站内吸烟，人为纵火等都可能引发城市轨道交通火灾事故。

（3）环境因素引发火灾。引发火灾的环境因素主要包括城市轨道交通内部潮湿、高温、有鼠害、粉尘大等。具体表现为：城市轨道交通内部通风不畅、隧道散热不良等导致温度过高；隧道内漏水情况比较普遍，地下湿气不易排出，导致地下空间湿度大；老鼠等小动物啃咬电缆电线导致设备短路等。上述环境因素可能造成电气设备、线路绝缘性能下降，导致电气设备短路而引发火灾。

（4）与城市轨道交通车站合建的外来建筑物带来的危害因素。

（二）消防安全故障处理程序及原则

处理城市轨道交通消防安全故障时应按以下程序和原则进行：

（1）建立完善的故障受理制度，迅速进行消防系统设备故障的处理和管理。

（2）消防系统检修人员从维修调度处受理消防系统故障或在检修过程中发现消防系统故障时，要按要求填写故障受理表格。

（3）消防系统设备发生故障时，有关维修人员应及时、准确地做出判断（故障位置、故障原因等），积极组织修复，缩短故障时间，把故障的影响控制在最小范围内；若无法维修，则应及时上报。

（4）如果系统完全或部分丧失火灾监控能力，在抢修也不能马上恢复的情况下，维修人员应立即向车站值班站长说明情况，车站值班站长安排人员加强车站的火灾巡视。

（5）消防系统设备维修人员在故障处理完成后应对控制盘、模块箱等周围的环境进行清理，并及时销点。

（6）故障维修完毕，应及时填写故障处理台账，做好进行记录，归档备查。

（7）由消防系统维修工班的工班长或专业工程师对维修情况及相关处理记录，对台账进行核查,确保维修质量。

(8) 在检修过程中,不能影响接口专业的运作,涉及接口的维修应先与其他专业相协调,并预先告知对其可能造成的影响,必要时在其他专业的监护下进行检修。

(9) 对于消防系统监控对象(防火卷帘门、防火阀等设备)发生故障引起的消防系统功能障碍,维修时若需消防系统专业配合,则消防系统维修人员应积极予以配合协作。

六、屏蔽门系统安全管理

屏蔽门系统是安装在城市轨道交通沿线车站站台边缘,用以提高运营安全系数、改善乘客候车环境、节约成本的一套机电一体化系统。

(一)屏蔽门系统的运行管理

1. 屏蔽门系统运行管理的任务

屏蔽门系统运行管理的任务是保证设备处于安全受控状态,实现系统的各项功能,为车站正常运营提供必要的设备基础条件。

2. 屏蔽门系统运行管理的内容

屏蔽门系统运行管理的内容如下:

(1) 运营前巡视检查。系统启动后,每日在投入使用前进行巡视,确保设备初始状态正常。

(2) 故障应急处理。当设备发生故障时,站台工作人员依照规则进行应急处理,并按程序报维修人员处理。

(3) 日常维修作业。当设备在日常运行期间发生故障时,专业维修人员应在接到报告后进行抢修工作。

(4) 巡视作业。通过观察设备运行的状态并与标准状态比较,及早发现异常运行状态,尽量将故障解决在萌芽状态,避免故障发生后应急抢修情况的发生。

(5) 计划维修作业。计划维修作业是一种主动的预防性维修,作业内容较巡视作业更深入,包括根据屏蔽门的构成、运行和使用特点等因素,周期性地纠正系统各设备运行后可能累积的误差、磨损,或对达到使用寿命的零部件进行更换,使设备处于良好的运行状态。

(6) 设备运行管理。定期下载、存储屏蔽门系统的运行数据,用于必要的运行历史追溯、故障分析。

(7) 备品备件采购。根据设备运行产生的损耗,结合备品备件的仓储数量、零部件的使用寿命等,定期补充采购。

3. 管理组织及有关人员的职责

屏蔽门系统应设置设备维修人员、站务人员、技术支持及管理人员等。

(1) 专业维修工班负责日常巡视,执行各种计划作业、故障抢修、应急处理和临时任务,并反馈各种作业情况。

(2) 站务人员负责日常使用操作,包括系统启动、停止、应急处理。

(3) 技术支持及管理人员负责制订各种作业计划,为维修工班提供技术支持,为使用人员提供咨询服务。

(二)屏蔽门系统故障的处理原则

屏蔽门系统故障发生时,依照"先通车、后维修、确保安全运营"的原则,站台工作人员需要做好应急措施,包括采取现场安全防护措施、清除障碍物、隔离影响进/发车的门单元、屏蔽门操作指示盘故障复位操作及设备的其他技术操作,将采取应急措施后不能解决的事故报维修人员抢修。任何作业都必须确保运营安全,包括行车安全、乘客安全和工作人员安全。需要在执行区内进行的抢修作业和可能侵入轨道的抢修作业,必须在停运后进行。

七、电梯系统安全管理

电梯系统由液压梯、自动扶梯、升降机等组成。它是城市轨道交通系统的一个重要组成部分,每天担负着运送大量乘客的任务,对客流的及时疏散起着重要的作用。

(一)电梯系统安全管理的任务和内容

1. 电梯系统安全管理的任务

电梯系统安全管理的任务是保证设备处于正常运行状态,实现系统的设计功能,同时为车站迅速输送乘客、维持良好秩序提供有力保证。

2. 电梯系统安全管理的内容

(1) 应急处理。设备发生困人或伤人等事故时,由运行管理人员按应急方案处理,并按规定通知维修人员。

(2) 故障报告。观察设备的运行状态,若发现异常(异常响声、停梯等),则应及时将故障情况报告环控调度,再由环控调度组织专业人员维修。

(3) 设备监管。对设备的正确使用进行监管,防止乘客违规使用设备。

(4) 运行操作。每天对设备的启动和停止运行进行操作。

(二)电梯系统安全管理组织及有关人员的职责

各车站工作人员根据车站运作的需要对电梯系统设备的运行开关和运行方向进行操作,并对设备进行监管及故障报告。当车站出现紧急情况或发生火灾时,由控制中心统一指挥,车站工作人员按照救灾模式控制设备的运行。

(三)电梯系统安全管理的有关规程和制度

电梯系统设备属于特种设备,要求具有很高的安全性,因此,需要制定严格的电梯操作规程及管理制度,以保障乘客的安全。

八、自动售检票系统安全管理

自动售检票(automatic fare collection,AFC)系统是指用于自动售票、自动检票和自动统计、结算的一系列设备所构成的系统,它是集机械、电子、计算机应用、计算机网络管理、通信传输、票务政策及票务管理等功能于一体的控制系统和信息管理系统。

(一)自动售检票系统的架构

城市轨道交通自动售检票系统根据功能可以分为以下六个层次:

(1) 自动售检票清分中心(automatic fare collection and distribution center,ACC)计算机系统。ACC 是轨道交通控制中心,实现轨道交通路网内各运营商的统一协调及系统和安全管理,主要负责轨道交通各线一票通及一卡通的运营管理、票务管理,轨道交通与一卡通系统的清算、对账及与各线间的清算;负责整体与外部系统(如一卡通清算系统)的交互;负责各线路 AFC 系统的密钥安全及对外的信息服务,实现线路中央计算机(line central

computer,LCC)系统有效接入 ACC 系统。

（2）线路中央计算机系统。LCC 是轨道交通 AFC 系统线路管理中心，在轨道交通网络化运行下接受 ACC 计算机系统的指令，实现对所监控线路的运营管理并根据协议上传数据；与 ACC 计算机系统进行对账；进行所辖线路票务及设备管理；当发生通信故障等，必须由线路独立运行时，独立管理所监控线路系统的运行。

（3）车站计算机系统。车站计算机（station computer,SC）系统属于三级机构，接受 LCC 系统的管理指令，管理本站系统运行，负责监视、管理所辖车站系统的运营。

（4）车站终端设备。车站终端设备可以完成售票、检票、补票、查询等业务，满足联网收费的要求。车站终端设备包括自动售票设备、半自动售票设备、自动检票设备、票卡充值设备、票卡查询设备和补票设备等。

（5）车票读写终端。车票读写终端是完成车票读写的模块。

（6）票卡。票卡是乘客用以乘车的有效凭证，按照用户需求可以分为计次卡、计时卡、计程卡等。

（二）自动售检票系统故障处理原则与措施

1. 故障处理原则

为确保 AFC 系统安全、稳定、高效地运行，使 AFC 系统的运营及维修工作有章可循、有章必循，在 AFC 系统轮值人员的统一调度下，AFC 系统维修人员应及时、有效地处理系统设备故障，提高设备的可用率，减少或杜绝系统运行及维修事故，保障乘客、员工及设备的安全。自动售检票系统故障处理原则如下：

（1）当 AFC 系统发生故障时，要积极采取措施，迅速抢救，尽快使系统恢复运营，尽量减少故障及对运营的影响。

（2）在发生设备故障与事故后，AFC 系统调度和有关人员须首先判断其性质、影响范围，并尽快隔离故障设备；然后按事故的轻重缓急程度组织和实施抢修，以尽快使设备恢复正常运行。

（3）对于重要设备损坏事故，各级相关人员必须立即判断事故的性质、影响范围，并立即将该设备隔离，尽快采取措施，以减少其对正常运营的影响；对发生的人身伤亡事故，按照运营的相关规定进行处理。

（4）所有事故的处理应尽快完成，一般在事故发生的运营日内进行处理，不得拖延至下一个运营日。

2. 故障处理措施

（1）AFC 调度是 AFC 系统事故报告、处理和人员调配的指挥中心。对于 AFC 系统发生的事故，AFC 调度需要及时向上级汇报并通知有关人员；在处理事故时，若需要其他部门协助，AFC 调度必须尽快向相关部门请求协作。

（2）AFC 系统维修人员是 AFC 系统事故与故障的具体处理者，其必须服从 AFC 调度的指挥和协调。AFC 系统维修人员在接到 AFC 调度的通知后，必须在指定的时间内给予回复。

（3）当发生一般事故与故障时，须立即组织和实施抢修。原则上应在 30 min 内处理完成或采取应急措施，最长不能超过 1 h。

（4）当发生较大事故与故障时，原则上应在 6 h 内组织和实施处理，并须在 8 h 内处理完成。

（5）在特殊情况下，即使有客观原因，对于较大的故障，原则上也必须在8h内处理完成。

（6）所有事故与故障在处理完毕后，各级相关人员必须及时、准确地填写相关记录表和维修日志。

（7）为了更好地处理AFC设备故障，必须建立完善的故障登记、统计和分析制度。

（8）进行故障登记时，要如实记录故障发生和修复的时刻，这两个时刻的间隔称为故障延续时间。

（9）AFC系统专业技术人员应对管辖范围的AFC设备故障进行综合分析，统计AFC设备常见、易发故障，总结经验教训，提出防范措施，提高维修水平，力求减少重复故障的发生率。

九、环境与设备监控系统安全管理

环境与设备监控系统是城市轨道交通重要的安全设施，必须严格地执行计划性维修维护制度，以保证系统的良好运行。由于城市轨道交通环境的特殊性和其他不可预测的因素，设备故障难免发生，而高效的故障抢修机制是确保系统安全可靠运行的重要条件。

（一）环境与设备监控系统的组成

环境与设备监控系统（BAS）的作用是对车站、区间的通风、空调、给水排水、照明及自动扶梯等设备进行自动化管理，以确保地下环境的安全与舒适。

BAS一般由以下三部分组成：

（1）中央控制室。中央控制室主要负责监视全线的环境状态及设备的运行状态，必要时可向车站控制室发出控制指令。

（2）车站控制室。车站控制室主要负责监视本车站及所管辖区域的设备状态，并控制设备运行。

（3）就地控制装置。就地控制装置设在设备机房内，可直接操纵设备运行。

（二）环境与设备监控系统故障的类别

按照故障的严重程度，环境与设备监控系统故障可分为严重故障、一般故障和次要故障及障碍。

1. 严重故障

属于以下故障之一的，均为环境与设备监控系统的严重故障：

（1）中央控制室与一个以上车站失去联系。

（2）车站设备监控车站级计算机与模拟屏紧急按钮同时失效。

（3）车站控制器网络发生故障，且不能重组。

（4）环境与设备监控系统无法执行火灾工况。

2. 一般故障

属于以下情况之一的，均为环境与设备监控系统的一般故障：

（1）车站设备监控控制器发生故障，但不影响火灾工况的执行。

（2）车站设备监控车站级网络通信发生故障，但重组成功。

（3）车站设备监控车站 PC 或模拟屏之一发生故障。

（4）车站设备监控车站打印机及不间断电源发生故障。

（5）车站设备外围发生故障，影响到正常环控模式的执行。

（6）车站设备监控与火灾自动报警系统（automatic fire alarm system，FAS）、ATS 和冷水机组接口通信发生故障，无法正确接收相关系统信息。

3. 次要故障及障碍

不属于严重故障和一般故障的为车站环境与设备监控系统次要故障及障碍，包括由环境与设备监控系统控制对象（非环境与设备监控系统设备）发生故障而引起的环境与设备监控系统功能障碍。

任务实施

调研或参观自己所在城市的轨道交通环境和设备监控系统的运行情况，对照学习城市轨道交通环境与设备监控系统故障的处理原则和程序，并结合实际写出一篇参观日志。

以下为城市轨道交通环境和设备监控系统故障处理的一般方法。

（1）为迅速进行故障的处理，同时便于对环境与设备监控系统设备故障维修进行管理及考核，要建立完善的故障受理制度。

（2）环境与设备监控系统维修人员从维修调度处受理环境与设备监控系统故障或在维修过程中发现系统故障，按要求填写故障受理表格。

（3）当环境与设备监控系统设备发生故障时，有关维修人员应及时、准确地做出判断（判明故障位置、故障原因等）并积极组织修复，缩短故障时间，把故障影响控制在最小范围内。若无法在现场及时维修，则应及时上报。

（4）环境与设备监控系统维修人员在故障处理完毕后，应对控制器箱、柜及周围环境进行清理，并及时销点。

（5）环境与设备监控系统维修人员应及时填写故障处理台账，记录故障及处理情况，归档备查。

（6）严格执行事后检查制度，由环境与设备监控系统维修工班的工班长或专业工程师对维修情况及相关处理进行记录、核查台账，确保维修质量。

（7）在维修过程中，不能影响接口专业的运作，涉及接口的维修，应先与其他专业协调，预先告知在检修过程中可能对其造成的影响，必要时在其他专业的监护下进行维修。

（8）对于环境与设备监控系统控制对象（环控、给水排水、照明等系统）发生故障引起的环境与设备监控系统功能障碍，维修时若需环控系统专业配合，则环控系统维修人员应积极予以配合协作。

效果评价

评价表

项目名称	项目 4　城市轨道交通设备安全管理	学生姓名	
任务名称	任务 4.2　城市轨道交通机电设备安全管理	分数	

续表

项　目	分　值	考核得分
(1) 对城市轨道交通机电设备种类的掌握情况	10	
(2) 对城市轨道交通各类机电设备作用的熟悉情况	20	
(3) 对城市轨道交通各类机电设备安全要点的了解情况	50	
(4) 收集真实行车设备安全案例,并进行简要分析	20	
总体得分		

教师简要评语:

教师签名:

任务 4.3　城市轨道交通特种设备安全管理

2007年10月17日,某地铁盾构区间实现贯通,随后,承包商着手进行施工机械拆除等收尾工作。11月2日,承包商与河南某公司(以下简称分包商)签订合同,委托对方实施龙门吊拆卸工程。2007年11月14日08:00左右,分包商租用110T、50T吊车各一台,准备拆除左线的45T龙门吊。承包商在对分包商租用的吊车和作业人员上岗证进行检查时发现,两台吊车均没有随车携带安全检验合格证,于是要求分包商停止施工,分包商以证件在保险公司办理保险、工期紧张、保证不会出现问题等为由,不顾禁令,仍继续进行拆除作业。

中午11:30左右,市安全监督站人员现场检查时发现分包商的资质未在建设行政主管部门备案,责令其停止施工。承包商收到停工令后立即要求分包商停止施工,但分包商以龙门吊大梁螺栓已经拆除,如不吊放到地上存在极大的安全隐患为由继续施工。待拆除龙门吊大梁长达21 m、宽4.5 m、重约21 t,受场地制约,拆除时需要两台吊车抬吊大梁。中午12:00左右,在分包商用两台吊车把大梁吊起来平移的过程中,110T的吊车突然倾倒,致使大梁和110T吊车的臂杆一起砸向50T吊车,造成110T吊车臂杆变形、驾驶室损坏,50T吊车局部受损,驾驶室被砸坏,龙门吊大梁变形。所幸无人员伤亡。

本任务将重点介绍城市轨道交通特种设备安全管理的相关内容。

任务要求

通过本任务的学习,要求了解特种设备的种类和不同特种设备的安全管理要点。

> 知识准备

特种设备是城市轨道交通必不可少的设备。特种设备因机构复杂、载荷多变、结构庞大、运行空间广、危险性大,而由国家质量技术监督系统进行统一监管,以加强对特种设备的专业化管理,防止重大事故的发生。在对基层的特种设备进行检查的过程中发现,特种设备发生事故的原因绝大多数是管理不善。

一、特种设备的概念和安全管理要点

(一)特种设备的概念

根据《特种设备安全监察条例》的规定,特种设备是指涉及生命安全、危险性较大的锅炉、压力容器(含气瓶)、压力管道、电梯、起重机械、客运索道、大型游乐设施及场(厂)内专用机动车辆。

城市轨道交通行业主要的特种设备包括电梯、电扶梯、自动人行道、起重机、场内机动车辆、储风缸,其中电扶梯的数量占据了较大的比例。

《特种设备安全监察条例》规定特种设备的作业人员及其相关管理人员都需要取得国家统一格式的特种作业人员证书。

(二)特种设备的安全管理要点

(1)购置特种设备时,供应商应提供生产单位的特种设备生产许可证等证明文件。

(2)设备安装完成后应请具有检验资质的单位进行检验。检验合格后凭检验合格证明及使用单位证明到属地质量技术监督局办理特种设备使用登记注册。

(3)完成使用登记注册的特种设备使用到期后,应进行定期检验。

(4)特种设备的操作、维修、管理人员应取得特种设备作业人员证。

(5)所有特种设备及所属安全附件必须由具有检验资格的单位进行检验。经检验的设备及其附件必须在有效期内才能使用。因此,设备管理部门通常都会提前做好特种设备及其安全附件的检验安排,防止出现设备或安全附件过期的情况。

二、锅炉安全管理

锅炉是指利用各种燃料、电或其他能源,将所盛装的液体加热到一定的参数,并对外输出热能的设备,其范围规定为容积大于或者等于 30 L 的承压蒸汽锅炉;出口水压大于或者等于 0.1 MPa(表压),且额定功率大于或者等于 0.1 MW 的承压热水锅炉;有机热载体锅炉。

锅炉的管理还应重点注意锅炉安全附件的管理。

(1)安全阀。安全阀用于防止锅炉超压运行,压力超过就自动开启,压力正常后,安全阀自动关闭。安全阀须每年由具备相关资质的检验部门进行检验,每月由设备维保或使用部门进行一次手动试验。

(2)压力表。压力表用于显示锅炉工作压力,提示操作人员采取措施。压力表应每半年进行一次校验。

(3)水位计(水位表)。水位计(水位表)用于监视锅炉的水位。锅炉缺水或满水都易引发事故,需要锅炉工每班定时巡视水位计,掌握锅炉的水位状况。

(4)高低水位报警装置。高低水位报警装置是水位计的自动监控装置,高水位或低水位时自动报警,可以与锅炉的自动运行控制装置连接,实现报警时自动启动熄火保护等动作。在锅炉定期维护作业中应对报警装置进行报警试验。

除以上安全附件的管理以外,锅炉的水质控制也是十分重要的内容。水质不达标容易产生水垢,水垢传热不良,造成锅筒受热不均,是造成锅筒内部管道裂缝的重要原因。

三、压力容器安全管理

压力容器(见图4-1)是指盛装气体或液体,承载一定压力的密闭设备,其范围规定为最高工作压力大于或等于0.1 MPa(表压),且压力与容积的乘积大于或等于2.5 MPa·L的气体、液化气体和最高工作温度高于或等于标准沸点的液体的固定式或移动式容器;盛装公称工作压力大于或等于0.2 MPa(表压),且压力与容积的乘积大于或等于1.0 MPa·L的气体、液化气体和标准沸点等于或低于60 ℃液体的气瓶、氧舱等。

图4-1 压力容器

承压锅炉的锅胆实质上就是压力容器,但两者的工作机理不同,因此压力容器的安全附件与锅炉的安全附件既有相同的部分也有不同的部分。

(1)安全阀。安全阀用于防止压力容器超压运行,压力超过就自动开启、卸压,压力正常后,安全阀自动关闭。安全阀一般每年定期校验,日常检查由压力容器操作人员进行手动试验。

(2)压力表。压力表用于显示压力容器的实时工作压力,提示操作人员采取相关措施。压力表一般每年定期校验。

(3)爆破片。爆破片是人为设置的压力容器上的最薄弱点,一旦压力容器超压,爆破片就会破裂,使压力下降。其与安全阀不同的是,不能自动关闭,只能更换。

通常轨道交通行业使用的压力容器绝大部分是压缩空气储风缸,需要每天定时排污,去除压缩空气存留在储风缸底的积水,防止误将压缩空气中的积水带入使用压缩空气的设备,造成设备损坏。尤其是在冬季,需要加强排污,防止积水结冰,胀裂储风缸底部管道。

四、电梯安全管理

电梯是指动力驱动,利用沿刚性导轨运行的箱体或沿固定线路运行的梯级(踏步),进行升降或平行运送人、货物的机电设备,包括载人(货)电梯、自动扶梯(见图4-2)、自动人行道等。

电梯的安全保护装置是特种设备中最多的,自动扶梯的安全保护装置包括限速器、安全钳、缓冲器、门锁、各种电气联锁和保护装置等。

图4-2 自动扶梯

五、起重机械安全管理

起重机械(见图4-3)是指用于垂直升降或者垂直升降并水平移动重物的机电设备,其范围规定为额定起重量大于或等于0.5 t的升降机,额定起重量大于或等于1 t且提升高度大于或等于2 m的起重机和承重形式固定的电动葫芦等。

起重机械的安全保护装置主要包括以下几种:

(1) 极限位置限制器(限位)。极限位置限制器(限位)用于限制吊钩升降范围超出允许范围,以免造成滚筒钢丝绳乱股;限制起重机大、小车运行超出轨道允许范围。

图4-3 起重机械

(2) 缓冲器。缓冲器用于限位装置失灵时缓冲起重机大车的撞击。

(3) 防风防爬装置。防风防爬装置用于室外的门式起重机,防止大风吹移起重机。

(4) 安全钩。安全钩是防止吊索(绳)脱离吊钩的装置,用于防止起吊重物过程中吊索(绳)脱离吊钩造成事故。

(5) 超载保护装置。超载保护装置用于起重保护,防止起重超载造成起重电机损坏安全事故。

六、场(厂)内机动车辆安全管理

场(厂)内机动车辆是指除道路交通、农用车辆以外仅在工厂厂区等特定区域使用的专用机动车辆,主要包括叉车(见图4-4)、电平运输车、电平(驾驶)清洁车等。

由于场(厂)内机动车辆既可以在厂区的道路上行驶,也可以在作业场地行驶,操作灵活,尤其是在作业场地范围移动时,不容易引起其他人员的注意,相比较而言容易造成意外事故。因此,其安全管理的重点是对驾驶人员的管理,一是驾驶人员必须取得特种设备操作证,二是严格执行场(厂)内的限速规定。此外,还要做到以下几点:

图4-4 叉车

(1) 严格执行场(厂)内机动车定期检验制度。

(2) 所有场(厂)内机动车驾驶、操作人员必须持证上岗,并定期检验操作证。

(3) 严格遵循场(厂)内机动车使用说明规定(装载重量、限高、限宽标准),杜绝超高、超宽、超重使用设备。

(4) 严格按照季节特点进行场(厂)内机动车的维修保养,按照说明书规定添加符合要求的燃料,确保机动车使用安全。

任务实施

组织学生到城市轨道交通车站、生产车间参观和学习城市轨道交通系统中常用的特种设备的种类及使用范围,或观看相关纪录片,并写出一篇参观心得体会,字数不少于500字。

评价表

项目名称	项目 4　城市轨道交通设备安全管理	学生姓名	
任务名称	任务 4.3　城市轨道交通特种设备安全管理	分数	
项　　目		分　值	考核得分
（1）对特种设备范围、类别，以及使用特种设备需要遵守的规定的掌握情况		40	
（2）能够简述城市轨道交通行业常用特种设备的安全管理要点		60	
总体得分			

教师简要评语：

教师签名：

任务 4.4　城市轨道交通设备事故案例分析

一、城市轨道交通列车到站后车门无法打开

（一）事故概况

2007 年 7 月 30 日 8 时 33 分，某市轨道交通列车到达 A 站后，车门无法打开。列车驾驶员立即进行处理，但不能消除故障，只好下车手动打开车门，现场清客。由于部分乘客不愿意下车，因此故障列车运载这些乘客到 B 站，进车库检修。

由于正值上班高峰期，列车内的乘客数量较多，每节车厢的乘客只能从一扇手动打开的车门下车，因此清客花费时间较长，致使续行列车停于城市轨道交通隧道内长达 35 min，造成部分乘客出现头晕等不适感，并产生一定的恐惧心理。

（二）事故原因

故障列车投入运营时间不长，设备尚处于调试期。

（三）处理措施

1. 驾驶员及时手动开门清客

列车驾驶员到站后发现车门故障，无法打开，立即进行紧急处理。在处理无效后，采取手动开门的措施清客。故障列车由 8 辆车编组，如果手动将每扇车门都打开，不仅花费时间长，而且乘客涌向已打开的车门，容易造成混乱，也容易引发后面车厢内乘客的焦躁情绪，反而减慢清客速度。因此，驾驶员在每节车厢打开一扇门，是一种比较好的应急措施，有助于乘客有序下车,并迅速安抚乘客的情绪。

2. 调派备用列车投入运营

由于列车故障造成延误,全线不少车站有较多乘客滞留。为了缓解客运压力,城市轨道交通运营公司就近调派一列备用列车,加快乘客运输。

3. 紧急疏散乘客

故障发生后,一部分乘客没有转乘其他交通工具,而是留在车站等待下一趟列车,同时不断有乘客进入车站等待乘车,使得部分车站有大量乘客滞留。因此,部分城市轨道交通车站启动紧急疏散程序,打开安全通道,让下车乘客直接出站,不用通过闸机,加快乘客出站速度,缓解乘客拥挤状态。

4. 采取适当措施安抚乘客的情绪

乘客直接出站后,在下次使用交通卡进站前,向站务员说明情况,即可免去票款。另外,针对此次列车故障对乘客造成的影响,各个车站都向乘客发放了致歉信。

(四) 改进建议

对续行列车的处理方式欠妥,列车停留在隧道内时间较长,致使部分乘客产生不适和恐惧感。前方发生故障后,作为控制中心的行调,应考虑后续各列车的运行,尽量使各趟续行列车停在车站或驶入就近车站停留,避免列车停在区间,尤其是隧道内。由于隧道内通风较差,而且地下空间环境黑暗,容易让乘客产生恐慌和不适。

二、某站自动扶梯梯级脱落事件

(一) 事件概况

2006年11月7日15时01分,某市轨道交通A站1号出入口自动扶梯在运行过程中梯级脱出运行轨道,堆积到扶梯下端地板上,连续损坏到第67个梯级后,扶梯的梯级缺失监控安全开关检测到梯级的丢失并开始动作,扶梯自动停止运行;15时22分,迅达公司的扶梯维保人员赶到现场进行处理,随后分公司分管领导以及物资设施部、机自中心、安保部、技术部等部门的相关人员陆续赶到,用彩条布覆盖扶梯进行临时保护处理。当晚,迅达公司及分公司相关人员一同对现场进行勘查后,公司领导在某站组织召开了现场分析会,落实故障的后续处理办法。11月8日,迅达公司派出的专家与总公司、分公司相关人员共同对现场进行了详细勘查取证,并恢复了故障设备的外观。11月9日,迅达公司应运营分公司的要求,安排维保人员参照出场标准,对全线自动扶梯安全项目及主要运行指标项目(共72项)进行了全面检查。

(二) 事件损失

本次事故造成A站1号出入口自动扶梯停用16天,对运营服务质量造成了一定的影响。

(三) 原因分析

本案例事故的原因是11月3日迅达公司维保工维修该扶梯时,专用维修梯级装夹不到位,导致该维修梯级跳动或攒动,最终脱出轴套,梯级位置发生较大偏移,撞击下端固定的前沿板。此梯级破损后卡夹在前沿板与梯级连杆中间,阻塞了后续梯级的通路,导致后续梯级逐个撞击破损后推开下机房盖冲出下机房,并在扶梯及扶梯出入口处堆积,直到上端梯级缺失,保护开关动作才使扶梯停住。

（四）改进建议

1. 狠抓质保管理，严格作业程序

加强对质保公司的管理，要求其对可能由人为原因造成的故障或可预见的设备部件磨损老化导致的故障进行提前考虑，特别是对于涉及安全的保养项目，必须在检修规程中完善程序步骤并优化工艺，用完善的工作程序避免或降低此类故障的发生。

2. 更新安装形式，增加防护措施

要求质保公司重新设计盖板保护开关的安装形式，使之不会因乘客踩踏而误动作，并保证盖板在发生明显位移的情况下一定会动作自动扶梯。同时，在工作区梯级增加防护措施，保证与乘客直接接触的工作区内不会有梯级缺失及塌陷等危险情况出现，保证工作区内人员的人身安全。

3. 加强过程监督，完善维保作用

自动扶梯专业重新编排巡检计划，将巡检与设备维保现场监督检查相结合，加强监督检查力度，提高设备维保质量。积极研究现场检修模式的合理性与有效性，进一步完善维保工作机制，对设备设施的维保过程进行严格控制和管理。要求每个维护人员严格按照规范进行作业，避免此类事故再次发生。

效果评价

评价表

项目名称	项目4 城市轨道交通设备安全管理		学生姓名	
任务名称	任务4.4 城市轨道交通设备事故案例分析		分数	
项 目			分 值	考核得分
（1）能够简述典型案例的主要内容			20	
（2）对典型案例中应吸取的主要教训的总结情况			40	
（3）学习典型案例的主要心得与体会			40	
总体得分				

教师简要评语：

教师签名：

思考与练习

1. 简述城市轨道交通设备安全的概念和设备安全管理三个阶段的主要工作内容。
2. 简述城市轨道交通包括的各类机电设备及其安全管理的主要内容。
3. 城市轨道交通消防安全的危害因素有哪些？
4. 简述特种设备的概念和种类。
5. 简述特种设备的安全管理要点。

项目 5
城市轨道交通运营施工安全管理

📚 项目描述

施工安全管理是指运用经济、法律、行政、技术、舆论、决策等手段,对人、机、环境等管理对象施加影响和控制,排除不安全因素,以达到安全生产目的的活动。

城市轨道交通运营施工安全管理是根据城市轨道交通行车与施工共有的特点,规范城市轨道交通的日常施工管理工作,主要是对管理机制、施工现场、人员活动以及作业纪律等内容进行管理。

📚 学习目标

(1) 掌握城市轨道交通运营施工安全的特点和分类。
(2) 掌握城市轨道交通运营施工计划的制订。
(3) 掌握城市轨道交通运营施工组织管理。
(4) 通过典型施工事故案例分析,进一步掌握施工安全管理的基本概念和基础知识。

📚 能力目标

(1) 掌握城市轨道交通运营施工安全管理的基本方法、基本特点和运营施工的分类。
(2) 能制订一般城市轨道交通运营期间的施工计划。
(3) 能进行一般的城市轨道交通运营施工组织工作。

📚 项目导入

2006年3月19日,俄罗斯首都莫斯科地铁扎莫斯科维特斯加亚线,一列地铁列车正运行在索科尔站至禾哥夫斯加亚站间,地铁隧道顶部的混凝土突然崩落,掉落的混凝土块压住了正在快速行驶的地铁列车,迫使列车停止运营。地铁方面立即疏散所有乘客,大量救护车和消防车前往现场救援,地铁车站附近严重堵车。事故导致地铁车站关闭,两组工人进入隧道清理混凝土块,第二天早上才恢复正常运营。经过调查,事故原因是外围施工人员未经当局批准,私自在地铁隧道上方的地面竖立广告牌,将支柱插入地底以安装广告架,结果支柱插穿隧道顶部,破坏了支撑隧道顶部的桩柱,导致事故发生。

根据上述案例可知,城市轨道交通运营期间如果施工组织不当可能引发严重的施工安全事故。城市轨道交通运营施工安全管理是城市轨道交通运营企业安全管理中的重要内容之一。要保证施工安全,必须从施工组织入手,了解每个环节的安全要求;还需要了解每个施工环节存在的安全风险,这样才能有的放矢地采取有效措施。

任务 5.1　城市轨道交通运营施工基础知识

情景导入

城市轨道交通系统构成复杂,专业设备数量庞大,从宏观上讲,车站构筑、隧道结构、机电设备、装饰装修和水电管路等都属于轨道交通系统的范畴。在众多的系统中,若出现信号系统、供电系统和轨道系统等关键设备故障,就可能影响城市轨道交通正常运营,从而对市民出行产生较大影响。因此,城市轨道交通系统各类设备运行的稳定性十分重要,而要保障城市轨道交通系统各类设备的稳定运行,除设计合理外,还需要依靠有效的维护保养。在实践中,维修、改建、变更和调整等工程项目的实施无法避免。为了确保上述维修保养工作及相应工程施工安全有序开展,一般归入施工作业中统一管理。如果施工组织不当,就有可能引起一些安全事件或事故,从而影响正常运营秩序。例如,在施工作业计划中将一些作业安排到列车移动区域实施,就会给作业人员的人身安全带来极大隐患;轨行区施工作业完毕后,未及时出清现场,若出现遗留物品侵限,就可能发生碰撞甚至造成列车颠覆等重大安全事故。所以,施工安全在城市轨道交通运营安全管理中十分重要。

任务要求

通过本任务的学习,要求掌握城市轨道交通运营施工的基础知识。

知识准备

从广义的角度来讲,施工安全管理是指运用行政、技术等手段,对人、机、环境等对象施加影响和控制,排除不安全因素,以达到安全生产目的的活动。

一、城市轨道交通运营施工管理的概念和内容

城市轨道交通运营施工管理是根据城市轨道交通行车与施工共有的特点,规范城市轨道交通的日常施工管理工作,是对城市轨道交通运营施工的管理机制、施工现场、人员活动以及作业纪律等内容进行管理。

(一) 城市轨道交通运营施工管理的概念

城市轨道交通运营施工管理是指施工员(主要是基层的技术组织管理人员)在施工现场具体解决施工组织设计和现场关系的一种管理。施工员要进行现场监督、测量,编写施工日志,上报施工进度、质量,处理现场问题。

(二) 城市轨道交通运营施工管理的内容

城市轨道交通运营施工管理一般分为施工前、施工过程中和施工结束三部分内容。

1. 施工前

施工前的组织工作包括人员安排、组织学习施工作业计划、施工前的准备、施工请点等。

2. 施工过程中

施工过程中的组织工作包括进入施工地点的组织、各专业的沟通与协调配合、施工进度的控制等。

3. 施工结束

施工结束的组织工作包括撤除防护、出清线路、人员离场和销点。

二、城市轨道交通运营施工的特点

（一）施工情况复杂

城市轨道交通运营施工管理是一个复杂的系统工程，具有点多、线长、作业时间短、交叉作业多、施工量大、地点集中、夜间施工多等特点。

（二）施工专业多

在城市轨道交通系统的运营中，与行车相关的设备由站台屏蔽门、轨道线路、供电、机电、信号、通信等多个专业组成，各专业都要按照本专业设备的检修周期与工作内容对设备进行检修和维护。

（三）施工时间短

运营线路的维修作业都集中在夜晚运营结束后至第二天首班车运营前1小时内进行，作业时间一般为3～5 h。

（四）配合作业多

检修工作集中在同一个有限的时间、空间和工作平面内，在检修过程中有的需要停电，有的需要工程车配合，有的需要相关专业配合，有的需要封锁区间，等等。

三、城市轨道交通运营施工的分类

城市轨道交通运营施工可以按是否影响正常行车以及施工地点、施工性质进行分类，具体如下所示。

1. 影响正线、辅助线行车的施工为 A 类

影响正线、辅助线行车的施工为 A 类，其中区间开行工程列车、电客车的施工为 A1 类；区间不开行工程列车、电客车的施工为 A2 类；车站、主变电所、控制中心（以下称 OCC）范围内影响行车设备设施的作业为 A3 类。所有的 A 类施工作业，均须经行调批准方可进行；影响出入段线行车的施工，行调须通知车辆段调度员。

2. 在车辆段的施工为 B 类

在车辆段的施工为 B 类，其中开行电客车、工程列车的施工（不含车辆部电客车、工程列车的检修作业）为 B1 类；不开行电客车、工程列车，但在车辆段线路限界、影响接触网停电、在车辆段线路限界外 3 m 内搭建相关设施及影响车辆段行车的施工为 B2 类；车辆段内除 B1、B2 类以外，其他影响行车设备设施的施工为 B3 类。B3 类施工主要包括供电、通信、信号、机电等行车有关设备的检修或影响行车有关设备的作业。B 类施工作业经车辆段调度员同意方可进行，如影响正线行车须报行调批准。

3. 在车站、主变电所、OCC 行车设备区范围内不影响行车的施工为 C 类

在车站、主变电所、OCC 行车设备区范围内不影响行车施工的为 C 类，其中大面积影响客运、消防设备正常使用，需动用 220 V 以上电力及需要动火的作业（含外单位进入变电所、通信设备房、信号设备房、环控电控室、照明配电室、蓄电池室、水泵房、其他气体灭火保护房内作业）为 C1 类；其他局部影响客运，但经采取措施影响不大且动用简单设备设施的施工（如动用 220 V 及以下的电力、钻孔等，不违反安全规定的作业）为 C2 类。对于 C 类施工作业，运营管理部门内部的施工项目经车站批准方可施工，外部单位施工作业按"外单位施工作业管理流程"进行，经车站批准方可施工。

任务实施

在学习与理解某地铁运营公司施工安全管理的基本内容的基础上，结合城市轨道交通运营施工的实际工作内容，进一步理解城市轨道交通运营施工管理的相关概念。

1. 施工组织机构与规章制度

地铁施工安全管理机构一般由施工协调管理小组和施工协调工作小组组成，主要职责是定期对施工的开展情况进行分析、总结，并有针对性地进行工作改进。

地铁施工安全规章制度是安全管理的一项重要内容，主要包括《施工作业管理办法》和与其相适应的《运营事故处理规则》《消防安全管理制度》《员工通用安全作业守则》《治安保卫管理办法》等。

2. 施工安全教育与培训

施工安全教育与培训的目的在于提高职工的安全意识，丰富安全生产知识，增强施工安全的自主性，有效地防止人的不安全行为，减少人为失误。

（1）"三级"安全教育。对于新入职、转岗、晋升的职工，应进行部门、车间、班组的安全教育和技术培训，经考核合格方准上岗。企业对新职工进行初步安全教育的内容包括安全生产方针、政策、法规、标准、规范、规程和安全知识的教育，以及企业安全规章制度的教育。

（2）特种及特定的安全教育。对于特种作业人员，除进行一般性安全教育外，还要按照《特种作业人员安全技术培训考核管理规定》的有关要求，按国家、行业、地方和企业规定进行特种专业培训，通过资格考核并取得特种作业人员操作证后方可上岗。在特定情况下，还应进行适时安全教育，如针对季节性变化、工作对象改变、工种变换、新工艺、新材料、新设备的使用等情况，以及在发现事故隐患或发生事故后开展安全教育。

（3）经常性安全教育。在做好安全生产教育培训的同时，还必须把经常性安全教育贯穿于安全管理的全过程，并根据接受教育的对象的不同特点，多层次、多渠道、多方法地进行安全生产教育。

3. 施工安全检查

施工安全检查一般包括综合性检查和专业（项）性检查或按时间检查。综合性检查是运营管理单位对生产运营的各个环节进行的综合性安全大检查；按时间检查是月度、季度、年度安全检查及安全生产委员会组织的临时性安全检查。

请结合自己所在区域的城市轨道交通运营施工的具体内容，理解相关概念，就城市轨道交通运营施工安全管理的有关内容进行讨论，并提出自己的观点。

效果评价

评价表

项目名称	项目 5 城市轨道交通运营施工安全管理		学生姓名	
任务名称	任务 5.1 城市轨道交通运营施工基础知识		分数	
项 目			分 值	考核得分
（1）对城市轨道交通运营施工管理的概念和内容的掌握情况			10	
（2）对城市轨道交通运营施工特点的了解情况			5	
（3）对城市轨道交通运营施工分类的熟悉情况			20	
（4）是否有小组计划			50	
（5）编制学习汇报报告情况			10	
（6）基本素养考核情况			5	
总体得分				

教师简要评语：

教师签名：

任务 5.2 城市轨道交通运营施工计划的制订

情景导入

为科学、有效地组织城市轨道交通运营期间的施工作业，提高施工效率，保证设备维修质量，确保维修和施工的安全，必须加强施工计划编制的科学性和准确性。

2008 年 1 月 23 日 20 时，北京开往青岛的 D59 次动车组列车运行至济南铁路局管段内胶济线安丘至昌邑段时，由于负责该段线路的施工人员没有严格按照施工计划规定的时间进行作业，从而导致重大路外交通事故的发生，事故最终造成 18 人死亡、9 人受伤。据调查，事故发生地点是计划于当日 22 时至次日 1 时 30 分进行线路拨接作业的处所。按照施工计划，当日 21 时起施工范围内列车限速 45 km/h 运行，此时，施工作业人员方能进入施工点进行施工准备。但负责该项目的部分施工人员没有按照施工计划给定的时间执行施工任务，而是擅自提前施工，他们于 20 时 40 分左右提前到达施工地点并越过防护栅栏，强行进入作业区线路，与正常运行的 D59 次动车组列车相撞，导致人员伤亡。这起本来可以避免的事故就这样因为施工人员没有严格遵守铁路线路施工运营管理的规定而发生了。正确的铁路线路施工程序是：施工人员严格遵守施工计划规定的施工时间，于施工作业开始前到车站信号楼签到，由车站行车调度人员向路局调度中心申请，路局核实情况并下达调度命令后，施工人员才能进入线路。按照规定，没有接到调度命令不准进入线路，而这批施工人员在没有接到调度命令的情况下，擅自进入铁路运行线。可见，严格遵守施工计划是十分重要的。

任务要求

通过本任务的学习，要求能够正确理解城市轨道交通运营施工计划的重要性，以及施工计划制订的一般原则和内容。

知识准备

一、城市轨道交通施工计划的基础知识

（一）城市轨道交通施工计划的概念

城市轨道交通施工计划是指对施工组织工作提前进行科学、合理的安排。

（二）城市轨道交通施工计划的分类

城市轨道交通施工计划可按计划的时间进行分类，也可按计划的施工作业地点和性质进行分类。

1. 按计划的时间分类

施工计划按时间的不同可分为临时补修计划、月计划、周计划及日补充计划。

（1）临时补修计划。临时补修计划是指在运营时间内对设备进行临时抢修后，需要在停运后继续进行设备维修作业的计划。

（2）月计划。对属于正常修程的作业应提报月计划，主要分以下几种情况：城市轨道交通电客车在正线进行的调试作业；开行工程车（含轨道车）的检查、维修、施工、运输作业；影响行车的设备检修施工作业；需要进入正线及辅助线的检查、维修施工作业和屏蔽门的检修作业；需要接触网停电的检查、维修施工作业；车辆段内的行车设备检修作业；不进入轨行区，但需要有关部门配合的作业等。

（3）周计划。凡不属于按规定列入月计划的，因设备检修需要，对月计划内未列入的需进行补充的计划，或月计划中需调整变更的计划，均称为周计划。

（4）日补充计划。不属于按规定列入月计划、周计划的，但对行车有一定影响的检查、维修计划，或月计划、周计划内日作业项目的变更计划，称为日补充计划。

2. 按计划的施工作业地点和性质分类

施工计划按施工作业地点和性质的不同可分为影响正线、辅助线行车的施工，在车辆段内的施工和在车站内不影响行车的施工三种。

（1）影响正线、辅助线行车的施工。影响正线、辅助线行车的施工可分为开行工程车的施工、不开行工程车的施工和在车站范围内影响行车设备的施工。

（2）在车辆段内的施工。在车辆段内的施工可分为开行电客车、工程列车的施工（不含车辆段内部）、不开行工程车但在车辆段线路界限及影响接触网停电的施工和不开行工程车也不在车辆段线路限界内的施工。

（3）在车站内不影响行车的施工。在车站内不影响行车的施工可分为车站内大面积影

响客运及需要动火的施工和其他局部影响客运但采取措施后影响不大且动用简单设备的施工。

(三) 编制施工计划时的注意事项

在编制施工计划时,应注意以下事项:
(1) 在确保安全的前提下,在时间安排上尽可能地均衡,避免集中作业。
(2) 处理好列车的开行时间、密度与施工封锁等方面的关系,避免抢时、争点现象的发生。
(3) 经济合理地使用城市轨道交通车辆,避免浪费资源。

(四) 施工进场作业令

(1) 凡进行计划施工,都必须领取施工进场作业令,以此作为施工请点的凭证。
(2) 施工计划编制部门负责施工进场作业令的管理工作。

二、城市轨道交通施工计划申报的程序和具体内容

(一) 城市轨道交通施工计划申报的程序

城市轨道交通施工计划的申报可按以下三个步骤进行。

1. 签订安全协议

外单位施工负责人必须在接受培训后才能申请在城市轨道交通施工作业中担任负责人,施工计划编制部门要与外单位施工负责人签订安全协议。

2. 提报、执行计划

施工单位、内部相关部门应在规定时间内向施工计划编制部门提报计划,施工计划编制部门平衡协调后发相关部门执行。

3. 填报施工计划

施工单位、内部相关部门填写施工计划申报单,其中包括作业日期、作业部门、作业时间、作业区域、作业内容、供电安排、申报人、防护措施、备注(列车编组、配合部门及详细配合要求、联系电话等)。

(二) 城市轨道交通施工计划申报的具体内容

1. 向总调度所提报施工计划申请

以下情况必须向总调度所提报施工计划申请:
(1) 在列车运营线路(含出入库线)及其封闭区域内的施工检修作业。
(2) 在列车运营线路(含出入库线)及其封闭区域以外,但对城市轨道交通运营组织工作有直接影响的施工检修作业。
(3) 停车场内影响列车正常出入库的施工检修作业。
(4) 电力调度所管辖范围内的所有供电设备的清洁、保养、检修和改扩建等工作。
(5) 在各种施工检修作业中,由于工作位置与电力设备的安全距离不够,威胁到人身安全,需要相关的电力设备停役的施工检修作业。
(6) 与正线行车安全直接相关的通信、信号系统设备的清洗、保养、检修和改扩建等工作。
(7) 其他经公司认定需要申报的施工检修作业。

2. 向总调度所提出电力施工检修计划申请

施工涉及城市轨道交通供电系统，必须向总调度所提出电力施工检修计划申请的施工检修作业范围如下。

（1）电力调度所管辖范围内的所有供电设备的检修和清洁、保养工作。

（2）在各种施工检修作业中，由于工作位置与电力设备的安全距离不够，威胁到人身安全，需要相关的电力设备停役的施工检修作业。

（3）在电力调度管辖范围内，可能影响列车正常运行和安全的供电设备的施工检修作业。

（4）在电力调度管辖和许可范围内的新建、扩建、改建工程，以及需要接入城市轨道交通供电系统的供电设备。

3. 向总调度所提出环控施工检修计划申请

施工涉及城市轨道交通消防环控系统，必须向总调度所提出环控施工检修计划申请的施工检修作业范围如下。

（1）影响环控调度系统的中央主机及系统网络的施工检修作业。

（2）影响消防报警系统以及各自动气体灭火系统的施工检修作业。

（3）影响车站设备自控系统的施工检修作业。

（4）影响给排水系统的施工检修作业。

（5）影响冷却风机系统的施工检修作业。

（6）在环控调度管辖范围内，可能影响日常运营秩序和安全的站内施工检修作业。

4. 特殊情况下的计划申请

在运营时间内，原则上不安排与运营设备有关的施工检修作业。因施工检修作业组织工作中的特定要求等特殊情况，需在运营时间内进行施工检修作业时，各施工检修单位必须提供详尽的安全保障方案，并由主管安全服务的职能部门确认后，向总调度所提出施工计划申请。

5. 检修施工计划的批复

（1）施工检修单位提出计划申请后，总调度所在三个工作日内进行审批并做出具体安排。

（2）每月15日、30日前，总调度所分别下达当月下半月及次月上半月的施工检修通告。

（3）根据施工检修计划调整变化情况，总调度所在每周的周五发布下周的施工检修调整通告。

（4）施工检修作业计划的实施以调整后的施工检修通告为准。

任务实施

以某城市轨道交通运营线路维修部门某日对某站线路、道岔设备巡检及维修为例，说明从计划申报到检修结束所需做的工作的步骤和方法。

（1）计划的申报和办理。由维修部门根据开车施工计划情况填写非开车作业计划，将填写好的"月/周施工计划申报单"于工作开始前一个月的18日（含18日）前向调度部计划审批部门提交。月计划中对影响范围以及设备和安全有特殊要求和规定的，应在备注栏注明。

（2）领取施工进场作业令。此项作业属于A类施工作业，维修部门于前一天下班前到调度部计划审批部门作业令办理点登记，领取施工进场作业令。

（3）在车站办理施工手续。施工负责人在作业令规定的施工开始时间前30 min到车站，经车站检查施工进场作业令、安全合格证（施工负责人项目）合格后，填写相关登记本，由车站确认条件满足后向行调申报请点,行调经过审核,确认条件满足后方可批准。车站值班员传达允许施工的命令,请点生效,可以施工。

(4) 施工安全要求。凡进入线路施工的施工作业人员必须按要求穿荧光衣,并根据作业性质及作业要求使用其他安全防护用品;施工作业过程中如要进行动火作业,必须按照《消防安全管理办法》办理动火令,严禁在无动火令的情况下进行动火作业。

(5) 设置安全防护。在站间线路施工时,除施工部门在距作业地点两端不少于 20 m 处设置红闪灯防护外(距车站设置的红闪灯不足 20 m 的以车站设置为主,施工部门可不设置),车站还要负责在该施工地段两端车站的端墙门对应的轨道中央设置红闪灯防护。施工前,由请点车站设置红闪灯,并通知作业区另一端的车站值班员设置红闪灯。

(6) 施工作业。根据施工作业内容进行作业。

(7) 施工销点。施工负责人在施工区域出清完毕后,报车站,由车站向行调销点。施工结束后,车站撤除红闪灯,并通知作业区另一端的车站值班员撤除红闪灯。

效果评价

评价表

项目名称	项目5 城市轨道交通运营施工安全管理	学生姓名	
任务名称	任务 5.2 城市轨道交通运营施工计划的制订	分数	
项 目		分 值	考核得分
(1) 对城市轨道交通运营施工计划基础知识的掌握情况		30	
(2) 对城市轨道交通运营施工计划申报程序和具体内容的了解情况		45	
(3) 编制学习汇报报告情况		10	
(4) 基本素养考核情况		15	
总体得分			

教师简要评语:

教师签名:

任务 5.3 城市轨道交通运营施工组织管理

情景导入

某市地铁运营施工组织工作中,负责施工作业的工程车在零点左右结束作业后返回某站上行站台,等待回车辆段。02:20,行调开始联系各站,逐站检查上行线路出清情况,在接到各站报告上行线路出清、防护撤除后，行调通知车站排列工程车反方向回车辆段的进路，并于 02：22 通知工程车驾驶员凭地面信号动车。调度值班主任于 02：34 由洗手间返回，询问行调上行线的地线是否拆除，行调才意识到地线没有拆除，于是立刻通知工程车立即停车。此时，工程车已运行两个区间。行调于 02：37 询问工程车驾驶员运行线路是否有异常，驾驶员刚回答完"线路没有异常"，突然发现两名供电人员从变电房出来检查地线。驾驶员下车后发现离车站端墙 180 m 处有一组地线，地线已在机车中部，在作业区没有设置防护用的红闪灯。此为典型的运营组织施工及管理不当而导致的运营施工组织管理险性事故。

经分析，发生此事故的主要原因如下：行调在下达调度命令前没有与电调核对地线位置，也没有在施工作业登记本上标记地线位置，未确认地线是否拆除就排列了工程车的进路，并盲目指挥驾驶员动车。调度值班主任安全监控不到位，安全预想不到位，未预知当晚施工组织和工程车的安全隐患。电调对现场地线具体位置不清楚，并且未与行调核对地线位置。

从此次事故中应吸取的主要经验教训有：电调接到现场挂好地线的报告后，必须确认地线的数量、位置及拆挂时间，并通知行调。行调与电调核对地线有关情况，并在施工作业登记本内记录地线位置。行调确认地线位置后，在相应轨道区段设置"封锁区段/道岔"，防止盲目排列进路。应该规范施工作业进程，建立施工作业流程表，防止行调遗忘施工步骤。各个调度班组提前审核施工计划，全盘了解施工时停电区域、拆挂地线地点和工程车开行情况。调度值班主任在交接班会上布置施工重点，各调度员之间应预先沟通，做好班前安全预想。

根据上述案例可以得知，施工组织管理存在问题可能引发严重的安全事故。施工组织管理是城市轨道交通运营企业安全管理中的重要管理之一。要保证施工安全，必须从施工组织管理入手，应明确施工组织管理每个环节的安全要求，了解每个施工环节存在的安全风险，这样才能有的放矢地采取有效措施。

任务要求

通过本任务的学习，要求掌握轨道交通运营施工组织管理的基本内容和基本方法。

知识准备

一、城市轨道交通运营施工时间的安排

城市轨道交通运营期间如果要进行施工作业，在施工时间的安排上必须遵守以下规定：
（1）在施工期间，当有工程车运行时，须等工程车过后才能开始施工。
（2）严格按照施工计划，按时完成施工作业。
（3）每日末班车离开起点站后，可由车站根据施工登记表向行调请点。
（4）车场内施工（作业）时间的安排严格按照施工计划的要求执行，车场调度、维修调度、派班员应根据当日施工计划提前做好线路空闲、车辆和驾驶员配合准备。

二、城市轨道交通运营施工组织工作

（一）作业区范围及作业时间的规定

各施工单位及部门的施工、检查作业，要严格控制作业区范围及作业时间。

（1）外单位施工负责人（责任人）须持相关安全资格证件，方可在城市轨道交通范围内进行施工。

（2）施工负责人须持相关安全资格证件，方有资格提出城市轨道交通施工申请。

（3）持有相关安全资格证件的施工负责人，向施工计划编制部门申报施工计划。

（4）以主办部门或主配合部门名义申报施工计划的外单位作业，由外单位人员担任施工负责人，主办部门或主配合部门协助办理请销点手续。

（二）施工人员进出站的规定

（1）施工负责人持作业令，在作业令规定的施工开始时间前到达主站，施工责任人及维修人员在作业令规定的施工开始时间前到达辅站和相关车站，按规定程序办理施工作业手续。

（2）向内部相关部门申请领取车站紧急出入口的钥匙。施工人员遇特殊情况需在收车后到达车站的，施工负责人到内部相关部门申请领取车站出入口钥匙，经各站指定的紧急出入口进出车站，及时将出入口上锁。

（3）外单位的施工人员进出车站须提前与车站值班人员联系，并于关站前进站。特殊情况确需关站后进入的应事先与车站预约，车站根据预约的地点、时间，查验手续后开门放行。

（三）施工组织的规定

（1）每日运营结束后，维修部门应按计划对各设备系统进行检修作业，并于规定时间内完成运行线路巡道和施工线路出清程序。

（2）在正线及辅助线施工开始前，施工负责人应进行施工登记，经行调批准，发布封锁命令。车站签认后，通知施工负责人设置防护信号，并送维修施工人员到站台端墙，确保施工人员进入正确的施工区域。

（3）按性质、地点分别组织维修、调试、施工等作业。涉及正线的施工作业须经行调批准方可进行；车场内的施工作业须经车场调度员同意方可进行，若影响正线行车则须报行调批准；涉及车站的施工作业须经车站批准方可进行。

（4）在两站之间作业需要开行工程车时，由行调指定车站值班员负责掌握施工情况，监督施工安全。

（5）施工结束后，施工负责人负责线路出清、人员撤离现场工作，经检查确认撤除防护后，办理注销施工登记手续，车站报告行调，取消封锁线路的命令。

（6）需由多个车站进入施工的作业项目，施工负责人除到主站办理外，还需核实辅站情况。辅站施工责任人在作业令规定的施工开始时间前到达辅站并办理登记手续，辅站值班员向主站值班员核实施工事项并请点。主站接到行调允许施工的命令后，传达给施工负责人及辅站值班员，辅站值班员允许施工责任人开始该作业点的施工。

（7）当多点销点时，辅站施工责任人负责本段线路出清，报施工负责人后，在辅站销点；

辅站值班员向主站值班员销点；施工负责人确认作业区域全部出清后，方可报主站值班员销点，主站值班员向行调销点。

（8）有外单位作业时，由指定的施工主办部门或主配合部门人员协助办理请点后，方可开始作业。

三、城市轨道交通运营施工人员管理

（一）施工负责人/施工责任人的职责和任职条件

在城市轨道交通运营施工中，属于 A 类、B 类、C 类(B3、C2 类除外)的作业需设一名施工负责人，辅站另设施工责任人，两者须经过培训后取得安全合格证，并实行持证上岗制度。属于 B3、C2 类的作业，不需设立施工负责人，但必须指定一名人员负责施工及施工安全管理。

1. 施工负责人/施工责任人(含 B3、C2 类作业的指定人员)的职责

（1）负责作业人员/设备的管理。
（2）办理请销点手续。
（3）作业过程的组织指挥。
（4）及时与车站、车辆段联系作业有关事项。
（5）组织设置/撤销作业安全防护设施（接触网停电及挂地线由电调负责）。

2. 施工负责人/施工责任人的任职条件

（1）熟知《行车组织规则》《施工作业管理办法》等有关规定。
（2）熟悉该项作业的性质、内容、方法、步骤和要求等。
（3）具备与该项作业相关的安全知识和技能。
（4）经过人力资源部培训，考试合格并取得证书。

（二）施工作业中车站人员和配合人员的职责

1. 车站人员的职责

（1）负责查验施工作业人员和施工负责人/责任人的相关证件。
（2）负责办理施工作业登记申请和销点手续。
（3）负责在站台端墙处线路设置和撤销区间作业的施工防护。
（4）负责为进入线路的施工作业人员开启屏蔽门、端墙门，并将施工作业人员带到相应的端墙门。
（5）负责监督施工负责人和配合人员清点进出作业区域的施工作业人员。
（6）负责车站施工作业的安全监督工作。
（7）负责与施工负责人、配合人员确认施工区域线路出清。

2. 配合人员的职责

（1）协助外单位办理施工请销点，检查外单位人员施工防护、劳动保护情况。
（2）负责清点进出作业区域的施工作业人员。
（3）负责对外单位的施工作业进行安全监督。
（4）负责检查线路出清情况，确保外单位人员已撤离，物品（工器具、材料、施工垃圾等）无遗留，并向车站反馈。

(5) 检查、确认施工所动用的运营设备恢复到正常使用状态,并向车站反馈。

(6) 检查监督所配合作业的外单位人员,当发现外单位人员有严重违章或危及行车设备及人身安全时,有权令其停止作业。

(三) 施工作业人员的职责

施工作业人员必须严格遵守国家、省、市及城市轨道交通运营管理部门制定的相关安全操作规章。

四、城市轨道交通运营施工中的外单位施工人员管理

外单位施工人员除遵守上述规定外,还需遵守下列规定。

(一) 施工安全

(1) 严格执行施工方案中规定的安全措施。

(2) 进场施工时,必须持安全合格证和施工进场作业令(或外单位施工作业许可单)到车站或车辆段调度处办理请点手续,办理请点手续时,必须由指定的施工主办部门或主配合部门人员协助办理。未经批准,严禁擅自进入设备区、轨行区和区间风亭(井),严禁擅自通过区间风亭(井)进入轨行区,严禁擅自通过地面线进入轨行区。

(3) 施工前,施工负责人必须对全体施工人员进行安全技术培训,加强施工安全监管,确保施工、登高、动火、用电等作业过程不出任何人身或设备安全事故。

(4) 施工前,运营管理部门配合人员与外单位进行安全交底,配合人员要加强施工监督,发现不符合规定的情况应及时提出,发现危及安全的情况应立即制止。施工人员必须听从运营管理部门现场配合人员和车站值班人员的指挥,配合人员和车站值班人员有权终止违章作业。

(5) 严格按施工进场作业令或外单位施工作业许可单规定的的作业地点、作业时间和作业内容进行施工,作业人员不得超出规定的作业区域,严禁超出所挂地线的保护区域,杜绝无故延长作业时间现象。

(6) 特种作业人员应按规定持相关操作证,严禁无证作业和违章作业。

(7) 作业人员按规定穿戴劳动防护用品。

(8) 施工用的材料、机具,不得遗留或侵入运营线路和设备限界,要保证在线路出清后再拆除施工防护。

(9) 施工结束后,要及时恢复现场设备设施,做到"工清场地清",施工负责人负责线路出清,以防遗留物品,主办部门或主配合部门的配合人员负责监督检查出清情况。

(10) 施工过程中,施工负责人发现存在事故隐患或其他不安全因素时,应及时向现场配合人员或车站/车辆段调度员报告。无法确认是否与本施工有关的,要采取有效措施,及时处理;与本施工无关的,也要配合现场处理。

(二) 消防安全

(1) 作业需现场动火(明火、电焊等)时,必须办理动火凭证,操作人员必须持相应操作证,并按要求配备灭火器材。严禁在动火区堆放易燃物品,对于无法搬走的易燃物品,要采取隔离等安全措施,以防发生意外。

(2) 工地如需搭建工棚(房),须报运营管理部门批准,并做好工棚(房)的灭火器材配置

等安全措施。

（3）需要接临时用电时，应向运营管理部门中的技术安全部提出申请，严禁擅自乱拉电线。

（4）每天完工后应切断所使用的电源，关闭水源，关好门窗，清除垃圾。

（5）文明施工，严禁在非吸烟区吸烟。

（6）选用的施工材料应符合国家标准，应具有防火、防腐蚀、环保功能，使用前需经主办部门、主配合部门及技术安全部确认。

（三）安防保卫

（1）施工开始前，外单位应对进入城市轨道交通线路施工的所有人员进行法制教育，做好综治保卫工作的管理，并接受施工配合部门相关人员的管理和监督。

（2）施工人员要自觉接受运营管理部门车站、车辆段工作人员的检查、验证和管理；施工人员非工作需要，不准进入车站非公共区设备房、车辆段、OCC 大楼、主变电站、变电所等区域。对不听劝阻强行进入的，停止其施工资格，并按相关规定处理。

（3）外单位施工人员携带物品进出运营管理部门各管辖区域时，由施工配合人员、车站工作人员检查确认后放行；出车辆段时，由施工配合人员和保安人员检查确认后放行。任何人员不得带无关人员及与施工无关的物品（包括危险物品）进入施工场所。施工人员不得在施工场所留宿。

（4）外单位自用的设备、工具、物料等应自行保管。

（5）遵守国家法律、法规和运营管理部门的其他有关规定。

（四）技术安全

（1）与接触网安全距离小于 2 m 的施工必须申请停电作业，按规定做好防护之后才能开始施工。

（2）作业时采取有效的安全防护措施，防止油料、化学品等污染现场。

（3）未经许可，不准对任何城市轨道交通系统已安装、使用的设备设施进行拆卸、解体、移位、随意操作。造成城市轨道交通设备设施损坏时要立即停工并及时通知运营管理部门。施工中若拆卸了天棚等物，施工结束后需恢复原状，并经运营企业设备设施部门检查确认。

（4）未经同意严禁移动或操作设备，严禁擅自开屏蔽门、端墙门。

（5）施工作业还需遵守其他标准规范的规定。

任务实施

现以某外单位在地铁运营线范围内施工为例，对施工作业人员管理的内容进行说明。

（1）施工负责人的管理。属于 A 类、B 类、C 类的作业需设立一名施工负责人，辅站另设施工责任人。

（2）施工配合的要求。施工前，运营管理部门人员与外单位进行安全交底，加强施工监督。施工人员必须听从运营管理部门现场配合人员和车站值班人员的监督指挥。

（3）进场施工的要求。进场施工时，必须持安全合格证和施工进场作业令（或外单位施工作业许可单）到车站或车辆段调度处办理请点手续。

（4）施工作业的要求。严格按施工进场作业令或外单位施工作业许可单规定的的作业地点、作业时间和作业内容进行施工,作业人员不得超出规定的作业区域。

(5) 施工结束后,要及时恢复现场设备设施,做到"工清场地清"。

效果评价

评价表

项目名称	项目5　城市轨道交通运营施工安全管理	学生姓名	
任务名称	任务5.3　城市轨道交通运营施工组织管理	分数	
项　　目		分　值	考核得分
(1) 对城市轨道交通施工时间安排的掌握情况		10	
(2) 对城市轨道交通运营施工组织工作的熟悉情况		5	
(3) 对城市轨道交通运营施工人员管理的了解情况		20	
(4) 对施工安全、现场防护、消防安全、技术安全的认知情况		50	
(5) 编制学习汇报报告情况		10	
(6) 基本素养考核情况		5	
总体得分			

教师简要评语:

教师签名:

任务5.4　城市轨道交通运营施工事故案例分析

一、广州地铁江南西站施工未设置红闪灯防护事件

(一) 事件概况

2008年1月17日00:25,广州地铁纪念堂站行车值班员通知江南西站行车值班员有施工作业,施工作业号码为2A2-16-21,作业项目为轨旁通信、信号设备检查,作业区域为江南西站至纪念堂站上行线(不含江南西上行站台)。江南西站值班员根据17日计划2A2-17-14(作业项目:轨旁通信、信号设备检查;区域:纪念堂站至江南西站下行线)便认为纪念堂站值班员通知的施工作业区域为纪念堂站至江南西站下行线,并擅自将"施工登记表"中该项施工的作业区域修改为纪念堂站至江南西站下行线,还认为该项施工与公园前站至江南西站下行第一次巡道的防护是共同防护,因此不需要再设防护,并在00:52才把此施工告知值班站长。值班站长在接到施工共用防护的通知后,没有与江南西站值班员认真核对"施工登记表"的填写内容,导致2A2-16-21的施工防护没有设置。

（二）事件原因分析

（1）江南西站值班员安全意识淡薄，凭臆测行事。17日00:25，纪念堂站行车值班员通知江南西站行车值班员有2A2-16-21施工需设防护时，江南西站值班员在查找计划表和"当班情况登记表"记录的施工内容的过程中，只留意了作业内容，之后凭着对17日施工计划——纪念堂站至江南西站下行线有轨旁通信、信号设备检查的记忆，误认为刚接到的施工与表中第一次巡道的防护是共同防护，不需要再设防护，没有同纪念堂站值班员核对。以上是导致本次事件的主要原因。

（2）江南西站值班站长责任心不强，没有按规定向行车值班员认真布置施工作业，在当晚的施工布置中，施工作业内容由行车值班员记录在"当班情况登记表"上，行车值班员没有看清"日补充计划"的日期，把17日的计划2A2-17-14记入了16日的重点施工内容中，直接导致施工作业布置错误。在接到行车值班员施工共用防护的通知时，值班站长没有认真核对"施工登记表"的填写内容，就认同值班员所说的"江南西站至纪念堂站的轨旁通信、信号设备检查施工"与表中第一次巡道的防护是共同防护的错误说法。以上也是导致本次事件的主要原因。

（3）晓港中心站施工管理不到位，江南西站没有1月16日的施工日补充计划，当日值班人员登记本上的重点施工项目本应由值班站长布置、填写，而实际上是由值班员布置的，车站每日施工重点事项布置工作长期流于形式，员工责任心不强，违章操作，是导致本次事件的重要原因。

（4）海珠广场中心站施工管理不到位，纪念堂站没有1月16日的施工日补充计划，在办理施工请点手续的过程中，江南西站行车值班员在回复纪念堂站时，没有具体说明防护设置的地点，也没有认真确认对方防护设置的位置，没有起到互控作用，对本次事件的发生也负有一定责任。

（三）事故反思与整改措施

（1）部门组织召开事件分析会，查找事件发生的根本原因，杜绝同类事件再次发生。

（2）江南西站行车值班员到部门脱岗学习两周，业务评估合格后再上岗。

（3）车站组织员工学习《行车设备维修施工管理规定》，教育员工在工作中要提高责任心，增强敏感性，举一反三，查找工作中存在的安全隐患。

（4）主站和辅站要共同确认施工内容、作业区域、作业代码、防护的设置位置及施工人数，严格按照呼唤应答制度执行操作，从而确保施工安全。

（5）站长加强对值班站长施工作业内容的抽问，做好施工的监督和管理。

（6）部门抽查中心站长对施工作业等主要生产任务的掌握情况。

二、广州地铁巡道人员擅自进入区间事件

（一）事件概况

2008年5月11日02:14，维修一部工建一分部巡检人员甲和乙到农讲所站车控室办理巡道计划表3、表4（农讲所站至公园前站下行、上行的巡检作业）请点登记手续。因距计划时间还有一个多小时，巡检人员甲和乙便一起到车站会议室等候车站通知。04:45，农讲所站行车值班员丙向行调完成巡道计划表3、表4请点手续后，通知巡检人员甲和乙可以下线

路了。巡检人员甲和乙接过行车值班员递给他们的巡道计划表3、表4,在车控室门口把表4交给巡道人员并告知其可以下线路了。另一巡检人员未核对巡检表的车站审批记录,就与巡道人员一起从设备区通道楼梯下到站台区,进入农讲所站至公园前站下行区间。05:08,巡道人员到达公园前W905道岔旁,将巡道包放在该道岔前的线路中间。此时,521次工程车从农讲所站开来并停在W901道岔前。

经调查,表4巡道人员与另一巡检人员擅自从农讲所站A端设备区楼梯直接进入线路,违反了总部的施工管理规定。

(二)事故反思与整改措施

(1)当出现施工不能按计划时间进行请点时,车站应告知施工人员原因,并提醒其等候车站的通知。

(2)各车站应在设备区可以直接进入隧道的通道门上张贴告示,提醒施工人员不要自行进入隧道。

效果评价

评价表

项目名称	项目5　城市轨道交通运营施工安全管理	学生姓名	
任务名称	任务5.4　城市轨道交通运营施工事故案例分析	分数	
项　　目		分　值	考核得分
(1)能够简述典型案例的主要内容		20	
(2)对典型案例中应吸取的主要教训的总结情况		40	
(3)学习典型案例的主要心得与体会		40	
总体得分			

教师简要评语:

教师签名:

思考与练习

1. 简述城市轨道交通运营施工的特点。
2. 简述城市轨道交通运营施工的分类。
3. 简述城市轨道交通运营施工计划申报的程序和内容。
4. 简述城市轨道交通运营施工组织工作的内容和要求。
5. 试述城市轨道交通运营时段设备抢修作业(或应急处置)的具体要求和内容。
6. 简述城市轨道交通运营施工中车站人员、配合人员的职责。
7. 试述城市轨道交通运营施工中外单位施工人员在施工安全、现场防护、消防安全、技术安全等方面的要求。

项目 6
城市轨道交通应急安全管理

项目描述

运营过程中可能发生突发事件,发生突发事件就得进行有效的应急处置,将损失尽可能降到最低。本项目就是从应急管理的概述、应急预案的编制及演练、突发事件的应急处置等方面对城市轨道交通运营应急管理进行初步的系统介绍,使学员了解应急管理的基本知识,掌握应急预案的编制方法、如何组织应急演练及轨道交通运营突发事件的处置要点。

学习目标

(1) 掌握突发事件的分类和处理原则。
(2) 掌握突发事件信息通报的内容及流程。
(3) 熟悉车站、列车应急设备,掌握应急设备的使用时机。
(4) 理解地铁成为恐怖袭击目标的原因及应对措施。
(5) 掌握应急预案的编制步骤和编制内容。
(6) 了解应急演练的类型和基本内容。

能力目标

(1) 具备突发事件信息通报的能力。
(2) 具备辨别和合理使用车站、列车应急设备的能力。
(3) 具备分析地铁恐怖袭击事件的能力。
(4) 具备制定应急预案的能力。
(5) 具备参与应急演练的能力。

项目导入

2010年3月29日,莫斯科市中心地铁发生连环爆炸,由于时值上班高峰期,爆炸造成至少41人死亡,60多人受伤。莫斯科地铁共有12条线,约180个车站,线路总长近300 km,工作日日均载客800万人次,繁忙程度仅次于日本东京的地铁系统,这次的爆炸袭击给莫斯科地铁系统带来了沉重的打击。俄罗斯中央政府经过深入调查,初步判断此次爆炸事件是北高加索地区恐怖势力所为,并指出此次袭击应是蓄谋已久,经过精心策划而实施的。但从风险管理角度来看,莫斯科地铁安全管理确实存在以下问题:

(1) 地铁管理中心的问题。莫斯科地铁爆炸事件与地铁管理中的疏忽麻痹意识和安全意识淡薄有一定的联系。尽管自 2004 年遭遇两起致死数十人的地铁恐怖袭击以来,莫斯科地铁系统加强了安保措施,在地铁站部署警察巡逻并配备警犬嗅探爆炸物,但由于这几年恐怖势力暂时得到遏制,安全管理整体有些松懈。

(2) 安检设备及安检措施缺失的问题。莫斯科地铁进站口没有基本的安全检查仪器,带着大包小包的乘客不用安检就可直接进站。警方只有在发现乘客携带可疑物品或形迹可疑时,才会要求乘客接受检查。

(3) 安全管理队伍和素质的问题。莫斯科地铁人流量极大,每天运送乘客 800 多万人次。安全管理人员缺乏,警力配备不足。爆炸发生后,民众对警方提出批评,指责他们麻痹大意,放松管理,要求对相关人员的渎职行为进行调查。

(4) 地铁运营公司的问题。地铁运营公司应急反应速度慢,对突发事件处置不力。地铁爆炸事件中,两次爆炸相隔 42 min,第一次爆炸后,地铁公司没有尽快疏散乘客或停止运营,没有对地铁再次爆炸的风险做预测和研判,给了恐怖分子制造第二次爆炸的机会。这值得地铁公司反思。

(5) 地铁站规划设计的问题。莫斯科地铁是世界上最深的地铁之一,站内灯光幽暗,照明度不够,发生爆炸后,乘客疏散难度大,场面混乱。

为了保障城市轨道交通安全,提高城市公共安全水平,必须吸取莫斯科地铁事件的教训,加强城市轨道交通的应急管理,落实防范基础工作,增强风险意识和责任意识,提高城市轨道交通安全防范能力,确保城市公共交通安全,保障人民群众生命和财产安全,维护正常的社会秩序。

任务 6.1　城市轨道交通应急管理基础知识

情景导入

事故应急救援体系已成为发达国家维持运输系统正常运行的重要支撑体系之一。日本、德国、法国、美国等国都建立了较完善的应急救援管理体系,并且逐渐向建立标准化应急管理体系方向发展,使应急预案管理工作更加科学、规范和高效。

2006 年 1 月 8 日,国务院发布了《国家突发公共事件总体应急预案》,明确了各类突发公共事件的分级、分类和预案框架体系,是指导预防和处置各类突发公共事件的规范性文件。随后,国务院相继发布了《国家处置城市地铁事故灾难应急预案》等多个事故灾难类突发公共事件专项应急预案。编制《国家处置城市地铁事故灾难应急预案》的目的是做好城市地铁事故灾难的防范与处置工作,保证及时、有序、高效、妥善地处置城市地铁事故灾难,最大限度地减少人员伤亡和财产损失,维护社会稳定,支持和保障经济发展。

任务要求

通过本任务的学习,要求掌握城市轨道交通应急管理的基本知识,包括突发事件的分类、突发事件的处理原则、突发事件信息通报的内容及流程。

> 知识准备

一、突发事件的定义与分类

（一）突发事件的定义

突发事件是指在城市轨道交通运营场所内，因不可预见或不可控制的因素造成以下一种或几种结果，须立即处理的偶然性事件：

(1) 事态发展可能或已经导致人员伤亡。
(2) 严重影响城市轨道交通运营生产。
(3) 需要依靠外部支援进行处理。

（二）突发事件的分类

突发事件一般可分为以下几类：

(1) 自然灾害。自然灾害主要包括强台风、强降雨和地震等。
(2) 事故灾害。事故灾害主要包括火灾、爆炸、列车脱轨、列车冲突、列车颠覆、接触网断线、严重水浸、大面积停电和城市轨道交通构筑物坍塌等。
(3) 公共卫生事件。公共卫生事件主要包括传染病疫情、食品安全与职业危险事件等。
(4) 社会安全事件。社会安全事件主要包括突发性大客流、重大刑事案件（炸弹恐吓、毒气及劫持）、有毒化学物质泄漏和放射性物质扩散等。

二、突发事件的处理原则

城市轨道交通车站和列车是人流密集的公共场所，一旦发生突发事件，若工作人员不能高效妥善地进行处置，不仅会造成轨道交通日常运营中断，还将造成群死群伤的严重后果，严重影响社会秩序。因此，当城市轨道交通车站和列车发生突发事件时，各岗位工作人员应该遵循突发事件的处理原则，团结协作，防止事态扩大升级，最大限度地降低事故造成的危害和损失。

突发事件的处理原则如下：

(1) 坚持高度集中、统一指挥、逐级负责的原则。
(2) 坚持先救人，后救物；先全面，后局部的原则，优先组织人员疏散、伤员抢救，同时兼顾重点设备和环境的防护，将损失降至最低限度。
(3) 工作人员在处理突发事件时应沉着冷静、反应迅速，积极开展工作，做到早发现、早报告、早控制；严格执行规定的标准和程序，做好乘客疏导和安抚工作，维持乘客秩序和减少乘客恐慌。车站工作人员执行紧急疏散程序时，应使用统一代号，以免引起恐慌。
(4) 在突发事件应急处理过程中，应兼顾现场的保护工作，以利于公安、消防和事件调查部门现场取证。
(5) 坚持就近处理的原则。突发事件发生时，在上一级应急处理负责人到达现场前，工作人员按相关规定担任现场临时应急处理负责人；在上一级应急处理负责人到达现场后，则由上级应急处理负责人担任现场指挥。不同处所发生突发事件时，现场临时负责人的安排如表6-1所示。

（6）员工在处理突发事件时，遵循对外宣传管理的规定，不得擅自发布相关信息。

表 6-1　现场临时负责人的安排

序号	发生场所	现场临时负责人
1	列车（在区间）	列车驾驶员
2	列车（在车站）	值班站长
3	车站	值班站长
4	区间线路上	行调指定的值班站长
5	车辆段	车辆段调度
6	其他场所	现场职务最高的员工

三、突发事件应急管理

（一）应急管理的概念

应急管理是和突发事件紧密相连的。应急管理是在应对突发事件的过程中，为了降低突发事件的危害，达到优化决策的目的，基于对突发事件的原因、过程及后果的分析，有效集成社会各方面的相关资源，对突发事件进行有效预警、控制和处理的过程。城市轨道交通应急管理是在突发事件的事前预防、事发应对、事中处置和善后管理的过程中，通过建立必要的应对机制，采取一系列必要措施来保障乘客生命和财产安全的过程。

（二）应急管理的阶段划分

应急管理是一个动态的过程，包括预防、准备、响应和恢复四个阶段。

1. 预防阶段

要为预防、控制和消除事故对人们生命财产的危害而采取行动（无论事故是否发生，运营企业和社会都处于风险中）。预防阶段的主要工作内容包括：对风险的辨识、评价与控制，对运营企业进行安全规划、研究，依据安全法规、标准制定本企业的安全规章制度和操作程序，对危险源进行检测监控，参加事故灾害保险。

2. 准备阶段

应在事故发生之前采取各种行动，提高事故发生时的应急处置能力。准备阶段的主要工作内容包括：制定本企业应急救援的方针与原则，建立完善应急救援的工作机制，组织编制本企业应急救援预案，筹备应急救援物资、装备，组织本企业员工对应急救援预案进行学习，组织开展应急救援演练，与周边相关社会力量签订应急互助协议，建立应急救援信息库。

3. 响应阶段

在事故即将发生前、发生期间和发生后应立即采取行动，保护人员生命，减少财产损失，控制和消除事故。响应阶段的主要工作内容包括：启动相应的应急系统和组织，报告相关政府机构，实施现场指挥和救援，控制事故扩大并消除事故根源，组织人员进行疏散和避难，对环境进行保护和检测，实施现场搜寻和营救等。

4. 恢复阶段

事故发生后，应使生产、生活恢复到正常状态或得到进一步的改善。恢复阶段的主要工作内容包括：进行损失评估、理赔，对事故现场进行清理，开展灾后的重建工作，组织相关技术人员对应急预案进行复查,按照规定组织调查组进行事故调查。

四、突发事件信息通报的内容及流程

突发事件信息通报应遵循迅速、准确和完整的原则,任何工作人员发现或接到突发事件信息,均应立即执行规定的通报流程,不得延误、中断或缺漏。

(一)突发事件信息通报的内容

1. 信息通报的方法

(1)同一现场人员信息通报可采用面对面口述的方法。

(2)同地点各岗位间信息通报可使用信息群呼、直通调度电话、内线电话、无线电台、公用电话及移动电话等通信工具,竭力保障信息快速传递。

(3)一般会专门为控制中心调度值班主任设置一部内线电话,作为事故(事件)专用报告电话,供没有直通调度电话可使用的工作人员报告突发事故(事件)使用。

2. 信息通报的内容

(1)报告人姓名、职务及单位。

(2)事件发生的类别、时间及地点。

(3)事件发生的概况、原因(若能做出初步判断)及影响运营的程度。

(4)人员伤亡情况、设施设备损毁情况。

(5)已采取的措施。

(6)需要的援助(包括救援、救护、支援)。

(7)其他必须说明的内容及要求。

(二)突发事件信息通报的流程

城市轨道交通运营场所发生突发事件时,工作人员应遵照规定的程序迅速报告,以便控制中心将各种情况及时汇总,确认突发事件的性质及原因,做出准确判断,高效调动有利资源,指挥协调有关方面积极采取措施,确保有效控制事件的发展态势,将损失降到最低限度。因此,城市轨道交通企业内部必须建立起一套行之有效的信息通报流程。一般来说,信息通报遵循的流程如下:突发公共事件现场—控制中心—应急处理专业机构和外部支援。具体的突发事件信息通报流程如图6-1所示。

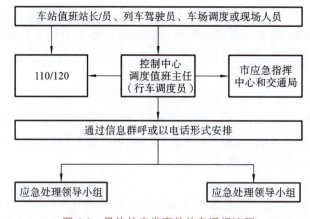

图6-1 具体的突发事件信息通报流程

在进行信息通报时,当发生立即需要外部支援的突发事件(如火灾、爆炸、人员伤亡和治安或刑事案件等)时,应坚持就近迅速通报的原则。

(1) 若突发事件发生在车站或车辆段(停车场),则现场人员应在有条件时立即致电110报警中心或120急救中心;车辆段调度员或车站值班站长(行车值班员)接报后,应问清现场报告人员是否已经致电110报警中心或120急救中心。车辆段、车站其他值班人员接报后,也应问清现场人员并立即转报车辆段调度员或车站值班站长(行车值班员)。若无,应立即致电报告;若有,也应致电复核。

(2) 若突发事件发生在区间,则行调接现场人员报告或设备监控报警后,应立即致电110报警中心或120急救中心,或者由调度值班主任致电110报警中心或120急救中心。

(3) 若突发事件发生在区间的列车上,驾驶员应立即报告行调,由行调或调度值班主任致电110报警中心或120急救中心。

(4) 控制中心所通知的外部支援是指公安局、公交公司、交通局、市应急指挥中心、市有关防灾抗震和紧急事务的政府组织机构等,具体由调度值班主任决定通知范围。

(5) 各专业救援队接到突发事件通报后,应按照部门内部先前制定的通报流程分别向本部门相关人员进行通报。

任务实施

日本是位于北太平洋上的由若干个岛屿组成的狭长岛国,由于处在欧亚板块、太平洋板块的交汇区域,同时处在太平洋环火山带频繁活动地区,它成为地震、台风、海啸、火山喷发、暴雨等自然灾害频发的国家。但日本在灾难应急管理方面做到了法规健全、体制完善、机制顺畅、保障有力、宣传到位,预防和处置各类突发事件的成效显著,有许多地方值得我们学习和借鉴。

面对各种灾害,特别是自然灾害的严峻挑战,日本各级政府高度重视防灾减灾工作,经过不断总结完善,形成了特色鲜明、成效显著的应急管理体系,其主要特点如下:

(1) 灾难应急管理法律体系健全。

日本作为一个法制比较健全的国家,将防灾减灾、公共事件应对等关系国计民生的重大事项都纳入了法制化轨道予以规范。1961年,日本颁布了《灾害对策基本法》,这是日本防灾抗灾的根本大法。在此基础上,日本又先后制定并颁布了《灾害救助法》《建筑基准法》《大规模地震对策特别措施法》《地震保险法》等一系列应急管理法律法规。在应对巨灾方面,日本政府制定了《大规模灾害时消防及自卫队相互协助的协议》等规章制度,建立了跨区域协作机制和消防、警察及自卫队应急救援机制。目前,日本共制定了应急管理(防灾救灾及紧急状态)法律法规200余部。为了确保法律实施到位,日本还要求各级政府制订具体的防灾计划(预案)、防灾基本计划、防灾业务计划和地域防灾计划,细化上下级政府、政府各部门、社会团体和公民的防灾职责、任务,明确相互之间的运行机制,并定期进行训练,不断修订完善,有效增强了应急计划的针对性和操作性。

(2) 灾难应急管理组织体系科学严密。

20世纪90年代中期以来,日本政府强化了政府纵向集权应急职能,建立了以内阁府为中枢,中央政府、都道府县(省级)、市町村分级负责,以市町村为主体,消防、国土交通等有关部门分类管理、密切配合,防灾局综合协调的应急管理组织体制。在中央决策层,应急管理的日常指挥机构是"防灾委员会",负责制定全国的防灾基本规划,进行防灾业务计划安排和实施,由内阁大臣负责协调、联络。"防灾委员会"的主席是首相,成员包括国家公安委员会委员长、相关部门大臣、公共机构。当发生重特大规模的灾害时,中央政府成立"非常灾害对策本部"(类似于我国突发公共事件应急处置临时指挥机构),同时在灾区设立"非常灾害现场对策本部",进行现场指挥。一般情况下,上一级政府主要向下一级政府提供工作指导、技术、资金等支持,不直接参与管理。当发生自然灾害等突发事件时,成立由政府一把手为总指挥的"灾害对策本部",组织指挥本辖区的力量进行应急处置。

(3) 公众防灾避灾意识强,自救、互救能力高。

日本十分重视应急科普宣教工作,通过各种形式向公众宣传防灾避灾知识,使公众增强危机意识,提高自护能力,减少灾害带来的生命财产损失。为纪念1923年9月1日的关东大地震,日本将每年的9月1日定为"防灾日",将8月30日至9月5日定为"防灾训练周"。在此期间,通过综合防灾演练、图片展览、媒体宣传、讲演会、模拟体验等多种形式进行应急宣传普及活动。同时,将每年的1月17日定为"防灾志愿活动日",将1月15日至21日定为"防灾及防灾志愿活动周"。国家鼓励公众积极参加防灾训练,掌握正确的防灾避灾方法,提高自救、互救能力。同时,社区积极组织居民制作本地区防灾地图。通过灾害分析、实地调查、意见收集、样本编写、集体讨论、印刷发放等环节,使居民了解本地区可能发生的灾害类型、灾害的危害性、避难场所的位置、正确的撤离路线,真正做到灾害来临时能够沉着、有效应对。此外,由政府出资,在县市建立了市民防灾体验中心,免费向公众开放,公众通过体验,感受不同程度的灾害,增强防灾意识;通过实践,掌握基本的自救、互救技能。

(4) 应急保障有力。

一是建立了专职和兼职相结合的应急救援队伍。专职应急救援队伍主要有警察、消防署员、陆上自卫队,兼职队伍主要有消防团员。公民自愿参加消防团,政府审查后,定期组织他们到消防学校接受培训,发放资质证,并提供必要的设施和装备。他们平时工作,急时应急,属于应急救援志愿者。二是应急设施齐备。日本充分利用中小学牢固的体育馆、教室和空旷的操场、公园等,建设了众多的应急避难场所,并在街道旁设置统一、易识别的"避难场所指示标志",便于指引公众迅速、准确地到达应急避难场所。例如,日本的酒店、商场、机场、地铁站等公共场所都有明确的避难线路图,在线路图中清楚地标明了目前所处的位置,消火器材、避难器具的位置及避难线路。三是应急物资种类多、数量足、质量高。日本建立了应急物资储备和定期轮换制度,各级政府和地方公共团体要预先设计好救灾物资的储备点,建立储备库和调配机制。其中,主要食品、饮用水的保质期是五年,一般在第四年的时候进行更换,更换下来的食品用于各种防灾演习。

(5) 应急通信系统完善、高效。

完善、高效的信息网络系统是日本应急管理体系中最为关键的部分。日本充分利用先进的监测预警技术系统,实时跟踪、监测天气、地质、海洋、交通等的变化,减灾部门日常大量的工作就是记录、分析重大灾害可能发生的时间、地点、频率,研究制订预防灾害的计划,定期组织专家及有关人员对灾难形势进行分析,向政府提供防灾减灾建议。同时,积极研究建立全民危机警报系统,当地震、海啸等自然灾害及其他突发事件发生时,日本政府有关方面可以不用通过各级地方政府,而是直接利用"全民危机警报系统"向国民发出警报。日本各地都建立了都、道、府、县的紧急防灾对策本部指挥中心。发生灾害后,各地政府首脑(知事)

和紧急防灾对策本部的所有成员将在指挥中心进行救灾指挥，使灾害紧急处置实现高效化。此外，日本的防灾信息网络系统十分严密，目前日本政府建立了覆盖全国、功能完善、技术先进的防灾通信网络。

根据上述材料，分小组讨论日本应急管理的特点对我国城市轨道交通应急管理的启示。

效果评价

评价表

项目名称	项目6　城市轨道交通应急安全管理	学生姓名	
任务名称	任务6.1　城市轨道交通应急管理基础知识	分数	
项　目		分　值	考核得分
（1）对突发事件的定义与分类的掌握情况		10	
（2）对突发事件处理原则的了解情况		10	
（3）对突发事件应急管理阶段的认知情况		10	
（4）对突发事件信息通报的内容及流程的掌握情况		10	
（5）是否有小组计划		30	
（6）编制学习汇报报告情况		20	
（7）基本素养考核情况		10	
总体得分			

教师简要评语：

教师签名：

任务6.2　城市轨道交通应急设备及突发事件应急处理

2003年8月6日，韩国大邱市地铁发生火灾后，1080次列车驾驶员拔出列车主控钥匙逃生，车上乘客困在列车内，人们无法找到列车上的紧急逃生装置，直到4号车厢一名担任过地铁列车长的乘客打开了车门座椅底下的紧急开关后，4号车厢的60名乘客才逃了出来。

2012年2月27日18时17分，某地铁2号线大明宫西站内，一名男性乘客擅自按压站台设施的紧停按钮，造成后续1403次列车在龙首原站晚发1分20秒。

2012年7月9日上午，某地铁1号线两名乘客发生纠纷并有肢体冲突，其中一名乘客受伤后拉下紧急制动装置，导致列车急刹。类似事件已发生多起，一个月前，某地铁2号线一辆列车接连被拉下两次紧急制动装置,当事人称因"同伴未上车"和"发现自己坐过站"。紧急制动装置被拉下后,驾驶员必须进入车厢方可复位,这导致2号线的正常运营受到影响,数千乘客出行被耽搁。

为了保障乘客的安全,地铁车站、列车上设置了很多用于突发事件的应急设备。但是通过上述事件可以看出,由于乘客的安全意识比较薄弱,不会用、乱用应急设备的现象比较突出。因此,掌握使用应急设备的合理时机和方法十分重要。

任务要求

通过本任务的学习,要求掌握车站、列车应急设备的使用方法及使用时机,能够进行突发事件的应急处理。

知识准备

一、车站应急设备

为了应对突发事件,确保乘客的人身财产安全,车站设置了如下应急设备。

(一)火灾紧急报警器

火灾紧急报警器(见图6-2)安装在消防栓(灭火器)旁的墙壁上,约有手掌大小,呈红色、四方形,上有"FIRE"字样,其作用是发生火情时按破防护罩进行报警。

(二)自动扶梯紧急停止按钮

自动扶梯紧急停止按钮(见图6-3)在自动扶梯上下两端的右侧各有一个,若加长扶梯,可在扶梯中部加一个紧急停止按钮。自动扶梯紧急停止按钮为硬币大小的红色按钮,旁边有"紧急停止按钮"标志,其作用是当扶梯上发生紧急情况需停止电梯运行时,手动停止扶梯运行,避免发生更大的意外。发生紧急情况时,按压红色按钮便可使自动扶梯紧急停止运行。

图6-2 火灾紧急报警器

图6-3 自动扶梯紧急停止按钮

(三)站台紧急停车按钮

站台紧急停车按钮(见图6-4)呈红色,位于站台墙壁上,靠近列车车头、车尾两侧,按钮安装在红色的四方形小盒子上,盒子是锁着的。该按钮在车门、屏蔽门夹人夹物,有人或大件物品掉落轨道危及人身安全或影响正常行车时使用。使用时击碎中间玻璃按压按钮即可。该按钮涉及行车安全,非紧急情况下严禁使用,否则按章处罚。

(四) 车站消防栓、灭火器

在城市轨道交通车站的出入口通道、站厅、站台均设有消防栓、灭火器箱(见图 6-5)。当发生火灾时可用其进行灭火。消火栓的使用方法为:打开消火栓箱,取出水带;抛开水带,将水带与阀门连接,将水枪与水带连接;打开水龙头开始灭火。灭火器的使用方法为:将灭火器提至现场;除掉铅封,拔掉保险销;左手握喷管,右手提压把;右手用力压下压把,左手拿着喷管对准火焰根部喷射干粉。

图 6-4 站台紧急停车按钮

图 6-5 灭火器箱

(五) 屏蔽门紧急开关

屏蔽门紧急开关(见图 6-6)位于车站站台屏蔽门内侧,为黄色手柄或绿色按钮,当屏蔽门与车门之间夹人夹物、车门与屏蔽门错位时,可使用屏蔽门紧急开关将屏蔽门打开。其使用方法为:扳开黄色手柄后拉开屏蔽门或按压绿色按钮后拉开屏蔽门。

图 6-6 屏蔽门紧急开关

二、列车应急设备

(一) 列车上灭火器

列车上灭火器位于车厢座位底下或车厢两端(每节车厢有两个 4 kg 干粉灭火器,盖板上有灭火器标记)。当列车上发生火灾时,取出灭火器,打开金属盖板,除掉铅封,拔掉保险销,左手握喷管,右手提压把,右手用力压下压把,左手拿着喷管对准火焰根部喷射干粉。列车上灭火器的位置和指示标志分别如图6-7和图6-8所示。

图6-7 列车上灭火器的位置

图6-8 列车上灭火器的指示标志

(二)列车紧急对讲器按钮

当列车上发生险情时,按下列车紧急对讲器按钮(见图6-9),列车驾驶员即可在监视器上获取报警信号,实现语音通话。

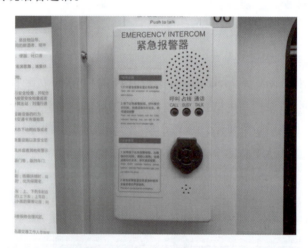

图6-9 列车紧急对讲器按钮

(三)车门紧急解锁手柄

车门紧急解锁手柄位于每节车厢内部各车门上方。在紧急情况下,当列车已停在车站,并且车门已对准站台位置时,乘客可使用该手柄自行疏散。其使用方法为:打开防护罩,按照箭头提示方向转动红色手柄,然后拉开车门。需要注意的是,此操作为机械解锁,在无电情况下仍可使用,当列车在区间紧急停车时严禁使用。车门紧急解锁手柄及其指示标识分别如图6-10和图6-11所示。

(四)驾驶室与车厢通道门紧急拉手

驾驶室与车厢通道门紧急拉手(见图6-12)位于车厢与驾驶室通道门上方,当列车在途

图 6-10　车门紧急解锁手柄　　　　图 6-11　解锁手柄指示标识

中不能运行,乘客需要从列车两端疏散时使用。其使用方法为:拉起手柄,右旋开锁。乘客可通过此门进入驾驶室,打开疏散门后向车站方向疏散。

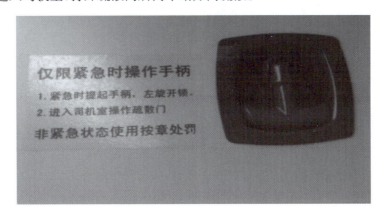

图 6-12　驾驶室与车厢通道门紧急拉手

(五) 列车头部紧急疏散门

列车两端驾驶室各有一扇紧急疏散门,紧急疏散门有两级,打开后可从驾驶室铺设到轨道上,形成临时通道。当发生爆炸、火灾等意外情况,列车在隧道不能运行时,可使用紧急疏散门疏散乘客。该门由驾驶员操作打开,或驾驶员广播通知后由乘客操作打开。其使用方法为:拉下红色解锁拉杆,用力推开紧急疏散门。使用紧急疏散门疏散乘客实景如图 6-13 所示。

三、突发事件应急处理

城市轨道交通作为一种大型载客交通工具,因设备故障或人为因素等,可能会发生突发事件。发生突发事件后,有效的应急处置可以避免事态进一步扩大并减少事件带来的损失。下面简单介绍常见突发事件应急处理的要点。

(一) 大面积停电的应急处理

城市轨道交通线路发生停电时,工作人员应沉着镇静,稳定乘客情绪,维持秩序,尽力保证乘客的安全。控制中心根据停电影响情况,组织抢修抢险,发布列车停运、急救和车站关闭命令,并及时将情况向上级报告。

图 6-13 使用紧急疏散门疏散乘客实景

车站工作人员应加强检查紧急照明的启动情况,巡查各部位(如升降电梯中是否有人员被困等),根据控制中心的命令清站和关闭车站。

列车进站停车后,列车驾驶员负责组织车上乘客向车站疏散。若列车在区间停车,则利用列车广播安抚乘客,要求乘客不擅自操作车上设备,并立即报告行调,按行调的指令操作。

(二) 火灾的应急处理

1. 车站发生火灾时的应急处理

(1) 车站立即向乘客广播发生火灾的情况,暂停客运服务,并指引车站乘客有序地进行疏散,撤离车站。同时,向控制中心报告,视火灾情况拨打 119 和 120。

(2) 组织人员进行灭火,关闭车站的各类电梯,救助受伤的乘客。

(3) 列车驾驶员接到车站发生火灾的通知后,听从行调的指挥,并通过列车进行广播,做好乘客安抚工作。

(4) 控制中心接报后,立即执行相关应急预案,扣住列车,使其不能进入火灾车站,保持与驾驶员和车站的联系,并视情况拨打 119 和 120。

2. 列车在站台发生火灾的应急处理

(1) 驾驶员开启客室门和屏蔽门,通过列车广播安抚乘客,引导乘客疏散和使用列车灭火器进行灭火自救,确认火灾位置后向车站和控制中心报告。

(2) 车站接报后,立即通过广播通知乘客列车发生火灾的情况,暂停客运服务。同时,组织人员进行灭火和引导乘客有序疏散,并视火灾情况拨打 119 和 120。

(3) 控制中心接报后,立即执行相关应急预案,控制好列车间的距离,保持与驾驶员和车站的联系,并视火灾情况拨打 119 和 120。

3. 列车在区间(隧道)发生火灾的应急处理

(1) 驾驶员保持列车运行至前方车站后开门疏散乘客。在运行途中通过列车广播安抚乘客,指导乘客使用车厢内的灭火器自救,确认火灾位置后向前方车站和控制中心报告。

(2) 若列车在区间(隧道)不能运行,则应打开列车的逃生装置,引导乘客有序地向就近车站方向疏散。

(3) 车站接报后,立即通过广播通知乘客,引导乘客紧急疏散,并安排人员前往事故列车接应驾驶员,组织乘客进行疏散。

(4) 控制中心接报后,立即执行相关应急预案,控制好列车间的距离,保持与驾驶员和车站的联系,并视火灾情况拨打 119 和 120。

(三) 特殊气象条件的应急处理

1. 特殊气象条件应急预案的分类

根据特殊气象条件对城市轨道交通运营的影响,应急预案分为以下六个类别:

台风、雷雨大风(含龙卷风)应急预案,暴雨应急预案,高温应急预案,大雾、灰霾应急预案,冰雹、道路结冰应急预案,寒冷应急预案。

2. 特殊气象条件应急预案的启动原则

(1) 特殊气象条件以当地气象台发布的上述六种气象预警信号为准。

(2) 当某地区气象台发布相应的特殊气象预警信号后,由城市轨道交通控制中心下达命令,在受影响的线路范围内启动相应的特殊气象应急预案。

3. 特殊气象条件应急预案的解除原则

只有在满足以下两个条件后,城市轨道交通控制中心才可以解除相应的特殊气象条件应急预案,并向有关领导汇报。

(1) 当地气象台解除相应的台风和雷雨大风、暴雨、高温、大雾和灰霾、冰雹和道路结冰及寒冷气象预警信号后。

(2) 控制中心确认受相应的特殊气象条件影响的设备已全部恢复正常。

4. 特殊气象条件应急预案启动及解除程序

(1) 启动程序。当需要让某段线路停止运营时,控制中心向城市轨道交通运营单位负责人汇报,由负责人下令启动。因特殊情况联系不上时,依次由分管安全、行车组织的副职下令启动。

(2) 解除程序。当某段线路达到恢复运营的条件时,控制中心向城市轨道交通运营单位负责人汇报,由负责人下令恢复。因特殊情况联系不上时,依次由分管安全、行车组织的副职下令恢复。

(3) 因台风、雷雨大风停运的高架或地面路段恢复行车的程序如下:

①确认恢复行车的条件。接到气象台取消橙色信号及在过去一小时内监测到的最高风速低于 74 km/h(8 级)。

②组织检查线路设备。恢复高架路段行车前,首先组织空客车或工程车限速 25 km/h 进行线路检查;其次安排专业维修人员跟车检查相关设备设施。

③恢复运营。确认线路具备开通条件后,恢复正常运营。

(四) 正线车辆脱轨的应急处理

(1) 确定车辆脱轨后,控制中心立即扣停开往受影响区域的列车,对已进入该区间的列车,组织其退回上一始发车站。

(2) 控制中心通知电力调度做好关闭脱轨区段的牵引电流和挂接地线准备。

(3) 行调通知相关线路的车辆段检调派救援队起复车辆,启动轨道交通公交接驳应急预案。

(4) 控制中心、驾驶员和车站组织乘客疏散。确认具备停电条件后,控制中心组织停电。

(5) 若在隧道内脱轨,则控制中心环调组织隧道送风,风向与疏散方向相反。

(6) 组织好抢修期间的降级运营工作,如小交路等。

(7) 维修调度在接到车辆脱轨事故的明确报告后,应立即组织车辆、线路、供电等相关专业前往事故现场抢险。

(8) 在专业应急抢险队人员到达事故现场前,应由车站当班人员自动成立现场抢险指挥小组,待专业抢险队人员到达后,将指挥权移交。现场抢险指挥负责人应观察现场情况并及时向控制中心汇报,做出有利于抢险工作的人员和设备安排。

(9) 车辆起复后,控制中心应组织一列电客车清客或组织工程车前往救援,连挂脱轨列车限速运行进入就近存车线,待运营结束后再安排事故列车回段检修。

(10) 必须确认接地线拆除,线路出清,再通知电力调度送电,做好恢复正常运营的准备工作。

(11) 控制中心组织备用电客车上线服务。

(五) 大客流的应急处理

(1) 因节日、重大活动或城市轨道交通周边环境影响,或因设备故障导致设备能力不足等不可预见的情况,造成突发性进、出站客流增大,超过车站设备承受能力时,车站应启动相关应急预案。

(2) 车站发生突发性大客流时,由站长或值班站长负责现场客运组织,安排、监督各岗位的职责实施情况。

(3) 车站可按照"三级客流控制"的原则,站长或值班站长在车站出入口、入闸机组、站厅与站台的楼梯处进行客流控制。

(4) 站长或值班站长及时了解产生突发性大客流的原因和客流规模,以及有可能持续的时间,以便合理安排岗位,车站行车值班员及时播放相应的广播疏导乘客。

(5) 值班站长及时组织人员维持购票秩序,增设兑零点,对乘客做好疏导、服务工作。票亭减缓兑零速度。

(6) 车站行车值班员监控进站客流变化情况(至少 15 min),若车站发生无法应对的突发性大客流,则通知值班站长组织驻站人员参与客流控制,同时通知公安部门协助,报告行调请求支援。

(7) 出现特大客流时,立即请示控制中心,要求增开上线列车,其他部门增援客流疏导等工作。

(8) 站台拥挤时,值班站长立即安排其他岗位员工或支援人员到站台维持候车秩序,对站厅与站台的楼梯、电梯处进行第一级客流控制,优先让到达乘客出站,再放行乘车的乘客进入站台,控制进站的乘客人数。行车值班员及站台工作人员利用广播提醒乘客注意安全,同时加强对站台乘客候车状态及站台屏蔽门工作状态的监控。

(9) 当设备故障造成列车晚点,导致车站乘客拥挤时,车站应及时请求公安部门予以协助,安排员工在出入口、票亭及进站闸机前摆放告示,告知购票进闸的乘客客车延误信息,同时做好退票和公交接驳的准备工作。

(10) 当特殊气象导致突发性大客流时,车站应及时做好滞留乘客的疏导。

(六) 区间疏散的应急处理

1. 驾驶员的应急处理

(1) 列车在区间停车后,应立即播放广播安抚乘客,提醒乘客保持镇定,切勿打开车门跳下,并将列车具体位置及现场情况报告控制中心或就近车站。

(2) 接到行调的疏散通知后,确认疏散方向,并做好疏散准备。

(3) 待车站工作人员到达后,驾驶员打开驾驶室与客室间的间壁门,组织乘客从驾驶室内的紧急疏散门下车,向就近车站疏散。

(4) 驾驶员利用广播引导乘客疏散,并协助车站工作人员维持疏散秩序。

2. 控制中心的应急处理

(1) 控制中心接报后,确认需进行乘客疏散后,按就近疏散的原则组织乘客疏散。

(2) 通知就近车站安排人员进入区间组织乘客疏散。

(3) 通知邻线列车在疏散的区间限速运行,并注意加强区间瞭望。

(4) 按规定开启区间照明和隧道通风系统。

3. 车站的应急处理

(1) 接到行调组织区间乘客疏散的命令后,确认疏散方向。

(2) 按规定穿戴防护用品,得到行调的同意后,值班站长带领人员进入区间。

(3) 车站工作人员到达现场后,安排人员在列车头部或尾部进行引导,在正线与入段线连接处、联络通道等关键地点安排人员引导乘客。

(七) 列车故障的应急处理

(1) 列车出现故障时,控制中心应及时组织备用车上线并调整运行。

(2) 若故障车在车站内,则在清客后再与救援列车连挂;若故障车在区间,则与救援列车连挂后运行到前方车站清客。担任救援任务的客车,应严格按照应急预案和相关行车组织的规定组织行车。

(3) 列车发生故障时,行调视情况及时扣停后续第二列或第三列客车,做好小交路运行准备。

(4) 列车发生故障时,运营遵循有限度列车服务的原则,列车的运行间隔由行调组织调整。

(5) 在故障明确、可以进行准确判断后,行调应严格按行车组织方案组织行车,在故障不明确、判断可能存在偏误的情况下,应采取机动灵活的措施进行行车组织。

(6) 救援列车应按规定速度推进运行。

效果评价

评价表

项目名称	项目6　城市轨道交通应急安全管理	学生姓名	
任务名称	任务6.2　城市轨道交通应急设备及突发事件应急处理	分数	
项　　目		分　值	考核得分
(1) 对城市轨道交通车站、列车应急设备的使用时机和方法的掌握情况		30	
(2) 对城市轨道交通常见突发事件应急处理的认知情况		30	

续表

项　　目	分　　值	考核得分
（3）是否有小组计划	10	
（4）编制学习汇报报告情况	20	
（5）基本素养考核情况	10	
总体得分		

教师简要评语：

教师签名：

任务6.3　城市轨道交通防恐措施

情景导入

当代恐怖组织的袭击范围和对象在不断扩大，其目的是向政府施加压力，或打击政府威信，或破坏政府的国际形象。2000年8月8日，一枚自制炸弹在莫斯科通向普什金广场地铁站的地下通道内爆炸，造成13人死亡，118人受伤；2001年2月5日，白俄罗斯环线地铁站发生爆炸，造成20多人受伤；2002年5月11日，位于意大利米兰的一座主要地铁站发生火警，险遭恐怖袭击；2003年11月17日，英国伦敦警方逮捕3名北非男子，成功制止他们在地铁列车上施放氰化物的恐怖攻击行动；2004年2月6日，莫斯科地铁一列列车遭到炸弹恐怖袭击，造成至少39人死亡，130多人受伤；2004年8月31日，莫斯科里加地铁站附近发生恐怖爆炸，造成10人死亡，51人受伤；2005年7月7日，英国伦敦地铁发生连环爆炸事件，浓烟窜出，造成50多人死亡，700余人受伤，并使所有地铁停驶，交通全面瘫痪；2010年3月29日早上，莫斯科地铁系统中的两次爆炸事故，造成至少40人死亡，逾百人受伤，其中88人需留院治疗。

以上一连串的事故表明，城市轨道交通已成为恐怖袭击的新目标。本任务通过四起典型的地铁恐怖袭击案件，分析城市轨道交通成为恐怖袭击新目标的原因和城市轨道交通防范恐怖活动的措施。

任务要求

通过本任务的学习，要求了解城市轨道交通恐怖袭击的严重后果，掌握城市轨道交通成为恐怖袭击目标的原因及应对措施。

> 知识准备

一、恐怖袭击案例

城市轨道交通系统是现代都市必不可少的公共交通工具,它运力大、节能、快捷、不受天气影响,能够显著地加快城市生活的节奏,提升市民的生活品质。然而,城市轨道交通人群密集、进出方便,特别是地铁,通风条件有限,使得它容易被恐怖分子盯上,成为制造无差别杀伤案件的绝佳场所。据统计,在近10年来遭到恐怖袭击的所有目标中,地铁占到近1/3,因恐怖袭击造成的人员死亡总数,地铁占到近一半。恐怖袭击不仅会对地铁安全造成威胁,如生化及放射性袭击、爆炸等极端手段造成人员伤亡和财产损失,以及可能由此引发的人员拥挤及踩踏、社会成员的心理恐慌等连锁反应,在更深层次上还会对国家和政府公信力乃至国家稳定造成影响。历史上曾经发生过四起严重的地铁恐怖袭击事件。

（一）东京地铁沙林毒气袭击案

1995年3月20日7时50分,东京地铁挤满了上班的人群。忽然间,行进在千代田线、丸之内线、日比谷线的五列列车上都出现了可怕的状况:乘客开始咳嗽、流泪,几分钟之后,不少乘客已经呼吸困难、视线模糊,中毒更深的则意识模糊、四肢抽搐,纷纷倒在车厢里和站台上。地铁系统随即停运。

此次事件最终造成12人死亡,5000多名乘客不同程度受伤,其中对数十人造成了永久性的视力损害。警方迅速查明,造成这一恐怖事件的是一种称为沙林的神经毒气,而幕后黑手就是奥姆真理教。5名教徒将装有沙林的塑料袋放在背包里,混在人群中,然后将塑料袋放在车厢地板上,再悄悄用磨尖的伞头戳破袋子,让沙林毒气自行挥发到空气中,杀伤周围的乘客。

（二）伦敦地铁爆炸袭击案

2005年7月7日8时50分,一辆地铁驶离了伦敦最繁华的国王十字站,忽然间,第3节车厢里砰的一声巨响,随即浓烟密布,车厢里到处都是惊恐万分、头破血流的乘客。几分钟后,另一枚炸弹在刚离开埃其维尔路站的215次列车上爆炸。第三枚炸弹在311次列车离开国王十字车站1 min后爆炸。三枚炸弹共造成43名地铁乘客遇难(包含3名袭击者),上百人受伤。

英国警方迅速开展调查,逐渐还原案件的真相:3起袭击都是自杀式袭击,炸弹被袭击者随身携带;3名袭击者在英国都有自己的家庭,所用的爆炸物为自制的过氧化物炸药。后来一个"基地"组织的分支机构"阿布·哈夫斯·马斯里旅"声称对此事件负责,并播出了几名袭击者生前录下的视频片段,说这是为了报复英国在伊拉克和阿富汗的屠杀行为。

（三）莫斯科地铁爆炸袭击案

2010年3月29日,莫斯科当地时间7:56,一列地铁刚刚进入卢比扬卡地铁站,就在车门打开之际,第2节车厢内忽然发生爆炸,爆炸的威力巨大,旁边的几名乘客甚至被炸得身首异处。爆炸的威力相当于1.5 kg的TNT炸药,造成车上的15人及站台上的11人死亡。爆炸发生后。另一列地铁正滞留在文化公园站前的隧道内,车内广播通知,因"技术问题"要求乘客在文化公园站下车。在第一次爆炸大约40分钟后,这列地铁到达文化公园站,同此前一样，列车在开门后发生了剧烈的爆炸。造成 14 人死亡。

两起爆炸共造成 41 人死亡，超过 80 人受伤。据调查，这两处地点是恐怖分子精心选择的，前者靠近俄罗斯联邦安全局总部，后者位于克里姆林宫附近。同时恐怖分子故意选择高峰时期以获得最大的杀伤力。警方随即查明，两起爆炸案为自杀式爆炸袭击，由两名年轻女性所为。她们通过给自己打电话引爆了身上的炸药，和 2004 年发生的莫斯科地铁爆炸案嫌犯一样，都是"黑寡妇人弹"。

（四）白俄罗斯地铁爆炸案

2011 年 4 月 11 日 17 时 55 分，白俄罗斯首都明斯克十月地铁站发生恐怖袭击事件，造成 15 人死亡，逾 200 人受伤。该地铁站位于市中心，靠近白俄罗斯总统府和明斯克最大的文化商业中心。爆炸发生时，有两列地铁同时到达。爆炸装置被事先放在奥克佳布里斯卡娅地铁站台的一个长椅下面，爆炸威力相当于 3～5 kg 的 TNT 炸药，该装置中还被塞入了大量的铁钉和钢珠，很明显是希望造成更大的人员伤亡。当两列地铁几乎同时到达地铁站时，袭击者用手机引爆了该爆炸装置。

二、恐怖袭击的特点

上述四起典型的地铁恐怖袭击案的共同特点有三个：一是作案人员具有反社会心理，以恐怖袭击报复社会，或者怀抱某种主义、思想，以恐怖袭击达到自己的政治目的；二是作案地点的选择大多在闹市区或人流集中的场所，危险性大；三是作案时间大都在客流高峰期（早高峰或晚高峰），受到危害的人数众多。犯罪分子之所以能够得逞，一个主要原因还是社会及地铁公司的安全防范措施不到位。所以，制定针对恐怖袭击的预防措施已刻不容缓。地铁恐怖袭击的特点如下：

（1）地铁客流量巨大，一旦发生突发事件，人员恐慌程度高，极易造成群死群伤的后果。作为城市交通大动脉，地铁往往把一个城市的政治、经济、文化和生活等场所和设施连接起来，密集的轨道路线多穿行于党政机关、金融机构、交通枢纽和居民住宅区等区域，客流量巨大。单位空间内高密度的人员不但极易发生拥挤、踩踏事件，而且一旦发生火灾、爆炸、毒气泄漏等突发事件，人员逃生困难。

（2）地铁点多、线长、面广，人员密集，安全防范难度大。韩国大邱地铁纵火案及以上四起案件都在向人们发出警示：人群密集的城市，地铁日益成为犯罪分子和恐怖分子的目标。这是因为客流量的限制使得乘坐地铁不可能像乘坐飞机时那样有严格的安全检查程序，而地铁点多、线长、面广的特点又使得在警力和地铁公司安防力量有限的情况下极易形成安全防范的盲区和死角，所以恐怖分子和犯罪分子易于进入，携带易燃易爆等危险物品不易被发现，相对容易以较低的犯罪成本达成犯罪目的。

（3）地铁系统具有封闭性，一旦发生突发事件不利于疏散和救援，极易扩大损害后果。地铁系统在地下或地面形成一个相对封闭的空间，与地面相连的出口有限，因此，在突发事件发生后，消防、医疗救援人员难以及时到达出事地点，开展疏散和救援工作的难度大。列车的车座、顶棚及其他装饰材料大多可燃，容易造成火势蔓延；有些塑料、橡胶等新型材料燃烧时还会产生有毒气体，加上地下供氧不足，燃烧不完全，烟雾浓，发烟量大，容易令人窒息。另外，通风设备有限，系统很难在较短的时间内完成排烟、排毒气等作业，也不利于对人员的疏散和救援。

(4)地铁系统内部及其与周边环境的高度关联性,使得地铁突发事件的影响范围广。地铁系统是相对独立的封闭式高速运行系统,系统内部的通风、照明、运行、电力、通信等子系统之间的关联性极高,一个子系统出现差错,就可能导致整个系统功能丧失,如瞬间大客流、失火、大面积停电等,将直接威胁运营安全,甚至导致群体性灾难。从外部环境来讲,地铁系统不仅与城市的供水、电力、燃气、排污等管线交错,而且穿行于城市重要基础设施、交通道路之间,一旦发生爆炸等恐怖袭击,极易影响周边设施和人群,如水电供应中断和漏电、人员恐慌等,甚至会导致城市运作瘫痪等灾难性后果。

三、针对恐怖袭击的预防措施

(1)加强情报信息的收集和研判,对重点人员进行严密监控。

2005年10月6日,美国情报部门收到地铁可能遭受炸弹袭击的情报,立即加派警力前往地铁站,对各个地铁口进行极其严密的安全检查,连婴儿车、孩童的衣服都不放过,最终确保了地铁的安全。准确的情报对于地铁运营安全非常必要,地铁站点众多,客流量大,如果时刻进行严密的防范,不仅会造成人员大量滞留,而且需要较多的安保力量,成本很高,所以强有力的情报资源对于应付预谋性的恐怖活动和犯罪行为尤为有效。

保障地铁安全运营环境,应建立情报信息网络,充分发挥各级力量的作用,广泛收集可能危及地铁安全运营的各种情报信息,力求抓早、抓小、抓苗头。在全面掌握敌情、社情动态的基础上,应重点掌握两类人的信息:一是处于敌对立场,进行造谣煽动、反动宣传,或制造不良政治影响的国内外恐怖分子、敌对分子和反社会分子;二是因思想、实际生活存在问题且不能正确对待而对社会产生不满,可能铤而走险或煽动闹事的危险分子。

(2)增加技防设施投入,加大巡逻和安全检查力度。

设置安全检查设备,实施乘客安检。配置安检设备在地铁行业尚未形成共识,但诸多血淋淋的事实告诉我们,配置安检设备是预防地铁恐怖袭击的第一道关口。一般来说,在地铁每个车站应配置通道式X射线安全检查机、防爆毯、危险物品存储罐、手持金属探测器、液体检查仪、便携式炸药探测器等。

作为地铁安检人员,需经过安检专业知识培训,达到能识别危险物的能力;需进行应急培训,掌握发生突发事件后的处置程序;需严格执行安检标准,对全部行李进行检查,并注意行踪可疑人员,发现问题及时报地铁公安。作为乘客,需配合地铁的安检工作,虽然耽搁了一两分钟,但可以将危险拒之门外。在应对生化物质恐怖袭击方面,应配备检测系统,实现对源头区域的快速鉴别。在技防方面,应提高地铁站内监控系统的功能,全面实现驾驶员、调度指挥中心对车辆和站台情况的实时监控。除加大技防投入外,还应增派警察和保安人员进行地铁站内巡逻和随车巡查,以便及时发现并处置危险情况。

从已发生的恐怖袭击来看,大客流车站或重要政府部门附近的车站是恐怖分子袭击的主要目标,早、晚客流高峰期是恐怖分子袭击的时间段,所以要抓好关键地点及关键时间的安全检查和控制。

(3)加强反恐宣传,提高公众的安全防范意识。

乘客的安全意识对减少地铁突发事件造成的损害有十分重要的作用。在2004年2月6日的莫斯科地铁炸弹袭击事件中,车厢内未受伤的乘客立即通过对话装置向列车驾驶员报告,乘客发现烟雾之后立即用手边的东西保护口鼻,以防吸入毒气发生中毒。当确定可以安全离开车厢时,青壮年乘客帮助妇女和儿童下车,搀扶或抬着行动困难的乘客离开现场,从而最大限度地降低了人员伤亡。因此,地铁主管部门应通过各种手段和媒介,宣传有关安全规定、安全知识、突发事件应对和自救逃生技能,全面打造地铁安全软环境。

地铁站数量众多,每日都有大量的乘客乘坐地铁,无法保证每个包裹都能得到仔细的检查。同时,恐怖分子可能会设计某种方法来绕开安检。因此,除了解决恐怖主义的源头外,作为乘客或车站工作人员,还应主动发现问题。正如公安部发布的《公民防范恐怖袭击手册》中提到的:"当发现地铁车厢、站台中有无人认领的包裹、行李时,应该立即向站长或保安人员报告处理;遇到恐怖袭击时,保持冷静,服从工作人员指挥,迅速、有序地撤出站、车。"公众安全防范意识的提高,要借助政府专门机构或媒体的反恐防恐宣传,使人们清楚恐怖袭击的危害性,清楚发生恐怖袭击后应该怎么办。

(4) 案件发生后,需彻底排查,方可恢复运营。

发生地铁恐怖袭击之后,最明智的做法是立即停止该城市所有其他正在运营的地铁线路,及时疏散乘客后进行排查,以防发生连环爆炸。在莫斯科第一起爆炸案发生后,政府没有立刻对灾难进行报道和应对,导致许多民众在不知情的情况下仍然乘坐地铁,这遭到了许多民间团体的批评。

通过配置安检设施,进行严密的安全检查,对重点车站、关键时间进行控制,提升全体乘客的防恐反恐安全意识,关注可疑人员与可疑物品,或许能避免惨剧的发生,至少能大幅减少。

(5) 针对主要地点制订紧急避难计划。

恐怖袭击防不胜防,在地铁发生恐怖袭击后,将损失降到最低才是关键所在。因此,除了进行反恐演习外,还需要制订紧急避难计划。

任务实施

"9·11"事件之后,为了严防爆炸、纵火及破坏等行为的发生,各国都加大了对城市轨道交通系统的安防力度。美国国土安全部联合交通安全部在部分线路进行试点,撤除了列车进出门两旁的座位,安置了探测仪,当有乘客经过时,仪器便对经过的乘客进行探测,只要探测到危险物品就会发出警报。在一些繁忙或重要的线路上,还有专门人员手提便携式探测仪对身边的往来乘客进行检测。据悉,美国已研制出集自动售票和安检于一体的新型机器,能在售票的同时检测出购票人的手指是否接触过爆炸物质,并准备在部分城市试用。伦敦地铁内共设有3000台由计算机自动控制的监控设备,各站入口处、车厢内、过道处和隧道壁上都有自动监测、检查和记录设备,可及时发现各种情况。日本也在全部地铁站设置了2000多台监控摄像机,对地铁系统的运行情况进行全面监控。

根据以上介绍,谈谈我国城市轨道交通防恐应采取的措施。

效果评价

评价表

项目名称	项目6 城市轨道交通应急安全管理	学生姓名	
任务名称	任务6.3 城市轨道交通防恐措施	分数	

续表

项　　目	分　值	考核得分
（1）对地铁成为恐怖袭击目标的原因的理解情况	20	
（2）对地铁恐怖袭击应对措施的掌握情况	20	
（3）是否有小组计划	30	
（4）编制学习汇报报告情况	20	
（5）基本素养考核情况	10	
总体得分		

教师简要评语：

教师签名：

任务6.4　城市轨道交通应急预案的编制与应急演练

情景导入

为提高城市轨道交通突发事故的应对能力，应不断完善各项规章制度和应急预案，强化应急预案演练。城市轨道交通运营单位应根据在实际生产中遇到的各类事故，制定针对各类事故的不同级别的应急预案，包括火灾、爆炸、毒气、突发大客流及行车事故等，并定期组织应急预案演练，增强应对和处置突发性事件的能力，减少事故造成的人员伤亡和财产损失。

2010年上海世博会举办前，为提升上海轨道交通应对突发事件的实战能力，增强运营单位面对紧急情况的应急处置、岗位应变、现场指挥等综合素质，以及与辖区消防部门的应急联动能力，上海申通地铁集团公司组织了有针对性的应急演练。2010年3月24日，上海申通地铁集团公司运营四公司会同上海市消防总队浦东支队在轨道交通8号线耀华路站开展火灾反恐救援、大客流疏散综合性实战演练，共有人员220人，各类车辆12辆参加演练。2011年3月28日，上海申通地铁集团公司会同上海市公安局轨道分局、上海市消防局，在轨道交通10号线紫藤路站举行了地铁列车突发火灾事故灭火救援联合演练，运营、车辆、供电、信号、工务等多专业的员工和消防队员、公安人员，参加了灭火、乘客疏散、伤员救护、车辆救援等科目的应急抢险演练。通过演练，检验了各支救援队伍的应急处置能力，提升了其实战能力。

任务要求

通过本任务的学习，要求了解应急预案的编制要求、分级和种类，掌握应急预案的编制步骤和编制内容；了解应急演练的类型和基本内容，掌握演练计划的编制、实施、评估及总结。

> 知识准备

城市轨道交通运营公司积累了大量的处置各类故障、事故和突发事件的经验，对这些经验进行提炼，就形成了许多相应的预案。为将单项预案纳入整体预案中，发挥更好的作用，应建立完整的应急预案体系。预案体系应符合以下要求：分类清楚，便于预案的管理和查询；格式规范，便于预案的修订和阅读；内容科学，能够对现场操作进行实际可行的指导；体系完整，能够满足轨道交通运营组织各部门在事件处理各阶段的协同工作需要。

一、应急预案的编制

（一）应急预案的编制要求

应急预案的编制应当符合下列基本要求：
(1) 符合有关法律、法规、规章和标准的规定。
(2) 结合本地区、本部门、本单位的安全生产实际情况。
(3) 结合本地区、本部门、本单位的危险性分析情况。
(4) 应急组织和人员的职责分工明确，并有具体的落实措施。
(5) 有明确、具体的事故预防措施和应急程序，与应急能力相适应。
(6) 有明确的应急保障措施，并能够满足本地区、本部门、本单位的应急工作要求。
(7) 预案基本要素齐全、完整，预案附件提供的信息准确。
(8) 预案内容与相关应急预案相互衔接。

（二）应急预案的分级和种类

1. 应急预案的分级

应急预案按行政区域可划分为五级。其中，Ⅴ级为国家级应急预案，Ⅳ级为省级应急预案，Ⅲ级为地区、市级应急预案，Ⅱ级为区(县)/社区级应急预案，Ⅰ级为企业级应急预案。

2. 应急预案的种类

应急预案按时间特征可划分为常备预案和临时预案（如偶尔组织的大型集会等），按事故灾害或紧急情况的类型可划分为自然灾害预案、事故灾难预案、突发公共卫生事件预案和突发社会安全事件预案等。而最适合城市轨道交通运营企业的应急预案体系的分类方式是按预案的适用对象范围进行分类，即将运营企业的应急预案划分为综合预案、专项预案和现场预案，以确保预案体系层次清晰，具有开放性。

(1) 综合预案。

综合预案是生产经营企业的整体预案，从总体上阐述生产经营企业的应急方针、政策、应急组织结构及相关职责，以及应急行动的总体思路等。通过综合预案，可以清晰地了解生产经营企业的应急体系、运行机制及预案的文本体系。更重要的是，综合预案可以作为应急救援工作的基础和底线，对没有预料到的紧急情况也能起到一般性的应急指导作用。

综合预案由运营企业安全生产委员会审议通过，从运营企业整体应急管理层面明确应急常设机构的设置和职责，明确与其他相关救援单位的协调配合措施，以及公司内部有关部门在应急救援工作中的主要职责。

(2) 专项预案。

专项预案是针对某种具体的、特定类型的紧急情况而制定的，在综合预案的基础上充分考虑某特定危险的特点，对应急的形式、组织机构、应急活动等进行更具体的阐述，具有较强的针对性。

专项预案应制定明确的救援程序和具体的应急救援措施。专项预案由运营企业标准委员会负责组织相关部门编制、修订、审议，明确了运营管理工作的规范和程序，包括各类常见突发事件的基本及通用处置原则和方法，确定了各部门对某种特定突发事件的处置内容及配合项目。

(3) 现场预案。

现场预案是在专项预案的基础上，根据具体情况需要而编制的。它是以现场为目标，针对具体装置、场所、岗位所制定的应急预案。现场预案在详细分析的基础上，对应急救援中的各个方面做出具体、周密和细致的安排，因而其具有更强的针对性和对具体救援活动的指导性，如供电系统故障应急预案专项预案下的接触网故障应急处理指南等。

现场预案是运营企业内部相关部门在发生各类突发事件后，根据其岗位职责，对突发事件做出响应的具体应急处置程序或应急处理指南，主要包括控制中心、车站、乘务、票务、供电及线路、通信及信号等各专业的预案。现场预案应突出专业性。

（三）应急预案的编制步骤

城市轨道交通运营企业应急预案的编制一般包括以下六个步骤。

1. 成立工作组

结合本单位部门职能分工，成立以运营企业主要负责人为组长的应急预案编制工作组，明确编制的任务、职责分工，制订工作计划。

(1) 由于应急预案的内容涉及诸多领域，包括工艺过程方面的危害辨识、设备维护管理及风险评价、作业场所环境、危险化学品、应急劳动保护品的选用、医疗救护、消防与治安等，单靠几个人是无法完成的。因此，编制应急预案首先要成立应急预案编制工作组，并由具有一定级别的领导担任负责人，以便调用各方力量，保证工作组的建立、资料的收集、资源的评估等困难较大的工作能够得以顺利完成。

(2) 由编制小组牵头部门代表应急编制小组编制计划及所需的各项保证措施，报小组负责人，经管理层讨论通过，最终获得最高管理者的明文授权。

(3) 工作负责人根据领导授权发布任务书，任务书的主要内容包括编制应急预案的目的、原则、对象、功能目标、人员、进度、经费和要求。

(4) 编制应急预案要明确任务的优先顺序，要根据基本步骤和运营企业的危险特性及人员素质、相关资料、物力、财力等资源情况，将各项工作进行优化排序。同时，根据任务的优先顺序，编制各项工作的时间进度表，可参考人员培训、资料收集、初始评估、预案编制、预案评审与改进、预案发布进行时间分配。

2. 收集资料

(1) 收集资料是编制应急预案的重要基础性工作，将为预案的编制进度与质量提供重要的保障。因此，应采用多种手段，通过多种渠道，尽可能多地收集相关资料。

(2) 编制应急预案所需的各种材料主要包括相关法律法规，相关技术标准，相应预案，国内外同行业事故案例分析，国内外同行业应急救援典型案例，国内外同行业应急预案救援经验与成果，本单位安全操作规程、工艺流程等相关资料，本单位总体规划图纸、装置设计图纸等相关资料。

3. 分析危险源与风险

（1）危险源是事故发生的根源，通过分析危险因素对危险源进行辨识，是确定应急预防与应急救援对象的基础。

（2）潜在的危险实际发生时，生命、财产和环境易受伤害或破坏。因此，运营企业在进行危险辨识的基础上还要进行风险分析，即分析每个紧急情况发生的可能性和潜在后果。

（3）危险源与风险分析就是在危险因素辨识分析及事故隐患排查、治理的基础上，确定本单位的危险源、可能发生事故的类型和后果，进行事故风险分析，并指出事故可能引发的次生、衍生事故，形成分析报告，分析结果作为应急预案的编制依据。

（4）应按照国家相关标准、规范，采用安全检查表、火灾爆炸指数评价、预先危险分析、故障类型及危险分析等，建立危险辨识与风险评价程序，使危险分析工作规范化。

4. 评估应急资源及能力

（1）应急救援所需要的救援人员、物资装备、专家、信息等人力、物力资源统称为应急资源。应急资源既包括运营企业内部的应急资源，也包括运营企业外的应急资源，在评估时都要考虑到。

（2）应急能力评估及应急资源评估。对本单位的应急装备、应急队伍等应急能力进行评估，并结合单位实际，不断强化应急能力建设。运营企业应根据实际情况，通过实施初始评估，掌握企业现有的应急能力、可能发生的危险和紧急情况等信息，对企业目前处理紧急事件的基本能力进行评估。

初始评估一般应包括以下内容：

①识别企业现有的风险，确定哪些是重大风险，对现有或计划中的作业环境和作业组织中存在的重大危险及风险进行识别、预测和评价。

②确定现有的应急措施和计划采取的应急措施是否能够消除危险及控制风险，确定企业面对突发事故的应急处理能力。

③找到适用于企业和地方应急管理方面的相关法律法规。

④查阅相关资料，进一步找出问题与不足。

⑤结合本单位实际，提出加强应急能力建设的意见与建议。

⑥初始评估的结果应形成书面报告，作为应急预案的编制基础。

5. 进行应急预案的编制

针对可能发生的事故，按照有关规定和要求编制应急预案，编制过程中应注重全体人员的参与和培训，使所有与事故有关的人员均掌握危险源的风险大小、应急处置方案和技能。应充分利用社会资源，使应急预案与地方政府预案、上级主管单位及相关部门的预案相衔接。

应急预案的编制过程如下：

（1）确定应急对象。

（2）确定行动的优先顺序。

（3）按照任务书列出任务清单、工作人员清单和时间表。

（4）按任务清单与工作人员清单，合理进行编写分工。

(5) 定期或不定期组织集体讨论,发现问题及时改进。

(6) 初稿完成后征求各部门意见,进行初步评审。

(7) 创造条件,进行应急演练,对预案进行验证。

(8) 评审定稿。

6. 应急预案的评审和发布

由本单位主要负责人组织有关部门和人员进行评审,外部评审由上级主要部门或地方政府负责安全管理的部门组织审查。评审后,按规定报有关部门备案,并经运营企业的主要负责人签署发布。

(四) 应急预案的编制内容

1. 总则

(1) 编制目的。简述应急预案的编制目的、作用等。

(2) 编制依据。简述编制应急预案所依据的法律法规,以及有关行业管理规定、技术规范和标准等。

(3) 适用范围。说明应急预案适用的区域范围,以及事故的类型和级别。

(4) 应急预案体系。说明本单位应急预案体系的构成情况。

(5) 应急工作原则。说明本单位应急工作的原则,内容应简明扼要、明确具体。

2. 运营企业的危险性分析

(1) 运营企业的概括,主要包括单位地址、从业人数、隶属关系、主要原材料、主要产品等内容,以及周边重大危险源、重要设施、目标、场所和周边布局情况。必要时,可附平面图进行说明。

(2) 危险源与风险分析,主要阐述本单位存在的危险源及风险分析结果。

3. 组织机构及职责

(1) 应急组织体系。明确应急组织形式、构成单位或人员,尽可能以结构图的形式表示出来。

(2) 指挥机构及职责。明确应急救援指挥机构总指挥、副总指挥、各成员单位及其相应的职责。应急救援指挥机构根据事故类型和应急工作需要,可以设置相应的应急救援工作小组,并明确各小组的工作任务及职责。

4. 预防与预警

(1) 危险源监控。明确本单位对危险源检测监控的方式、方法,以及采取的预防措施。

(2) 预警行动。明确事故预警的条件、方式、方法和信息发布程序。

(3) 信息报告与处置。按照有关规定,明确事故及未遂伤亡事故信息报告与处置办法。

①信息报告与通知。明确 24 小时应急值守电话、事故信息接收和通报程序。

②信息上报。明确事故发生后向上级主管部门和地方人民政府报告事故信息的流程、内容和时限。

③信息传递。明确事故发生后向有关部门或单位报告事故信息的方法和程序。

5. 应急响应

(1) 响应分级。针对事故危害程度、影响范围和单位控制事态的能力,将事故分为不同的等级。按照分级负责的原则,明确应急响应级别。

(2) 响应程序。根据事故的大小和发展态势,明确应急指挥、应急行动、物资调配、应急避险、扩大应急等响应程序。

(3) 应急结束。必须明确应急终止的条件。在事故现场得以控制，环境符合有关标准，导致次生、衍生事故隐患消除，经事故现场应急指挥机构批准后，现场应急结束。应急结束后，应明确事故情况上报事项以及需向事故调查处理小组移交的相关事项，提交事故应急救援工作总结报告。

6. 信息发布

明确发布事故信息的部门和发布原则。应由事故现场指挥部及时、准确地向新闻媒体通报事故信息。

7. 后期处置

后期处置主要包括污染物处理、事故后果影响消除、生产秩序恢复、善后赔偿、抢险过程和应急救援能力评估以及应急预案的修订等内容。

8. 保障措施

(1) 通信与信息保障。明确与应急工作相关联的单位或人员的联系方式和方法，并提供备用方案。建立信息通信系统及维护方案，确保应急期间信息通畅。

(2) 应急队伍保障。明确各类应急响应的人力资源，包括专业应急队伍、兼职应急队伍的组织与保障方案。

(3) 应急物资装备保障。明确应急救援需要的应急物资和装备的类型、数量、性能、存放位置、管理责任人及其联系方式等内容。

(4) 经费保障。明确应急专项经费的来源、适用范围、数量和监督管理措施，保证应急状态下运营企业应急经费及时到位。

(5) 其他保障。根据本单位应急工作需求而确定的其他相关保障措施，如交通运输保障、治安保障、技术保障、医疗保障、后勤保障等。

9. 培训与演练

(1) 培训。明确对本单位人员开展应急培训的计划、方式和要求。如果预案涉及社区和居民，还应做好宣传教育和告知等工作。

(2) 演练。明确应急演练的规模、方式、频次、范围、内容、组织、评估、总结等内容。

10. 奖惩

明确事故应急救援工作中奖励和处罚的条件及内容。

11. 附则

(1) 术语和定义。对应急预案涉及的一些术语进行定义。

(2) 应急预案备案。明确本单位预案的报备部门。

(3) 维护和更新。明确应急预案维护和更新的基本要求，定期进行评审，实现可持续改进。

(4) 制定与解释。明确负责制定与解释应急预案的部门。

(5) 应急预案实施。明确应急预案实施的具体时间。

二、应急演练

应急演练是指针对可能发生的事件情景，按照应急预案组织实施的预警、应急响应、指挥与协调、现场处置与救援、评估总结等活动。应急救援预案的演练是检验、评价和保持应急能力的一个重要手段。通过应急演练,可在事故真正发生前暴露预案和程序的缺陷,发现应急资源的不足,改善各应急部门、机构、人员之间的协调效果,增强公众应对突发重大事故的信心,提高应急人员的熟练程度和技术水平,进一步明确各自的岗位与职责,提高整体应急反应能力。应急演练程序如图 6-14 所示。

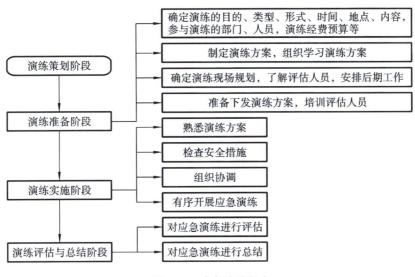

图 6-14 应急演练程序

(一) 应急演练的类型

按应急演练的内容划分,应急演练可分为综合演练和专项演练;按应急演练的形式划分,应急演练可分为现场演练和桌面演练;按应急演练的目的划分,应急演练可分为检验性演练和研究性演练。

1. 按应急演练的内容划分

(1) 综合演练。综合演练是指根据事件情景要素,按照应急预案的要求,检验包括预警、应急响应、指挥与协调、现场处置与救援、保障与恢复等应急行动和应对措施在内的全部应急功能的演练活动。

(2) 专项演练。专项演练是指根据事件情景要素,按照应急预案的要求,检验某项或数项应对措施或应急行动的部分应急功能的演练活动。

2. 按演练的形式划分

(1) 现场演练。现场演练是指选择(或模拟)作业流程或场所,现场设置事件情景要素,并按照应急预案组织实施预警、应急响应、指挥与协调、现场处置与救援等应急行动和应对措施的演练活动。

(2) 桌面演练。桌面演练是指设置事件情景要素,在室内的会议桌桌面(图纸、沙盘、计算机系统)上按照应急预案模拟实施预警、应急响应、指挥与协调、现场处置与救援等应急行动和应对措施的演练活动。

3. 按演练的目的划分

(1) 检验性演练。检验性演练是指不预先告知事件情景,由应急演练的组织者随机控制,参演人员根据演练设置的突发事件信息,按照应急预案组织实施预警、应急响应、指挥与协调、现场处置与救援等应急行动和应对措施的演练活动。

(2) 研究性演练。研究性演练是指为验证突发事件发生的可能性、波及范围、风险水平及检验应急预案的可操作性、实用性等而进行的预警、应急响应、指挥与协调、现场处置与救援等应急行动和应对措施的演练活动。

(二) 应急演练的基本内容

1. 预警与通知

接警人员接到报警后，按照应急预案规定的时间、方式、方法和途径，迅速向可能受到突发事件影响的区域的相关部门和人员发出预警通知，同时报告上级主管部门或当地政府有关部门、应急机构，以便采取相应的应急行动。

2. 决策与指挥

根据应急预案规定的相应级别，建立统一的应急指挥、协调和决策机构，迅速、有效地实施应急指挥，合理高效地调配和使用应急物资，控制事态发展。

3. 应急通信

保证参与预警、应急处置与救援的各方，特别是上级与下级、内部与外部人员之间通信联络的畅通。

4. 应急监测

对突发事件现场及可能波及区域的气象、有毒有害物质等进行有效监控，并进行科学分析和评估，合理预测突发事件的发展态势及影响范围，避免发生次生或衍生事故。

5. 境界与管制

建立合理警戒区域，维护现场秩序，防止无关人员进入应急处置与救援现场，保障应急救援队伍、应急物资运输车辆顺畅通行和人群有序疏散。

6. 疏散与安置

合理确定突发事件可能波及的区域，及时、安全、有效地撤离、疏散、转移人群，妥善安置相关人员。

7. 医疗与卫生保障

调集医疗救护资源，对受伤人员合理进行检伤并分级，及时采取有效的现场急救及医疗救护措施，做好卫生监测和防疫工作。

8. 现场处置

在应急处置与救援过程中，按照现场应急预案的规定及相关行业技术标准采取有效的技术与安全保障措施。

9. 公众引导

及时召开新闻发布会，客观、准确地发布有关信息，通过新闻媒体与公众建立良好的沟通。

10. 现场恢复

应急处置与救援结束后，在确保安全的前提下，实施现场清理和基础设施恢复等工作。

11. 评估与总结

对应急演练组织实施中发现的问题和应急演练效果进行评估与总结，以便不断改进和完善应急预案，提高应急响应能力和应急装备水平。

12. 其他

轨道交通行业安全生产特点所包含的其他应急功能。

(三) 应急演练计划

1. 应急演练计划的内容

应针对本部门(单位)安全生产特点对应急演练活动进行整体规划,编写应急演练计划,其内容通常包括演练的目的、类型、形式、时间、地点、内容,参与演练的部门、人员,演练经费预算等。

2. 应急演练计划的要求

应急演练计划应以本部门、本行业(领域)或本单位的安全生产应急预案为基本依据,针对可能发生的突发事件,着重提高初期应急处置和协同救援的能力。演练频次应符合应急预案的规定,演练范围应有一定的覆盖面。

(四) 应急演练的实施

1. 现场应急演练的实施

(1) 熟悉演练方案。应急演练领导小组正、副组长或成员组织召开会议,重点介绍有关应急演练的计划安排,了解应急预案和演练方案,做好各项准备工作。

(2) 检查安全措施。确认演练所需的工具、设备、设施及参演人员到位。对应急演练安全保障方案及设备、设施进行检查确认,确保安全保障方案的可行性和安全设备、设施的完好性。

(3) 组织协调。应在控制人员中指派必要数量的组织协调员,对应急演练过程进行必要的引导,以防发生意外事故。组织协调员的工作位置和任务应在应急演练方案中做出明确的规定。

(4) 有序开展应急演练。应急演练总指挥下达演练开始的指令后,参演人员针对事件情景,根据应急演练的规定,紧张有序地实施必要的应急行动和应急措施,直至完成全部演练任务。

2. 桌面应急演练的实施

桌面应急演练的实施可以参考现场应急演练的实施程序,但是由于桌面应急演练的组织形式、开展方式与现场应急演练不同,其演练内容主要是模拟实时预警、应急响应、指挥与协调、现场处置与救援等应急行动和应对措施,因此需要注意以下问题:

(1) 桌面应急演练一般设一名主持人,可以由应急演练的副总指挥担任,负责引导应急演练按照规定的程序进行。

(2) 桌面应急演练可以在实施过程中加入讨论的内容,以便于验证应急预案的可操作性和实用性,做出正确的决策。

(3) 桌面应急演练在实施过程中可以引入视频,对事件情景进行渲染,引导事件的发展,推动桌面应急演练顺利进行。

(五) 应急演练的评估和总结

1. 应急演练的评估

应急演练的评估必须在应急演练结束后立即进行。应急演练组织者、控制人员和评估人员及主要演练人员应参加评估会。

评估人员对应急演练目标的实现情况、参演队伍及人员的表现、应急演练中暴露的主要问题等进行评估,并出具评估报告。对于规模较小的应急演练,也可以采用口头点评的方式进行评估。

2. 应急演练的总结

应急演练结束后,评估组汇总评估人员的评估总结,撰写评估总结报告,重点对应急演练组织实施中发现的问题和应急演练效果进行评估总结,也可对应急演练准备、策划等工作进行简要的总结分析。

应急演练评估总结报告通常包括以下内容:

(1) 本次应急演练的背景信息。
(2) 对应急演练准备的评估。
(3) 对应急演练策划与应急演练方案的评估。
(4) 对应急演练组织、预警、应急响应、决策与指挥、处置与救援以及应急演练效果的评估。
(5) 对应急预案的改进建议。
(6) 对应急救援技术、装备方面的改进建议。
(7) 对应急管理人员、应急救援人员培训方面的建议。

任务实施

地铁施工塌方事故频发,除了因为制度、管理上的漏洞外,还因为多数施工属于地下作业,施工方法特殊,施工本身存在一定的风险。地铁施工塌方事故突发性、破坏性强,易引发次生灾害,且救援困难,所造成的社会影响巨大。《国家处置城市地铁事故灾难应急预案》中明确要求:"地方人民政府建立并完善以消防部队为骨干的应急队伍。"根据地铁施工塌方事故的特点,消防部队在实施应急救援的过程中,必须要坚持"救人第一、科学施救"的指导思想,而在事故的预防上更要提前介入,加强监督,真正做到"防消结合"。纵观近年来地铁施工塌方事故的经验教训,总结消防部队在应急救援中的成功和不足,提出八条应急救援对策:加强监督,科学制定处置预案;强化领导,加强组织指挥体系建设;快速出动,第一时间调集足够兵力和有效装备;救人第一,最大限度争取更多黄金救援时间;依靠专家,科学制定抢险方案;攻坚克难,加强保障,确保安全;坦诚面对媒体,深入报道事迹;开展专业训练,加强装备建设。

(1) 请结合案例,讨论应如何建立应急救援预案。
(2) 请结合案例,讨论应急救援预案的内容及其重要作用。

效果评价

评价表

项目名称	项目6 城市轨道交通应急安全管理	学生姓名	
任务名称	任务6.4 城市轨道交通应急预案的编制与应急演练	分数	
项 目		分 值	考核得分
(1) 对应急预案编制要求、程序和分类的掌握情况		20	
(2) 对应急预案编制程序的熟悉情况		20	

续表

项　　目	分　　值	考核得分
（3）对应急预案主要内容的认知情况	30	
（4）对应急演练相关知识的掌握情况	30	
总体得分		

教师简要评语：

教师签名：

思考与练习

1. 简要说明突发事件的定义与分类。
2. 简述城市轨道交通突发事件应急管理的主要内容。
3. 简述城市轨道交通突发事件信息通报的内容及流程。
4. 列举城市轨道交通列车应急设备的主要类型及主要使用范围。
5. 简述大客流应急处理的措施。
6. 简述列车故障应急处置的措施。
7. 简要分析城市轨道交通恐怖袭击的危险性。
8. 简述城市轨道交通防恐的主要措施。
9. 简要说明编制城市轨道交通应急预案的步骤。
10. 应急演练的意义是什么？如何正确进行城市轨道交通应急演练？

项目 7
城市轨道交通消防安全管理

📚 项目描述

本项目通过对消防基础知识和城市轨道交通火灾的介绍,学习消防的基础知识,了解城市轨道交通火灾的特点以及轨道交通消防安全管理工作的内容。

📚 学习目标

(1) 掌握消防基础知识。
(2) 掌握城市轨道交通火灾的基本特点、预防措施等。
(3) 掌握城市轨道交通消防安全设备的种类及其使用方法。
(4) 掌握城市轨道交通火灾救援、自救与逃生的方法。

📚 能力目标

(1) 能明确消防的概念和火灾的等级。
(2) 能熟练说明城市轨道交通火灾的基本特点和预防措施。
(3) 能掌握城市轨道交通消防安全设备的基本使用方法。
(4) 能熟悉城市轨道交通车站的消防安全隐患并进行预防。
(5) 能掌握城市轨道交通发生火灾时救援、自救与逃生的方法。

📚 项目导入

从世界轨道交通历史上的教训来看,城市轨道交通事故中发生频率最高、造成损失最大的是火灾事故。在城市轨道交通系统的众多危险因素中,火灾的危险度是最高的。对城市轨道交通系统,特别是城市轨道交通系统中运量最大的地铁系统来说,火灾可谓"第一天敌"。

1986年11月18日傍晚,英国首都伦敦的国王十字地铁站发生重大火灾,这是世界地铁系统有史以来发生的第一次大火,大火烧了4小时才被扑灭。这起火灾最终造成32人死亡,100多人受伤。

国王十字站是伦敦最繁忙的地铁站,是伦敦地铁的枢纽站,也是伦敦5条主要地铁干线的交汇点,每天约30多万名乘客在此站乘降。由于建造历史比较久远,国王十字站的自动扶梯使用的是陈旧的木质电梯,截至1986年已有140多年的历史。大火是从一部自动扶梯的底部开始燃烧的,据现场目击者讲,当时火势迅速蔓延,浓烟弥漫,候车的乘客无比恐惧、惊慌失措,许多乘客不辨方向地四处奔逃,还有许多乘客横七竖八地躺在地上,咳嗽、流泪、呻吟、尖叫,一片混乱。火灾发生后,英国运输大臣保罗·简能立即赶往现场,指挥救援工作,英国女王伊丽莎白二世表示震惊,首相撒切尔夫人亲赴事故现场视察并前往医院探视伤员。警察和消防队员堵住一些危险出口,防止失去理智的乘客自投火海。地铁方面调来一辆列车,运走部分被大火包围的乘客。但由于消防队员没有第一时间获得地铁通道分布图,使灭火工作一度受阻。150多名消防队员奋勇灭火,但由于没有携带防毒面具,灭火工作异常艰险,最终造成两名消防队员重伤,一人殉职。

本次火灾事件的起因众说纷纭,英国伦敦警方认为是电梯下面的垃圾被电梯发动机打出的火星点燃引起的,也有人说是被丢弃的尚未熄灭的烟头引起的。

从地铁发展史上第一起大火案例及后来的一些火灾案例不难看出,城市轨道交通系统,尤其是地铁系统的地下空间狭小,人员密度大,一旦发生火灾,烟雾不易排出,使得乘客难以辨认方向,疏散困难;消防车辆及装备难以靠近火灾现场,灭火难度极大。

因此,城市轨道交通系统一定要高度重视消防工作,并且极力加强自身消防系统的建设和完善。

任务7.1 城市轨道交通消防基础知识

情景导入

"消防"一词来源于日语,在江户时代开始出现,我国最早见于亨保九年(清雍正二年,1724年)。武州新仓郡的《王人帐前书》中有"发生火灾时,村中的'消防'就赶到"的记载。到明治初期(清同治十二年,1873年)"消防"一词开始普及。但"消防"的根在中国,日本的文字是从中国的汉字演变而来的,汉字早在西晋太康五年(284年)就已传入日本。"消防"一词不仅字形与汉字完全相同,字义也无差别。火灾与消防是一个非常古老的命题。在各类自然灾害中,火灾是一种不受时间、空间限制,发生频率很高的灾害。这种灾害随着人类用火的历史而产生,以防范和治理火灾为目的的消防工作(古称"火政")也就应运而生。

任务要求

通过本任务的学习,要求能掌握消防的概念和目的、火灾的等级和预防火灾发生的方法;能说明城市轨道交通火灾的特点及预防措施。

知识准备

在人类发展的历史长河中,火给人类带来了文明、进步、光明和温暖,但如果使用不当,也会给人类造成灾难。我国古代劳动人民总结出"防为上,救次之,戒为下"的预防火灾的经验,有效地防止了火灾的发生。

一、消防的概念和目的

（一）消防的概念

传统意义上的消防主要指消灭与预防火灾,随着社会的进步与发展,消防的内涵得到了扩展,目前消防已经有了抢险救灾、社会救援等意义。

1. 火灾的类别

火灾是指在时间和空间上失去控制的燃烧所造成的灾害。根据国家标准《火灾分类》(GB/T 4968—2008)的规定,按照可燃物的类型和燃烧特性,将火灾分为以下六个类别:

(1) A类火灾。A类火灾指固体可燃物(如木材、棉、毛、麻、纸张等)燃烧造成的火灾。

(2) B类火灾。B类火灾指液体或可熔化的固体物质等燃烧造成的火灾。

(3) C类火灾。C类火灾指可燃气体(如煤气、天然气、甲烷、丙烷、乙炔、氢气等)燃烧造成的火灾。

(4) D类火灾。D类火灾指可燃金属(如钾、钠、镁、钛、锆、锂、铝镁合金等)燃烧造成的火灾。

(5) E类火灾。E类火灾指带电物体燃烧造成的火灾。

(6) F类火灾。F类火灾指烹饪器具内的烹饪物燃烧造成的火灾。

2. 燃烧的条件

从物理与化学角度分析,燃烧是可燃物与氧化剂作用发生的一种剧烈的氧化放热反应,通常伴有光、烟或火焰。要发生燃烧,必须同时具备以下三个条件:

(1) 可燃物。凡是能与空气中的氧气或其他氧化剂发生燃烧反应的物质都称为可燃物。不同可燃物的燃烧难易程度不同,同一可燃物的燃烧难易程度也会因条件的改变而改变,甚至在一定条件下为不燃物,而在另外的条件下成为可燃物,如铁、铝在纯氧中均可燃,但在常规条件下不能燃烧。

(2) 氧化剂(助燃剂)。凡能帮助和支持可燃物燃烧的物质都称为助燃物,如空气、氧气、氯化钾、过氧化钠、浓硝酸等。

(3) 温度(着火源)。凡能引起可燃物质燃烧的热能源均可称为着火源。着火源可以是明火,也可以是高温物体,还可以由热能、化学能、电能、机械能转换而来。炉火、烟头、火柴、蜡烛是常见的引起居民楼火灾的着火源;电器开关、电器短路、静电等产生的电火花是常见的引起电器火灾的着火源。

（二）消防的目的

消防的目的是预防火灾和减少火灾危害,加强应急救援工作,保护人身、财产安全,维护公共安全。消防工作应贯彻以预防为主、防消结合的方针,按照政府统一领导、部门依法监管、单位全面负责、公民积极参与的原则,实行消防安全责任制,建立健全社会化的消防工作网络。预防火灾和减少火灾危害是对消防立法意义的总体概括,包括两层含义:一是做好预防火灾的各项工作,防止发生火灾;二是火灾绝对不发生是不可能的,而一旦发生火灾,就应当及时、有效地进行扑救,减少火灾的危害。

二、火灾的等级

按照火灾事故造成的人员伤亡或直接财产损失,火灾可划分为特别重大火灾、重大火灾、较大火灾、一般火灾四个等级。

（1）特别重大火灾。特别重大火灾是指造成30人以上死亡，或者100人以上重伤，或者1亿元以上直接财产损失的火灾。

（2）重大火灾。重大火灾是指造成10人以上30人以下死亡，或者50人以上100人以下重伤，或者5000万元以上1亿元以下直接财产损失的火灾。

（3）较大火灾。较大火灾是指造成3人以上10人以下死亡，或者10人以上50人以下重伤，或者1000万元以上5000万元以下直接财产损失的火灾。

（4）一般火灾。一般火灾是指造成3人以下死亡，10人以下重伤，或者1000万元以下直接财产损失的火灾。

三、防火措施

根据燃烧的条件，一切防火措施都是阻止燃烧的形成，从而达到防火的目的。在长期同火灾做斗争的过程中，人们总结出了以下几种防火措施：

（1）控制可燃物体，即控制可燃物品的储存量。

（2）控制爆炸极限，即加强通风，降低可燃气体、蒸汽和粉尘的浓度，将浓度范围控制在爆炸极限以下。

（3）提高耐火极限，即用防火漆、防火涂料涂刷可燃材料。

（4）隔绝空气，即破坏燃烧的助燃条件。例如，密封可燃物质的容器设备；充装惰性气体进行防火保护；关闭防火门、窗，切断空气对流；用沙、土覆盖可燃物。

（5）消除着火源，即破坏引起可燃物燃烧的热能源。例如，火灾危险场所使用防爆电气设备，穿防静电的工服和禁止烟火进入，安装接地、避雷装置。

（6）防止热爆炸波的蔓延，即防止所有燃烧条件的形成，从而防止火灾扩大，减少火灾损失。

四、灭火的方法

灭火的原理是破坏已形成的燃烧条件。灭火的方法主要有以下四种：

（1）隔离法。隔离法是将还在燃烧的物质与未燃烧的物质隔离，使火势不致蔓延。

（2）窒息法。窒息法是隔绝空气，使可燃物得不到足够的氧气而停止燃烧，如用不燃物遮盖燃烧物，将不燃气体、液体喷到燃烧物上，使之得不到空气而窒息。

（3）降温法。降温法就是降低着火物质的温度，使之降到燃点以下而停止燃烧，如将水洒到火源附近的物体上，使其不形成新的火灾区。

（4）抑制法。抑制法就是中断燃烧的连锁反应，如将有抑制作用的灭火剂喷射到燃烧区，使燃烧终止，从而达到灭火的目的。

五、城市轨道交通火灾的基本特点

城市轨道交通系统，尤其是地铁系统，属于地下工程，其连续性强、防火分隔困难、出入口少，一旦发生火灾将会造成严重灾难。几乎所有的城市轨道交通系统都具有工作空间相对封闭的特点，特别是地铁中发生火灾比地面建筑中发生火灾更具有危险性。城市轨道交通火灾的基本特点如下：

（1）排烟困难、散热慢。城市轨道交通系统中的地铁系统，其内部封闭，空气不流畅，造成物质不易充分燃烧，可燃物的发烟量大，加之地铁的进出风只靠少量的风口，机械通风系统发生故障时很难依靠自然通风扑救。因此，烟雾的控制和排除都比较复杂，浓烟积聚不散，对人员逃生和火灾扑救都将带来很大的障碍。

（2）高温高热，峰值高。城市轨道交通系统中的地铁建筑物是一个相对封闭的空间，发生火灾以后，大量的热量积聚，无法散去，空间温度提高得很快，火势猛烈阶段温度可达到1000 ℃以上。高温有时会造成气流方向的变化，对逃生人员影响很大，而且会对车站结构造成很大的破坏。

（3）人的心理恐慌程度大，人员疏散难度大。城市轨道交通系统中，地铁区间隧道出入口较少，通道狭窄，疏散距离长，人员多，因此地铁中发生火灾引发的人员恐慌和行动混乱程度要比在地面建筑物中严重得多，易发生挤踩事故。从地铁内部到地面开阔空间的疏散和避难有一个顺直上行的过程，比下行要耗费体力，从而影响疏散速度。同时，自下而上的疏散路线与地铁内部的烟和热气流自然流动的方向一致，因而人员的疏散必须在烟和热气流的扩散速度超过步行速度之前完成。这一时间差很短，又难以控制，给人员的疏散带来很大困难。

（4）扑救困难。城市轨道交通系统一旦发生火灾，扑救往往非常困难，特别是地铁系统，由于受地下空间限制，以及浓烟、高温、缺氧、有毒、视线不清、通信中断等原因，救援人员很难了解现场情况；再加上城市轨道交通系统的封闭性，大型的灭火设备无法进入现场，进入的救援人员需要特殊防护等，因此救人、灭火困难大。

六、城市轨道交通火灾预防措施

（一）严格按照防火规范设计、选材和配备消防设施

城市轨道交通系统必须根据系统的交通运输功能和日常客流量，按照防火设计规范进行综合防火设计。

（1）站台宽度要满足发生灾害或紧急事件时客流的疏散要求。

（2）出入口与通道要设在车站分向客流大、行人较密集，有足够集散空间的地方，出入口与通道的数量和宽度应满足紧急状态下 6 min 内将人员疏散完毕的要求。

（3）引导标志和事故照明设备应设置在疏散通道和出口位置，且和紧急备用电源连接，发生紧急事故时可以及时引导人员安全疏散。

（4）合理划分车站的防火、防烟区，在各独立防火区之间设置防火墙和防火门或防火卷帘；在防火分区内划分防烟分区，并通过与排烟系统的结合，尽可能地排除烟雾，减少烟雾对逃生人员的危害。

（5）设置屏蔽门系统。屏蔽门在发生火灾时可以起到阻隔火焰、控制烟气流动的作用，为控制火势和人员逃生创造条件，还可避免发生火灾时人群因为拥挤而发生意外的情况。

（6）城市轨道交通系统中使用的建筑、装修材料，车站用具和设备材料，列车车体和车上用具等的制作材料必须满足难燃、阻燃的要求。

（7）在城市轨道交通系统的车站、车辆段等公共场所必须采用合理和必要的消防设备，设置可靠的自动探测、报警和灭火系统。消防设备要按规范布置，控制系统的可靠性要高。

（二）加强日常管理与维护，健全相关法规制度

在城市轨道交通车站的入口和站台安排安全员巡视，防止出现人为事故。对城市轨道交通设备要及时维护，排除电气火灾隐患；要管理好各种火灾探测设备、消防设施设备，使其处于良好的工作状态，能够及时预报和扑灭火灾。出台具有针对性的法规，从法律角度来督促和保障公共交通的防火安全。

（三）制定火灾应急预案，加强防火演练

城市轨道交通系统的管理部门要注意对紧急情况的预防，制定多套应急预案；加强员工和乘客的消防教育和训练，和消防部门一起组织防火演练，增强城市轨道交通站务人员对突发事件的应急处理能力。

任务实施

本任务的实施要求广泛查阅韩国大邱火灾事故的相关资料，在教材提供的素材的基础上进一步深刻分析导致韩国大邱地铁火灾的深层次原因，并根据所学知识总结城市轨道交通系统火灾事故的应对措施。

韩国大邱市地铁全长28.3 km，1997年投入运行，每天运送乘客14多万人次。2003年2月18日9时55分左右，韩国大邱市正线路上运行的第1079号地铁列车第三节车厢里，一名56岁的男子从黑色的手提包里取出一个装满易燃物的绿色塑料罐，并拿出打火机试图点燃。车内的几名乘客立即上前阻止，但这名男子摆脱了阻拦，把塑料罐内的易燃物洒到座椅上，接着点燃塑料罐后抛到座椅上。顿时，整节车厢燃起了大火，并冒出浓烟。这次火灾共造成至少198人死亡，146人受伤，289人失踪。

这次火灾是有人故意纵火造成的。火灾发生时，地铁列车上共有约600名乘客。这起火灾事故为什么造成了如此严重的伤亡呢？

首先是设备存在安全隐患，车站和车厢内安全装置不足。韩国的地铁车站内虽然安装了火灾自动报警设备、自动水喷淋灭火装置、除烟设备和紧急照明灯，但是这些安全装置在对付严重火灾时仍显不足，尤其是自动水喷淋灭火装置，由于车厢上方是高压线，为了防止触电，车厢内均没有安装这种装置。因此，此次大邱市地铁发生大火时，无法实现尽早扑救。车站断电后，四周一片漆黑，紧急照明灯和出口引导灯均没有闪亮。此外，车站内的通风设备容量不大，只能保障平时的空气流通，难以排除大量的浓烟。车厢内的座椅、地板等虽然是用耐燃材料制成的，但一旦燃烧起来，仍会散发大量有毒成分。据报道，火灾的死亡者中有许多是在跑出车厢后找不到出口而吸入含有有毒成分的浓烟窒息而死的。

其次是法律不健全。韩国现行的消防法只注重固定的建筑和设备，而飞机、船舶、火车等移动的大众交通工具在消防法中是个死角。大邱市地铁1997年开通时采用的有关防火安全的标准，还是20世纪70年代韩国首次开通地铁时的标准，已经不适合当时的情况。

最后是安全教育流于形式。韩国每年都进行"民防训练"，学习在紧急情况下逃生和保障安全的知识。韩国媒体和专家指出，这些民防训练大多流于形式，人们在慌乱时全然不知使用现有的灭火器材进行灭火。

效果评价

评价表

项目名称	项目 7　城市轨道交通消防安全管理	学生姓名	
任务名称	任务 7.1　城市轨道交通消防基础知识	分数	
项　　目		分　值	考核得分
（1）对消防安全的相关知识、图片的收集和整理情况		10	
（2）是否有小组计划		5	
（3）对火灾的等级和预防措施的认知情况		20	
（4）对城市轨道交通火灾特点的掌握情况		50	
（5）编制学习汇报报告情况		10	
（6）基本素养考核情况		5	
总体得分			

教师简要评语：

教师签名：

任务 7.2　城市轨道交通消防安全设备及使用方法

情景导入

通过任务 7.1 可以知道,城市轨道交通系统,尤其是地下铁道系统空间狭小、人员密集,一旦发生火灾,大型消防车辆及装备难以靠近火灾现场,大大增加了灭火的难度,因此城市轨道交通运营单位应按照国家有关消防技术的规范,设置、配备相关的消防器材和设施。

任务要求

通过本任务的学习,要求能掌握城市轨道交通系统消防设备的基本组成、作用,并在此基础上掌握城市轨道交通系统常用消防器材的使用方法与基本技巧。

知识准备

一般的消防安全设备主要包括火灾自动报警系统、自动喷淋灭火系统、室内消火栓系统、气体灭火系统、防排烟与事故通风系统等。城市轨道交通系统的消防安全设备主要包括火灾自动报警系统、气体自动灭火系统、消火栓灭火系统、灭火器、排烟与通风系统、消防通信与照明系统。

一、火灾自动报警系统

火灾自动报警系统(FAS)是为了及早发现火灾,以便及时采取有效措施来控制和扑灭火灾,而设置在建筑物中或其他场所的一种自动消防设施,是现代消防不可缺少的安全技术设施。

一般城市轨道交通系统的火灾自动报警系统主要由触发器件、火灾报警装置及具有其他辅助功能的装置组成,这些装置能在火灾初期将燃烧产生的烟雾、热量和光辐射等物理量通过感温、感烟和感光等火灾探测器变成电信号。

(一)火灾自动报警系统的功能

火灾自动报警系统是一种自动消防设施,通过火灾探测器可以监控火灾发生时烟雾、热量等特征的变化,确定火灾发生的地点,并进行报警,还可以自动控制消火栓系统、自动灭火系统、防烟排烟系统、应急广播和应急照明等消防救灾设备,实现对火灾的早期发现和扑救,在火灾防救中发挥着重要作用。

城市轨道交通火灾自动报警系统通常按中央级和车站级两级设置,中央级设备和车站级设备通过通信网络连接。中央级火灾自动报警系统设置在控制中心,与各车站、车辆段的火灾自动报警系统进行通信,接收全线火灾信息,发布消防控制命令,留存火灾事件历史资料,实现对全线消防设施的日常监控和管理。车站级火灾自动报警系统设置在车站控制室和车辆段,与中央级火灾自动报警系统、车站环境与设备监控系统(BAS)进行通信,采集、记录火灾信息并报送中央级火灾自动报警系统,控制消防救灾设备的启停并显示其运行状态,启动防烟、排烟模式,停止通风、空调系统运行,切断相关区域的非消防电源,独立执行或接受控制中心指令,发布火灾联动控制指令,实现对车站或车辆段管辖范围内的火灾监视和控制。通信网络使得车站或车辆段管辖范围内任意地点的火灾信息和控制中心下达的指令均匀、迅速、无阻碍地传输,有利于火灾的早期发现和救援。

火灾探测器是火灾自动报警系统中最基本、最重要的设备之一,它通过不间断地捕捉冒烟、生热和发光等火灾特征信号,检测出火灾信息,向火灾自动报警系统报警。常见的火灾探测器有感烟探测器、感温探测器、感光探测器(火焰探测器)和可燃气体探测器,它们适用于不同的环境和场所。在车站的站厅、站台、各种设备机房、库房、值班室、办公室、走廊、配电室、电缆隧道或夹层,以及长度超过 60 m 的出入口通道均应设火灾探测器,设有气体自动灭火系统的房间应设两种火灾探测器。在防护区内不得有吸烟、烧焊等产生烟雾的行为,防止感烟探测器误报警。设备用房内有空调控制温度,火灾初起时防护区的温度不会迅速升高,感烟探测器能比感温探测器更快地检测到火灾。

手动报警按钮以手动方式向火灾自动报警系统发出报警信号,其作用等同于火灾探测器。手动报警按钮应设于明显和便于操作的部位,安装在墙上时,底边距地高度宜为 1.3~1.5 m,而且应有明显的标志。手动报警按钮应设于有火灾探测器的场所、有人活动的公共场所、地下区间隧道、长度超过 30 m 的出入口通道及消火栓处,从一个防火分区内的任何位置到最近的一个手动火灾报警按钮的距离不应大于 30 m。

（二）火灾自动报警系统的消防联动控制

城市轨道交通系统的火灾自动报警系统有自动和手动两种触发方式，并设置有消防联动控制设备。消防联动控制设备包括火灾报警控制器、自动灭火系统控制装置、室内消火栓系统控制装置、防烟排烟系统及空调通风系统控制装置、常开防火门及防火卷帘控制装置、电梯回降控制装置、应急广播控制装置、火灾警报控制装置、应急照明与疏散指示标志控制装置等。消防联动控制设备可实现下列控制及显示功能：启停消防水泵，启停自动灭火系统并发出声光报警，关闭常开防火门，关闭防火卷帘，启停防烟和排烟风机，开启车站屏蔽门和自动检票闸机，显示报警位置，显示保护对象的重点部位、疏散通道及消防设备所在位置的平面图或模拟图等，显示系统供电电源的工作状态，火灾警报与应急广播，切断有关部位的非消防电源，接通应急照明灯和疏散标志灯，控制电梯全部停于首层并接收其反馈信号等。

一般在疏散通道上的防火卷帘两侧设置火灾探测器及手动控制按钮，防火卷帘可以自动控制，也可以手动控制。火灾自动报警系统对疏散通道上的防火卷帘的控制过程如下：感烟探测器动作后，卷帘下降至距地面1.8 m处；感温探测器动作后，卷帘下降到底；如果防火卷帘仅起防火分隔作用，那么火灾探测器动作后卷帘自动下降到底。

城市轨道交通系统中的屏蔽门和自动检票机是控制乘客进出站的主要限制关口，确认发生火灾后，通过火灾自动报警系统紧急开启站台屏蔽门和自动检票机，意味着开放了所有限制通行的关口，可以迅速疏散乘客和车站工作人员。

在城市轨道交通的火灾自动报警系统中，排烟系统与正常通风空调系统合用，日常运行由车站环境与设备监控系统进行管理。火灾自动报警系统确认火灾后，向车站环境与设备监控系统发布预定的防烟、排烟模式指令。环境与设备监控系统接收救灾指令后优先执行操作，进行运行模式转换，并反馈指令执行信号。火灾自动报警系统将与防烟、排烟无关的通风、空调设备关机，切断非消防电源，组织烟气排放，防止火灾蔓延，确保火灾现场的救灾人员人身安全。

二、气体自动灭火系统

消防系统中常见的自动灭火系统有自动喷水灭火系统、高压细水雾自动灭火系统和气体自动灭火系统。城市轨道交通系统中发生火灾时，自动喷水灭火系统容易造成地面湿滑，影响人群疏散速度；高压细水雾自动灭火系统虽然是一种新型灭火系统，但在城市轨道交通中的应用并不是很多。只有气体自动灭火系统是城市轨道交通系统中的一种较普遍的灭火系统。

（一）气体自动灭火系统简介

城市轨道交通系统中的车站控制室、信号设备室、变电所、通信设备室、环控电控室和屏蔽门控制室等电气设备房，仪器精密，设备复杂，环境封闭，不宜用水灭火，通常设置有气体自动灭火系统。气体自动灭火系统有自动报警和自动消防的功能，非常适用于无人值守的电气设备房。气体自动灭火系统采用全淹没灭火方式，要求防护区是一个相对密闭的空间，以保证在规定时间内喷放规定用量的灭火剂能均匀地充满整个防护区。但是受灭火剂来源限制，气体自动灭火系统不能持续灭火。

防护区的门必须能从防护区内打开，向疏散方向开启，并且能自行关闭。防护区的疏散通道和出口处应设置应急照明与疏散指示标志，以保证人员在30 s内疏散完毕。防护区外的入口处应设置标志牌来说明所采用的气体灭火系统类型，并设火灾声光报警器和灭火剂喷放指示灯。防护区内设火灾声音报警器，可根据情况增设闪光报警器。防护区应设置机械排风装置，供灭火后的防护区通风换气，排风口应设在防护区下部并直通室外，地面车站或高架车站也可依靠窗户自然通风。灭火剂喷放指示灯应保持到防护区通风换气后，以手动方式解除。防护区外入口处应设置气体灭火系统标牌、灭火剂喷放指示灯和紧急启停按钮。

（二）典型的气体自动灭火系统

气体灭火系统中的灭火剂应具有灭火快、用量省、久储不变质、不导电和对设备损害小等特点。一般气体自动灭火系统中常见的灭火剂主要有二氧化碳、七氟丙烷、气溶胶和烟烙尽(IG541)等，其中烟烙尽(IG541)气体自动灭火系统在城市轨道交通中的应用最为广泛。

1. 烟烙尽(IG541)气体自动灭火系统简介

烟烙尽(IG541)气体由52%的氮气、40%的氩气和8%的一氧化碳组成，这三种气体属于大气层的自然成分，灭火后回归自然，对大气的臭氧层没有任何破坏，是真正意义上的绿色环保灭火剂。烟烙尽(IG541)气体的灭火设计浓度一般为37%～43%，在该浓度内短时间停留，不会对人体生理造成影响；烟烙尽(IG541)气体在灭火中不产生任何分解物，不会腐蚀设备，有利于保护精密仪器；烟烙尽(IG541)气体无色无味，喷放时没有浓雾，不会造成视野不清而影响辨认方向。烟烙尽(IG541)系统的灭火原理是将氧气浓度迅速降低至不支持燃烧的范围，达到窒息灭火的目的。当烟烙尽(IG541)气体按设计的浓度喷放于防护区时，可以在1 min之内将区域内的氧气浓度降至12.5%，使火焰无法继续燃烧。

烟烙尽(IG541)气体自动灭火系统由机械部分和电控部分组成，机械部分是指用来储存、输送气体灭火剂的管网系统，电控部分是指用于自动报警和喷放灭火剂的报警控制系统。烟烙尽(IG541)管网系统由钢瓶、启动阀、气体输送管网和喷头等组成。钢瓶用来储存气体灭火剂，启动阀用于释放钢瓶中的气体，气体输送管网强度要能承受高压气体。

烟烙尽(IG541)气体自动灭火系统包括中央控制单元、火灾探测器和辅助开关设备等。中央控制单元收到火灾探测器传来的信号后进行逻辑判断，发出声光报警，并根据报警条件启动相应设备动作。火灾探测器主要采用灵敏度级别高的感温探测器和感烟探测器，通过感受防护区内的温度变化和空气颗粒变化来收集火灾信息。辅助开关设备主要包括手动/自动转换开关、紧急止喷按钮、手拉启动器，其中手动/自动转换开关实现气体灭火系统在自动控制和手动控制之间切换，紧急止喷按钮用于火灾误报时在30 s的延时阶段紧急停止系统启动，手拉启动器用于设备不能自动喷放时手动启动系统。

2. 烟烙尽(IG541)气体自动灭火系统灭火流程

城市轨道交通系统中广泛使用的烟烙尽(IG541)气体自动灭火系统的启动方式有三种：自动控制、手动控制和机械应急操作。

（1）自动控制流程。自动控制装置收到两个独立的火灾信号后才能启动，单独的火灾信号仅使系统处于预报警状态。

①将手动/自动转换开关置于自动位，使系统处于自动控制状态。

②防护区内的一个火灾探测器感应到火灾信号时，采取以下措施：

a. 车站控制室的火灾自动报警系统发出报警。

b. 防护区只有警铃鸣响，表示火灾预报警。

c. 车站控制室马上在火灾自动报警系统上查明火警地点,确认其属于气体灭火防护区,派人赶赴现场确认。

d. 如属误报,则消除报警,并将系统复位。

③同一防护区内两个火灾探测器感应到火灾信号时,采取以下措施:

a. 车站控制室的火灾自动报警系统发出报警。

b. 防护区除警铃鸣响外,还发出声光报警,表示火灾报警。

c. 气体灭火系统进入30 s延时启动状态,以便进行火灾确认和人员疏散。

d. 需要进入防护区查看或者确认设备误报时,在30 s内按下防护区的紧急止喷按钮,紧急停止灭火系统启动。

e. 确认发生火灾,现场人员必须在30 s内迅速撤离,并关闭好门窗。

f. 30 s延时结束,灭火系统启动,烟烙尽(IG541)气体喷入防护区灭火。

g. 通风系统的防火阀自动关闭,保证防护区的密闭性。

h. 灭火期间,防护区的声光报警持续工作,灭火剂喷放指示灯点亮,警告其他人员不得进入。为防止乘客听到报警产生惊慌情绪,也可以人工消除报警。

i. 确认火灾消除后,将系统复位。

j. 操纵机械装置对防护区排气,对于未设机械排风装置的地面车站或高架车站,可打开门窗通风换气。

(2) 手动控制流程。在有人工作的防护区,采用手动控制方式更为安全可靠。

①当设备因故障无法自动喷放气体,值班人员先于火灾探测器发现火情时,将手动/自动转换开关置于手动位,使系统处于手动控制状态。

②现场确实发生火灾,确认防护区内无人后,关闭门窗,使防护区处于封闭状态。按下防护区的手动启动器,系统立即启动,不再延时,烟烙尽(IG541)气体直接喷入防护区灭火。

③关闭防护区通风系统的防火阀。

(3) 机械应急操作流程。手动/自动转换开关应设在防护区门外距地面1.5 m处便于操作的地方,机械应急操作装置应设在储瓶间内或防护区门外便于操作的地方。

①当自动控制和手动控制失效,系统不能发出灭火指令时,通过机械应急操作装置启动气体灭火系统。

②派人到气瓶间通过机械装置直接启动瓶头启动阀,人工启动气体灭火系统,钢瓶内被释放的烟烙尽(IG541)气体迅速喷入防护区灭火。

③关闭防护区通风系统的防火阀。

三、消火栓灭火系统

消火栓灭火系统使用方便、性能可靠、价格低廉、灭火效果好、适用范围广,是城市轨道交通系统必备的最基本的灭火设备。

(一)消火栓灭火系统简介

消火栓灭火系统分为室外消火栓系统和室内消火栓系统。室外消火栓设置在建筑物外,主要供消防车取水,也可以直接连接水带、水枪出水灭火。室内消火栓是在建筑物内部使用的一种固定灭火设备,常安装在消火栓箱内。车站出入口及风亭口设置室外消火栓,地铁车站、高架车站、地面车站、隧道区间均设置室内消火栓。地面区间和高架区间主要依靠市政消防设施，一般不设消火栓系统。

消火栓系统由消防给水系统和消火栓等组成。车站消防水源来自市政给水系统，市政给水系统足以满足深埋于地下的车站消防用水压力，所以地下车站可采用直接接入市政给水管网的方式。地面及高架车站则需要通过消防泵增压来满足消防用水需求。当市政管网容量不允许时，可修建高位消防水箱储水。消防泵能够人工控制启停，一旦启动不能自动停止。

消防水池可设置在低处，依靠消防水泵提高消防用水的压力和流量；也可设置在建筑物或消防给水系统的最高处，最低有效水位压力能满足最不利灭火地点的用水压力和流量即可。消防水池的有效容积应满足 2 h 消防用水量，足够一次灭火所需。高位消防水箱应设置在建筑物或消防给水系统的最高处，主要用于扑救初期火灾，其压力和有效容积能满足初期火灾的灭火用水量，有的车站会储存 10 min 的消防水量。

车站消火栓通常包括消火栓箱内的水带、水枪、消火栓阀门、消防软管卷盘、消火栓按钮及箱外的消防电话插孔、手动报警按钮等。有内衬里的水带，长度不宜超过 25 m。自动消火栓系统不需要其他任何动作，敷设水带后打开消火栓阀门，在任何时间和地点都能达到灭火要求的出水流量。消防软管卷盘是消火栓系统中的一种辅助灭火器材，用水量少，用于扑救初期火灾，其构造简单、操作方便，不需要经过专门训练也能使用。消火栓箱内设有消火栓按钮，用于远程启动消防泵，给消火栓补水。消防电话插孔与消防对讲电话配套使用，用于灭火时与现场保持通信联系。设有消火栓按钮时，手动报警按钮只有报警功能；未设消火栓按钮时，手动报警按钮兼具报警和启动消防泵的功能。站台等公共区客流量大，发生火灾时灭火困难，宜将消火栓和灭火器共箱设置，上格箱内配齐水带、水枪和消防软管卷盘，下格箱内放置灭火器。车站其他部位的消火栓箱可不设消防软管卷盘，箱内也不必放灭火器。

由于消火栓箱在隧道里不容易固定好，一旦侵入限界，列车就可能碰撞箱体，所以区间隧道不设消火栓箱。又由于隧道潮湿，为防止水带受潮腐烂，区间隧道也不配水带，而是将水带放在邻近车站站台端部的消火栓箱内。

消火栓的布置原则是保证同一平面有两支水枪的两股充实水柱能同时到达室内任何部位。当消火栓设计用水量不大于 20 L/s，或建筑物整体全部设置自动喷水灭火系统时，可采用一支水枪的一股充实水柱能到达任何部位的方式布置。消火栓的布置间距应根据走距离计算，两支水枪的充实水柱能同时到达任何部位时，消火栓的间距不大于 30 m；一支水枪的充实水柱能到达任何部位时，不大于 50 m；隧道内不大于 50 m。

消火栓应设于明显且方便取用的地点，周围不准堆放物品，防止遮挡消火栓或影响消火栓开启。消火栓箱门应保证能随时打开，最好采用玻璃门，以便紧急时敲碎玻璃，迅速启用消火栓灭火。对消防水池、消防泵和消火栓等应定期检查，随时保证器材齐全、水压正常。

（二）消火栓系统灭火程序

1. 消防软管卷盘灭火流程

（1）遇微小火灾，两人互相配合，使用消防软管卷盘自行灭火。

（2）打开消火栓箱，将卷盘转 90°，拉出软管。

（3）一人拖着软管奔向着火地点，到达目的地后打开软管上的水枪阀门，将水枪对准火源。

（4）通知守候在消火栓箱边的另一人准备就绪，另一人打开卷盘控制阀门供水。

(5) 灭火过程中,两人保持联系,确认出水流量和压力。
(6) 如果水压不足,则守在消火栓箱边的人按下消火栓按钮,启动消防泵,提高水压。
(7) 灭火完毕,关闭卷盘控制阀门,排净软管余水。
(8) 将软管绕在卷盘上,关闭消火栓箱门。
(9) 通知有关人员检修。

2. 水带灭火流程

(1) 发现火灾时,迅速打开消火栓箱,紧急时可击碎玻璃门。
(2) 取出水带,两手托住,用力向着火点方向抛出铺开。
(3) 把水带一端的接头与消火栓接头对接,顺时针转动直至卡紧。
(4) 把水带另一端的接头与水枪连接,拖着水带奔向着火地点。
(5) 到灭火地点站稳,胳膊夹紧水带,双手紧握水枪对准火源。
(6) 另一人守候在消火栓箱边,确认灭火人员已准备就绪,缓缓打开消火栓阀门,完全打开后立即前往着火地点协助灭火。
(7) 观察水枪出水流量及压力,发现压力不足,马上按下消防栓按钮,启动消防泵,增加水压。
(8) 灭火完毕后,关闭消火栓箱及水泵启动阀门。
(9) 将水带冲洗干净,置于阴凉干燥处晾干,按原水带安置方式放回原处。

四、灭火器

(一) 灭火器简介

灭火器是一种适用于扑灭初起火灾的消防器材,它轻便灵活、操作简便,非专业人员稍加训练就能掌握使用方法。使用单位应根据配置场所的火灾种类、配置场所的危险等级、灭火器的灭火效能和通用性、灭火剂对保护物品的污损程度、灭火器设置点的环境温度、使用灭火器人员的体能等,选配类型、规格、形式适用的灭火器。同一配置场所应选配类型和操作方法相同的灭火器,这样既便于培训相关人员使用灭火器,又能在发生火灾时方便快速地利用同一种方法连续使用多个灭火器,并且有利于灭火器的维修保养。同一配置场所存在不同火灾种类时,应选用通用型灭火器,通常选择干粉灭火器。

灭火器的种类较多,按移动方式可分为手提式灭火器和推车式灭火器;按所充装的灭火剂可分为清水灭火器、干粉灭火器、泡沫灭火器、卤代烷灭火器和二氧化碳灭火器等。出于方便使用、易于维护、布局美观等的考虑,城市轨道交通车站主要使用手提式干粉灭火器和手提式二氧化碳灭火器。

灭火器设置地点应明显、醒目,有视线障碍的灭火器设置点应有指明其位置的发光标志,以便发生火灾时能够及时地就近取得灭火器,避免因寻找灭火器而浪费时间。灭火器应摆放稳固,手提式灭火器应置于不上锁的灭火箱内或挂钩、托架上,高度适宜,不应过高或过低,要便于取用,防止因不易取出而延误灭火时间,从而失去扑灭初起火灾的最佳时机。应选择适当的位置和方式来设置灭火器,不得影响行人走路和安全疏散。灭火器摆放时应铭牌朝外,让人能经常看到灭火器的性能和用法,一旦发生火灾,能够正确使用。

在消防灭火的一个计算单元内,灭火器的配置数量不得少于两个,其好处是发生火灾时,使用两个灭火器共同灭火,可以提高灭火效率。同时,两个灭火器还可以互为备用,即使其中一个失效,另一个仍可正常使用。每个设置点的灭火器数量不宜多于五个。如果灭火器配置数量过多,发生火灾时,太多的人员涌向同一个地点取用灭火器,并手提灭火器奔向同一个着火点,相互间干扰较大,反而容易延误灭火时机;况且配置数量过多时,灭火器及其辅助设施占用空间较大,对于空间狭小、人群密集的城市轨道交通车站来说,不利于乘客行走和人员疏散。

灭火器是一种常规的备用消防器材,存放时间长,使用时间短,使用次数少。为了不影响灭火器的使用性能和安全性能,应经常检查其铅封是否完好,压力是否正常,是否在有效期内,零部件是否损坏等,以保持灭火器时刻处于良好状态。

(二) 灭火器的使用方法

使用干粉灭火器和二氧化碳灭火器时,按下压把前必须把牢喷嘴或喇叭筒,否则灭火剂喷出时,喷管会剧烈晃动,容易打伤身体。灭火器的使用方法如图 7-1 所示。

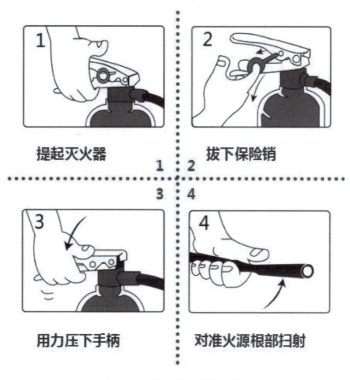

图 7-1　灭火器的使用方法

1. 干粉灭火器的使用方法

干粉灭火器适用于可燃气体、可燃液体、油脂、带电设备及固体有机物类的初期火灾扑救。

(1) 一只手握压把,另一只手托着灭火器底部,从存放处将其取下。
(2) 将灭火器上下摇动数次,防止灭火器内灭火剂凝固,影响灭火效果。
(3) 提着灭火器奔向着火地点。
(4) 到达距离燃烧物 2~3 m 处,拔出压把上的保险销。
(5) 一只手用力按下压把,另一只手紧握喷嘴,对准燃烧物火焰根部左右扫射,尽量将干粉均匀喷射在燃烧物上,直至将火扑灭。

2. 二氧化碳灭火器的使用方法

二氧化碳灭火器适用于电气火灾和仪器、仪表、重要资料的初期火灾扑救。二氧化碳灭火器不能倒置,使用时将喇叭筒往上扳70°~90°。灭火过程中严禁对着人员喷射,身体任何部位都不要接触喇叭筒外壁或金属连接管,防止冻伤。

(1) 握住压把,提着灭火器奔向着火地点。

(2) 到达距离燃烧物2~3 m处,站在上风位置,拔出压把上的保险销。

(3) 一只手用力按下压把,另一只手紧握喇叭筒端部,对准燃烧物火焰根部左右喷射,尽量使喷射物均匀喷射在燃烧物上,并不断向前推进,直至将火扑灭。

五、排烟与事故通风系统

城市轨道交通车站等发生火灾时,可燃装修材料、陈设、家具等在燃烧过程中会产生大量的烟气和毒气,这些烟气和毒气是造成火灾中人员死亡的首要原因;烟气的危害还表现在减光性和恐怖性方面,它妨碍人员疏散和火灾扑灭,造成火场混乱。因此,在城市轨道交通中广泛设置了排烟和事故通风系统,主要包括区间隧道通风兼防排烟系统、车站屏蔽门外轨道区域排热系统兼排烟系统、车站公共区通风空调兼排烟系统、车站设备管理用房通风空调兼排烟系统。这些防烟、排烟和事故通风系统的设计应符合下列要求:

(1) 当站厅公共区发生火灾时,应能对站厅公共区及时排烟,并防止烟气向出入口、换乘通道、站台等邻近区域蔓延。

(2) 当站台公共区发生火灾时,应能对站台公共区及时排烟,并防止烟气向站厅、区间隧道、换乘通道等邻近区域蔓延。

(3) 当区间隧道发生火灾、采用纵向控烟时,应能控制烟流方向与乘客疏散方向相反,并防止烟气逆流及向相邻车站、区间扩散。

(4) 当设备及管理用房发生火灾时,应具备防烟、排烟功能,并满足采用自动灭火系统设备用房的通风功能。

六、消防通信与照明系统

(一) 消防通信系统

城市轨道交通的消防通信系统应包括消防专用电话、防灾调度电话、消防无线通信、电视监视及防灾应急广播等。控制中心防灾调度应设置119专用直拨电话。控制中心大楼消防值班室、车站控制室、车辆基地的消防控制(值班)室,应设置消防专用电话主控设备。灭火控制系统手动操作装置及区域报警控制器或显示器处应设置消防专用电话分机,设有手动火灾报警按钮、消火栓按钮等处应设置电话插孔。地下区间隧道内应设置消防专用电话插孔。防灾应急广播宜与运营广播合用,且防灾广播具有最高优先级;在城市轨道交通运营广播未覆盖且需要消防广播的场所,应由火灾自动报警系统独立设置消防广播或警铃。

(二) 消防配电系统

消防电源是保证工业和民用建筑平时和火灾情况下消防设备正常工作用电的电源。火灾应急照明是指在火灾发生、电网停电时,供有关火灾扑救人员继续工作和乘客安全疏散而设置的照明。

火灾自动报警系统、环境与设备监控系统、消防泵、地下车站及区间的废水泵、通信系统、事故风机、防排烟风机及相关风阀、屏蔽门(安全门)、事故疏散用的防火卷帘、活动挡烟垂壁、自动检票机、自动灭火、事故疏散用的自动扶梯、应急照明、疏散指示标志等消防用电设备的电源供电负荷应为一级负荷。其中应急照明、火灾自动报警系统用电设备为特别重要负荷,消防设备的控制回路不得设置作用于跳闸的过载保护或采用变频调速器作为控制装置。

(三)应急照明系统

在变配电室、通信机房、消防泵房、事故风机、防排烟机房、车站控制室、控制中心的控制室及在发生火灾时仍需坚持工作的房间等处应设置备用照明;在站台、站厅公共区、楼梯和扶梯、疏散通道、安全疏散口、长度超过 20 m 的内走道、长度超过 10 m 的袋形通道、消防楼梯间、防烟楼梯间(含前室)、区间隧道、联络通道等处应设置疏散照明。

任务实施

本任务的实施,要求仔细分析图 7-2 所示的某市地铁 2 号线火灾自动报警系统结构示意图,在阅读介绍材料的基础上,分析火灾自动报警系统(FAS)的主要功能,系统设置的主要优、缺点,并提出改进措施。

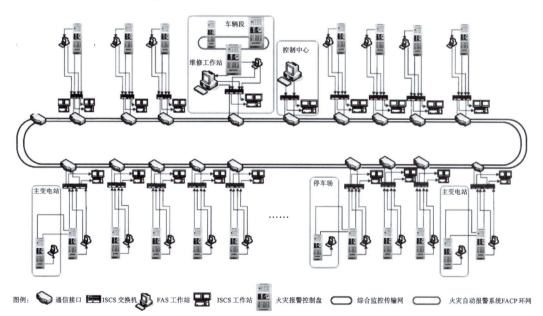

图 7-2 某市地铁 2 号线火灾自动报警系统结构示意图

该市地铁 2 号线一期工程全长 20.5 km,17 座车站均为地下车站,车辆段和控制中心各 1 处,主变电站 2 座。全线火灾自动报警系统按中央、车站两级调度管理,以中央、车站、就地三级监控的方式设置,在控制中心设置中央级火灾自动报警系统工作站,实现对全线的消防集中监控管理。火灾自动报警系统在车站、控制中心、车辆段、停车场设置火灾自动报警系统站级工作站,不设置全线传输网,火灾自动报警系统借用综合监控系统的全线传输网络完成其全线信息传送功能。火灾自动报警系统车站级(车站、车辆段)火灾报警控制盘通过网关和冗余以太网接口(电口)接入车站综合监控系统局域网,实现火灾自动报警系统各站报警控制盘与中央级工作站、车辆段维修工作站构成的火灾自动报警系统逻辑独立的全线网络。同时,火灾自动报警系统工作站通过2个以太网接口(电口)接入综合监控系统交换机,向综合监控系统传送火灾报警信息及设备状态信息,实现综合监控系统对火灾自动报警系统的集成。

各车站火灾自动报警系统不单独设置消防联动控制盘,由综合监控系统统一设置的综合后备盘(integrated backup panel,IBP)实现对重要消防设备的手动控制。车辆段、主变电站由火灾自动报警系统统一设置消防联动控制盘。火灾自动报警系统向综合监控系统传送主要设备故障信息,以方便维修调度的管理工作;在维修中心设置维修工作站,能采集处理火灾自动报警系统的设备故障信息,实现对火灾报警控制盘进行程序更新等操作,以方便维修人员的维护和管理。气体灭火保护房间探测器的设置由气体灭火系统完成,火灾自动报警系统通过通信接口接收气体灭火控制盘发出的状态信息。主变电站由气体灭火系统统一设置报警控制系统(含报警控制器、探测器、消防通信系统、火灾消防联动控制盘等),火灾自动报警系统控制器显示气体灭火系统探测器的状态(含报警、故障、探测器污染等信息)、位置、编号、报警控制器、钢瓶瓶头阀、选择阀等设备的状态信息。

通信设备室、通信电源室、信号设备室、信号电源室、综合监控室、变电所的控制室、高压室、低压室、整流变压器室、屏蔽门控制室等设备用房设置气体火灾探测器及灭火控制装置。

车辆段火灾探测及报警与消防联动控制是由火灾自动报警系统、环境与设备监控系统(BAS)完成的,火灾自动报警系统实现火灾探测及报警功能,并实现警铃、防排烟风机、消防水泵、非消防电源、电梯、广播等设备的联动控制,环境与设备监控系统实现照明导向、通风空调等设备联动。火灾自动报警系统发出的指令具有最高优先权,当发生火灾时,通过数据接口,向环境与设备监控系统发出报警信息和火灾模式指令,按模式指令环境与设备监控系统将其所监控的设备运行模式转换为预定的救灾状态。

效果评价

评价表

项目名称	项目7 城市轨道交通消防安全管理	学生姓名	
任务名称	任务7.2 城市轨道交通消防安全设备及使用方法	分数	
项 目		分 值	考核得分
(1) 对火灾自动报警系统的了解情况		10	
(2) 对气体自动灭火系统的认知情况		5	
(3) 对消火栓灭火系统的了解情况		20	
(4) 对灭火器使用方法的掌握情况		50	
(5) 对排烟与事故通风系统、消防通信与照明系统的认知情况		10	
(6) 基本素养考核情况		5	
总体得分			

续表

教师简要评语：

教师签名：

任务 7.3　城市轨道交通火灾救援、自救和逃生方法

情景导入

在许多火灾事故中，一些人由于能正确使用自救和逃生方法而幸免于难，但也有一些人丧身火海。这固然与火势大小、起火地点、起火时间、着火范围内的消防设施是否完备、扑救是否及时等因素有关，但也与受害者能否在火场积极、正确地自救、互救有很大的关系。能否成功从火海逃生取决于被困者所具备的自救知识和自救能力。除突发性爆炸、爆燃等火灾事故外，在绝大多数火灾现场中，只要按照正确的方法自救、逃生，被困人员成功逃生的概率会大大提高。因此，掌握一定的消防知识，增强自救意识，提高逃生技能，对每个人来说都是非常必要的。

任务要求

通过本任务的学习，要求掌握在城市轨道交通系统发生火灾后进行救援、自救和逃生的正确方法。

知识准备

虽然人们针对火灾做了非常充分的预防和准备工作，但火灾事故总是防不胜防。因此，掌握一定的火灾应急救援知识和技能是必要的。城市轨道交通发生火灾时，首先要保证人员安全撤离，火灾救援应着重从突发火灾时的人员疏散和救援队伍的组织两方面考虑。

一、火场救援、自救和逃生的基础知识

（一）火场救援、自救和逃生的基本原则

火灾发生后，当被困在火场内生命受到威胁时，一定不能只是被动地等待消防员的救助，这时如果能够利用地形和身边的物体采取积极有效的自救措施，就可以让自己由被动转化为主动，为生存赢得更多的机会。火场逃生不能寄希望于急中生智，只有靠平时对消防常识的学习、掌握和储备，才能在危难关头应对自如，从容逃离险境。火场救援、自救和逃生时要遵循以下基本原则：

（1）要树立坚定的逃生信念。行为是受思想意识支配的，要想顺利地从火场逃生，必须树立坚定的逃生信念和必胜的信心，并使之成为人们在任何艰难困苦的环境下的精神支柱。只有树立了牢固的逃生信念，才能保持强烈的逃生意识，增强必胜的信念，在绝境中求得生路。

（2）争时间、抢速度。争分夺秒、迅速撤离是自我逃生的先决条件。从火势和烟气的发展规律可知，烟火的蔓延速度很快，而且烟气具有毒性，如果人在烟雾中停留时间过长，重者会受到伤害以致死亡，轻者会在逃生时受到极大妨碍。在火场上经常出现有人为个人财物等贻误逃生的案例，甚至还有人逃生后，为拿物品而返回火场的现象，这是极其危险的。

（3）逃生路线的选择要心中有数。盲目追从别人而慌乱逃窜，不但会贻误顺利撤离的时机，还容易感染别人，引起骚乱。在城市轨道交通系统中，每个车站、公共场所、办公地点都设置了有明显标志的紧急疏散安全路线，在发生火灾时一定要按照此路线撤离。当然，最理想的逃生路线应是路程最短、障碍少而又能一次性抵达建筑物外地面的路线，当城市轨道交通系统发生火灾时，应尽量选择最短的路线逃生。

（4）灵活处理逃生、报警和灭火的关系。当城市轨道交通系统的火灾处于初起阶段时，应立即采取报警，疏散老、弱、病、残和积极扑救的行动。尤其是对于身体状况较好的青壮年乘客来说，不能一听到"着火啦"的喊声就只顾自己逃命，而应协助城市轨道交通系统的工作人员查清起火点和火势大小后再做决断，这时一定要抓住火灾初起阶段这个灭火的最佳时机，积极参与灭火和报警。报警是求得消防控制中心和消防队救助的关键措施，须不失时机地运用通信设施向消防控制中心报警。

（5）避免聚堆、拥挤和踩踏。由于城市轨道交通车站等公共场所地方狭小，很容易出现乘客聚堆、拥挤，甚至相互踩踏的现象，造成逃生通道堵塞和发生不必要的人员伤亡。在逃生过程中，如果遇到只顾自己逃生、不顾别人死活的不道德行为，要想方设法予以扼制。看见前面有乘客倒下，应立即扶起。遇见拥挤的情况应进行疏导或选择其他方法给予分流，减轻疏散通道的压力；实在无法分流时，城市轨道交通系统的工作人员应采取强硬手段坚决制止，同时要阻止逆向人群的出现，保持疏散通道畅通。

（6）充分利用城市轨道交通系统提供的各种消防设施进行逃生和自救。城市轨道交通系统车站等公共场所提供的各种消防设施，如防火门、防烟楼梯间、应急电梯、防毒面罩等，都是能为逃生和安全疏散创造条件、提供帮助的有效设施，发生火灾时应充分加以利用。

（7）发扬团结友爱、舍己救人的精神。火灾中虽然保护自己顺利逃生很重要，但也要发扬团结友爱、舍己救人的精神，尽自己所能救助更多的人撤离火灾危险境地。小孩、老人、病人、残疾人和孕妇在火灾伤亡者中占有相当大的比例，这主要是他们的体质和智能不足，思维出现差错和行动迟缓造成的。如能及时给予协助，就能给他们创造逃生的机会。

（二）火灾逃生的基本方法

在城市轨道交通系统发生火灾后，逃生的基本要求是沉着冷静，充分利用城市轨道交通系统的各种消防设施，并按照城市轨道交通系统指示的逃生路线逃生。火灾逃生的基本方法如下：

（1）发现火情，行动要快。逃生行动是争分夺秒的行动，正确的逃生方法应是在听到城市轨道交通系统火灾报警声后，不要迟疑，立即按城市轨道交通系统工作人员的指挥或遵循城市轨道交通紧急广播指引的疏散路线和注意事项进行逃生。当无广播或人员指引疏散时,应选择距离近并直通外界地面的安全通道,逃到远离火灾的安全地方。

（2）当处于有烟气流动的空间内,但不能迅速找到防毒面具时,最好使用矿泉水等安全的液体将衣服、毛巾等丝织物淋湿后掩住口鼻,以低姿态寻找安全通道逃生。

（3）城市轨道交通车站各层发生不同程度火灾,而必须共用一个安全疏散通道时,应首先让着火楼层的人员撤离,次之为着火层以上各层,最后为着火层以下各层。因为烟火向上部发展蔓延速度最快,上部首先受到火势威胁。因此,当上层着火时,其下各层人员不必惊慌,不必与上层逃生人流争抢通道。

（4）当确认正常的安全疏散通道已被烟火封死时,不必惊慌,可利用各种辅助安全设施,如防烟楼梯、紧急疏散通道、紧急电梯、室外楼梯及消防电梯等设施,尽量向地面疏散。

（5）当确认无法逃至外面时,应寻找临时避难场所,等待消防人员救援,如进入避难层、避难间、防烟室、防烟楼梯间、未着火的防火分区或防烟分区等处,求得暂时性的自我保护。

要根据车站环境、火势发展情况和站内消防设施配置情况,灵活掌握自己的逃生行动。尤其要重视借助排烟系统、通风系统、通信系统、防火分隔设施、安全疏散指示和避难设施等,为自我逃生创造有利条件。

（三）常用逃生器具的使用

火灾发生时,可用的逃生器具有许多种,在此只列举在城市轨道交通系统中常用的几种。

（1）安全绳。在城市轨道交通系统的高架车站、高层建筑和超高层建筑中应该备有安全绳。使用时可把安全绳的一头挂在窗口里侧的牢固物体上,人可沿安全绳以 1 m/s 的速度下降。紧急情况下,也可将室内的窗帘系在一起作为安全绳索(限于长度难以到达地面,但可借助绳索转移至下一层,逃离起火层)。

（2）防火毯。这种毯子可装在与灭火器相似的圆筒里。如遇火灾,可取出筒里浸满了水冻胶的毛毯披在身上,可以从熊熊火海中穿行而过,安全脱险。但遇浓烟时还需用毛巾捂住口鼻。

（3）空气呼吸器、毛巾。有条件时可采用空气呼吸器逃离火场。穿过浓烟区时会受到烟呛的危害,如果一时找不到防烟器具,可以用毛巾来保护自己,以防烟气的侵袭。要将毛巾折叠使用,使用时要捂住口和鼻,使过滤烟气的面积尽量增大。在穿过烟雾时一刻也不能将毛巾从口和鼻上拿开,即使只吸一口,也会使人感到不适,心慌意乱,丧失逃生信心。

（四）火灾中的自我保护

学会火灾中自我保护的基本方法是保证自己安全逃生的重要基础。若在逃生中因中毒、撞伤等原因对身体造成伤害,不但贻误逃生行动,还会遗留后患,甚至危及生命。

（1）爬行。火场中的烟气具有较高的温度,所以安全通道下方的烟气浓度小于安全通道上方的烟气浓度,且贴近地面处烟气浓度最低。疏散中穿过烟气弥漫的区域时,以低姿行进为好,如弯腰、蹲姿、爬姿等。剧烈的运动会增大肺活量,当采取猛跑方式通过烟雾区时,不但会增加烟气等毒性气体的吸入量,而且容易发生由视线不清导致的碰壁、跌倒等事故。因此,通过烟雾区不宜采用速度过快的方式。值得注意的是,在烟气弥漫、能见度极差的环境中逃生和疏散时,应细心搜寻安全疏散指示标志和安全门的闪光标志,按其指引的方向稳妥行进,切忌只顾低头乱跑或盲目地喊叫。

（2）当必须通过烟火封锁区段时,应用水将全身淋湿,用衣服裹头,用湿毛巾或手帕掩口鼻或在喷雾水枪掩护下迅速穿过。

（3）自我逃生时乱跑乱窜、大喊大叫,不但会消耗大量体力,吸入更多的烟气,还会妨碍别人的正常疏散。尤其是出现你拥我挤的混乱场面时,决不能贸然加入,这是逃生过程中的大忌,也是扩大伤亡的缘由。

二、火灾救援、自救和逃生的实施

（一）火灾救援的实施

1. 救援队伍的组织

城市轨道交通系统发生火灾后,在专业救援队伍到达前,及时组织城市轨道交通系统内部工作人员组成临时救援队伍对火灾、火情的控制具有十分重要的作用。临时救援队伍从结构上可分为驾驶员、车站工作人员等,为了提高救援的有效性,在平时要加强对这些人员的应急培训,这对控制火情和疏散人员有很大的作用。在火灾发生时不能单纯等待和依靠专业人员来进行事故救援和火灾扑灭。

2. 火灾初起时的救援

实践证明,在火灾发生的瞬间立即进行扑救,可以大大减少灾难造成的损失。对于城市轨道交通火灾而言,在火灾初起时,着重要坚持以下原则:

（1）救人第一和集中力量原则。以人为本,生命至上,扑救初起火灾应坚持救人第一的原则。在火灾发生后,如果有人受到火势威胁,首要任务就是尽快把被困人员安全地抢救出来。

集中力量是指发生火灾后,组织扑救初起火灾的有关负责人按照灭火应急预案把灭火力量和灭火器材集中到火场,在最短时间内抢救被困人员和扑灭初起火灾。

（2）先控制、后消灭的原则。先控制、后消灭是指在初起火灾不能被立即扑灭时,首先控制火势的蔓延和扩大,积极进行全面进攻的准备,在具备了扑救火灾的条件时,展开全面进攻,一举将火扑灭。专职、义务消防员扑救初起火灾时,应根据火灾情况和灭火力量灵活行动。对于能扑灭的火灾,要抓住战机,迅速消灭。若火势较大,发展迅猛,灭火力量相对不足,为防止爆炸、泄露等危险情况发生和防止火势扩大,为彻底扑灭火灾创造有利条件,须采取先控制的措施。

（3）先重点、后一般的原则。人和物相比,救人是重点;贵重物资和一般物资相比,保护和抢救贵重物资是重点;火势蔓延迅速的地方和其他地方相比,控制火势蔓延迅速的地方是重点;有爆炸、毒害、倒塌危险的地方和没有这些危险的地方相比,处置这些危险的地方是重点;火场上的下风方向与上风、侧风方向相比,下风方向是重点;可燃物质集中的区域和可燃物质较少的区域相比,可燃物资集中的区域是重点;要害部位和其他部位相比,要害部位是重点。

3. 安全疏散

安全地进行人员疏散是火灾救援的重要内容,下面分别对车站发生火灾的安全疏散和列车运行中发生火灾的安全疏散进行分析。

（1）车站发生火灾的安全疏散。

车站发生火灾时,首先关闭空调水系统和着火层的送风机并开启排烟风机,城市轨道交通工作人员要按照火灾应急预案分头组织乘客向不同的出口疏散。其次，行调要及时通知相关列车及时越站，继续前进，以减少疏散人员。在着火点附近的列车行进时速度不宜太快，以免引起强烈的空气对流，导致火势扩大和蔓延。设备区发生火灾时，重要的电气设备房间一般配备有气体灭火系统，气体灭火后由该房间通风空调系统进行排风。其他管理用房需及时关闭送风机、开启排烟风机。

（2）列车运行中发生火灾的安全疏散。

当列车发生火灾时，应视具体情况决定是否停车，何时停车，若不停车则要控制好行车的速度。应选择在行车时间短、消防条件好、候车乘客少的车站停车。充分利用城市轨道交通内部通信设备、广播及时向乘客通报情况，根据起火部位，告知乘客疏散方向和要求。若在隧道内停车，则列车乘务人员应及时打开列车安全门，引导乘客沿铁轨走到安全地带，疏散时切忌慌乱，应远离电缆，防止触电。当列车在运行途中发生火灾，一时无法停车疏散时，在行进过程中要通知前方站台做好救援、疏散、灭火等各项准备，工作人员应先疏散在站台候车的乘客，同时阻止其他乘客进入站台。对起火列车而言，当起火点所在的车厢在整个列车的中部时，应引导乘客向两边车厢疏散；当起火点所在的车厢在整个列车的后部时，应尽量引导乘客往前面的车厢疏散。在疏散过程中，工作人员应采取有效措施，阻止火势扩大和蔓延，尽量保证每一位乘客（特别是离起火点位置比较近的乘客）都有防烟防毒面具、滤器罐、逃生头盔、毛巾和口罩等装备。

（二）火灾自救与逃生

城市轨道交通火灾自救与逃生分为车站火灾自救与逃生和列车火灾自救与逃生两种。

1. 车站火灾自救与逃生

城市轨道交通车站发生火灾时，无论是工作人员还是乘客，在自救和逃生时都应做到以下几点：

（1）认真贯彻"救人第一，救人与灭火同步进行"的原则，积极施救。

（2）车站工作人员应首先做好乘客的疏散、救护工作，在确保每位乘客安全的前提下再进行自救和逃生。

（3）一定要把握起火初期的关键时间，在专业消防员和救援队伍到来之前积极组织灭火和自救，不能坐以待毙，错过最佳救援时间。

（4）开展灭火自救工作时应注意做好个人防护。

（5）消防员到场后，灭火任务应交给消防员。

（6）当火势不可控制，可能危及自身生命安全时，车站工作人员应主动撤离。

（7）乘客在车站遇到火灾时，应服从工作人员指挥，听从事故广播的指引，沿疏散标志指示方向逃生。

（8）车站发生火灾时，不要使用垂直升降电梯。

2. 列车火灾自救与逃生

（1）列车在车站内发生火灾时的自救与逃生。城市轨道交通列车在车站内发生火灾时，要按照以下基本要求完成自救与逃生：

首先，乘客应保持镇静，并在车站值班员的引导下有序开展自救、他救和逃生工作。如果乘客已经上车，可按压车厢内的紧急情况按钮或紧急通话器，通知驾驶员；在可能的情况下,按列车车厢内的指示标志找到并使用车载灭火器灭火。如果列车车门出现异常而关闭,在必要时可拉下列车车门紧急解锁手柄,向两侧用力推开车门。到达站台后要按照站台的指示标志并在车站工作人员的统一指挥下,有序地向站外方向疏散。

(2) 列车在隧道内发生火灾时的自救与逃生。城市轨道交通列车在隧道内发生火灾时,要按照以下基本要求完成自救与逃生:

首先,工作人员和乘客均应保持镇静,工作人员应该按城市轨道交通火灾应急救援预案的要求,有条不紊地组织乘客有序地疏散和逃生。在没有工作人员的情况下,乘客应该在第一时间按压车厢内的紧急情况按钮或紧急通话器,通知驾驶员车厢内发生的情况,并在可能的情况下使用车载灭火器灭火。列车将根据火灾现场的实际情况,尽最大可能将乘客运送到下一个车站进行疏散,乘客一定要听从列车广播的指挥,千万不要惊慌失措,不要乱动车厢内的其他设备。如果列车无法到达前方车站而又需要紧急疏散,乘客应该听从列车广播的指挥,按照本线路的隧道内疏散方式疏散。

任务实施

请阅读以下某城市轨道交通运营公司对火灾事故的应对措施和动火的规定,在认真学习这些规定的基础上,针对自己所在城市的轨道交通系统安全管理问题,提出自己的建议和方法。

1. 应对火灾基本措施

(1) 加强对员工的规章制度培训和教育,严格执行操作规程,杜绝违章作业行为。

(2) 列车车厢的内装、座椅考虑用不燃材料制作,即使有乘客不遵守乘车规定,在车上吸烟、乱扔烟头,也不会引燃车厢。

(3) 严格执行安检制度,严禁携带易燃易爆物品进站、乘车。

(4) 车厢内配备足够的灭火器材,方便取用。车厢或隧道内安装水喷雾灭火系统,发生火灾时可发挥作用。

(5) 列车车门设计成断电后可手动开启的形式。

(6) 当列车起火时,起火点与列车大致有三种位置关系,即起火点位于车头、车中或车尾。若起火点位于车头,乘客要向车尾疏散;若起火点位于车尾,乘客要向车头疏散;若起火点位于列车中部,起火点前部车厢的乘客要向前方车厢疏散,起火点后部车厢的乘客要向后方车厢疏散。此时,火灾会产生大量的烟雾、毒气,从车顶向下压下来,遮挡住灯光,影响乘客视线,使得能见度很低;还会使乘客吸入大量的毒气,出现中毒昏迷现象;同时会造成停电。这时,被困人员应服从列车工作人员的指挥,确认起火点,确定自己所处的位置、与起火点的距离及火势大小,选择正确的逃生路线;身体保持较低姿势,避开烟雾、毒气的袭击;用水将衣服、手绢等物品弄湿,捂住口鼻,严防将烟雾、毒气吸入体内;乘客身上着火时,不要乱跑,应就地打滚,使身上的火熄灭;保持冷静,不能慌张,以免发生混乱,导致乘客间相互拥挤、踩踏,造成伤亡事故。

列车工作人员应快速确定起火位置、火势大小、被困人员数量;启动所有的应急设备,镇定自若,利用广播系统正确引导被困人员沿疏散指示标志疏散,避免现场出现混乱,发生拥挤、踩踏现象;积极采取措施,控制火势蔓延。

2. 对城市轨道交通系统动火作业的安全规定

《中华人民共和国消防法》第二十一条规定:"禁止在具有火灾、爆炸危险的场所吸烟、使用明火。因施工等特殊情况需要使用明火作业的,应当按照规定事先办理审批手续,采取相应的消防安全措施;作业人员应当遵守消防安全规定。"

(1) 城市轨道交通系统动火作业的严格审批。

①动火作业由城市轨道交通运营分公司下属部门完成的,由具体施工的作业部门(班组)填写"临时动火作业申请表",并由作业部门消防安全员审批,部门负责人签字盖章确认,最后经城市轨道交通运营(分)公司安全部门审查合格后签发"临时动火作业许可证"。

②动火作业由外单位完成的,由外单位提前一个工作日提交特种作业人员操作证,填写"临时动火作业申请表",并由作业单位消防安全员审批,单位负责人签字盖章确认,或由分公司配合部门消防安全员审批,部门负责人签字盖章确认,最后经安全部门审查合格后签发"临时动火作业许可证"。

③一般规定城市轨道交通系统动火施工期不得超过一个月,需要延期施工的按动火作业审批流程申报。

(2) 城市轨道交通系统动火作业安全规定。

①取得动火作业许可证后方可到作业地点进行请点作业。

②动火时明确现场安全负责人,注意动火情况,发现安全隐患时要立即停止作业。

③动火作业人员要持操作证上岗,严格执行安全操作规程。

④落实防火、灭火措施,作业区 5 m 范围内要设置至少两个适用的灭火器。

⑤作业区周围不得存放易燃杂物。

⑥对作业区附近难以移动的易燃易爆物体采取有效安全防护措施后方可动火。

⑦对盛装过油类等易燃液体的容器、管道,经洗刷干净后再作业。

⑧严禁对受热膨胀有爆炸危险的容器和管道动火。

⑨发生火灾事故时,要及时扑救和报警。

⑩动火作业完毕应彻底清理现场,确认火种彻底熄灭后才能离开现场。属于外单位动火作业的,须分公司配合部门人员确认后方可离开现场。

效果评价

评价表

项目名称	项目7 城市轨道交通消防安全管理	学生姓名	
任务名称	任务7.3 城市轨道交通火灾救援、自救和逃生方法	分数	
项 目		分 值	考核得分
(1) 对城市轨道交通火灾救援、自救与逃生基础知识的掌握情况		30	
(2) 对城市轨道交通的火灾救援、自救与逃生实施方法的熟悉情况		35	
(3) 编制学习汇报报告情况		20	
(4) 基本素养考核情况		15	
总体得分			

续表

教师简要评语：

教师签名：

任务 7.4　消防安全管理

> **情景导入**

可将相关内容制作成 PPT，并结合相关规范及城市轨道交通现行规定进行讲解。

> **任务要求**

掌握城市轨道交通消防安全管理的人员组织架构、消防设施检查与维护制度、培训及档案管理等内容。

> **知识准备**

城市轨道交通的消防安全管理应在当地政府的统一组织协调下，建立由政府相关部门（包括公安、消防）与运营单位及供电、通信、供水和医疗等单位密切协作、运转高效、分工明确的接警、监控和抢险救援机制。

城市轨道交通运营单位应制定安全管理责任制度，按照国家现行有关消防法律、法规、规章落实消防安全责任制，结合本单位实际制定单位及各部门的灭火和应急疏散预案，贯彻"预防为主、防消结合"的消防工作方针，正确处理运营与安全的关系，建立科学的消防设施管理体制，保证轨道交通的安全运营。

一、消防安全管理职责要求

（一）消防安全责任人

城市轨道交通运营单位的法人代表或主要责任人是单位的消防安全责任人，对本单位的消防安全工作全面负责，并应履行下列职责：

①贯彻执行消防法规，保证单位消防安全符合规定，掌握本单位消防安全情况；

②组织编制和审定本单位消防应急预案；

③组织审定与落实年度消防安全工作计划和消防安全资金预算方案；

④确定本单位逐级消防安全责任，任命消防安全管理人，批准实施消防安全制度和保证消防安全的操作规程；

⑤组织建立消防安全例会制度,每月至少召开一次消防安全工作会议;
⑥每月至少参加一次防火检查;
⑦组织隐患整改工作,负责筹措整改资金;
⑧消防安全责任人应当报当地公安消防机构备案。

(二)消防安全管理人

城市轨道交通运营单位的消防安全管理人应由消防安全责任人任命,并应履行下列职责:
①拟订年度消防工作计划和消防资金预算方案;
②协助组织编制和审定本单位消防应急预案;
③组织制定消防安全制度和保障消防安全的操作规程;
④组织实施防火检查,每月至少一次;
⑤组织整改火灾隐患;
⑥组织建立消防组织,每半年至少组织一次消防宣传教育、灭火和应急疏散演练;
⑦消防安全责任人委托的其他消防安全管理工作;
⑧向消防安全责任人报告消防安全工作情况,每月至少一次;
⑨消防安全管理人应当报当地公安消防机构备案。

(三)部门主管人员

(1)车站站长(值班站长)上岗前应经运营单位培训合格,并应履行下列消防职责:
①贯彻执行有关消防法规,保障车站安全符合规定,及时掌握车站消防安全情况;
②制订车站年度消防工作计划和消防资金预算方案并组织实施;
③协助组织制定、修改和完善车站消防应急预案;
④每月至少组织一次车站防火检查,及时消除能够整改的火灾隐患,对不能整改的,提出整改意见;
⑤每半年至少组织一次车站消防宣传教育、灭火和应急疏散演练;
⑥发生火灾时能够按照车站消防应急预案及时组织疏散乘客、扑救火灾并向有关部门报告火灾情况,协助灾后调查火灾原因;
⑦每月至少一次向消防安全责任人或消防安全管理人报告消防安全工作情况。

(2)控制中心主任(值班主任)上岗前应经消防专业培训合格,应用履行下列消防职责:
①贯彻执行有关消防法规,保障调度系统安全符合规定,及时掌握调度系统消防安全情况;
②制订调度系统年度消防工作计划和消防资金预算方案并组织实施;
③协助组织制定、修改和完善控制中心消防应急预案;
④每月至少组织一次调度系统防火检查,消除火灾隐患;
⑤每半年至少组织一次调度系统消防宣传教育、灭火和应急处置演练;
⑥发生火灾时能够按照控制中心消防应急预案及时组织各调度人员处理火灾事故、疏散乘客、扑救火灾并向有关部门报告火灾情况;
⑦协助灾后调查火灾原因,积极组织撰写火灾事件处理经过并向有关部门汇报;
⑧审批施工作业日计划和临时计划,对有安全隐患的计划进行调整;
⑨每月至少一次向消防安全责任人或消防安全管理人报告消防安全工作情况。

（四）消防安全员

消防安全员应履行下列职责：
①分析研究本部门、岗位的消防安全工作，及时向上级报告；
②确定本部门、岗位的消防安全重点部位，实施日常防火检查、巡查；
③接受安排落实火灾隐患整改措施；
④管理、维护消防设施、灭火器材和消防安全标志；
⑤协助开展消防宣传和消防安全教育培训；
⑥协助编制消防应急疏散预案，组织演练；
⑦记录消防工作落实情况，完善消防档案；
⑧完成其他消防安全工作。

（五）承包、租赁、合作或委托经营

城市轨道交通车站站厅内按规定设置的商业场所，实行承包、租赁或委托经营管理时，应接受和服从运营单位消防安全管理。运营单位应提供符合消防安全要求的建筑物，签订的合同中应明确消防安全责任。

二、消防设施使用及检查规定

（一）消防设施操作规程

消防设施日常操作规程应符合下列规定：
①城市轨道交通运营单位应建立具有消防系统竣工图、消防产品设备技术资料、使用说明书、调试开通报告、竣工报告、竣工验收情况表等资料的消防设施技术档案，以及消防设施的运行、检查、测试、维修、更换等情况记录，并存档备查；
②城市轨道交通运营单位应建立日常管理和定期检查、检测、维护、维修的逐级岗位责任制和操作规程，明确有关部门和人员的职责、程序、内容、标准和要求。对存在故障和达不到国家有关消防技术规范、工程设计要求和火灾扑救的消防设施、器材应及时进行维修和整改，确保消防设施、器材的完好有效；
③消防设施在大修、改造、更新时，应在实施前向公安消防机构备案，并按照单位内部审批程序向有关部门和负责人报告，经同意后方可实施，并在实施期间采取有效的安全预防措施，确保安全；
④消防设施需要改变的，应报经公安消防监督机构审核批准后，方可实施，并在实施期间采取有效的消防安全补救措施，确保安全。

（二）火灾事故中消防设施的使用

火灾事故中消防设施的使用应符合下列规定：
①自动消防系统的操作人员在接到火警显示后，应按照相应的处理程序进行操作；
②接到火灾报警控制设备的报警信息后，应首先在系统报警点位置平面图中核实报警点所对应的部位；
③指派人员迅速赶到报警部位核实情况，同时消防控制中心（值班室）应随时准备实施消防系统操作；
④现场核实报警部位确实起火后，应立即通知消防控制中心、消防安全管理人和环控调

度,将相关联动控制装置调整到自动状态,并立即拨打报警电话,向公安消防机构报警;

⑤密切监视消防系统的运行状态,保证火灾情况下自动消防设施的正常运行。

(三) 消防设施检查与维护制度

消防设施、器材的检查维护保养管理应与本单位的运营管理工作统筹安排,结合自身消防安全特点,按照国家有关建筑消防设施维护管理标准的要求,建立健全消防设施、器材的消防安全管理制度,确定消防设施使用、管理、检查、维护的职能部门和逐级岗位消防责任制,在单位消防安全责任人或管理人的领导下抓好各项工作的落实,确保消防设施的完好有效。另外,按照国家有关消防技术规范要求,需要委托具有建筑消防自动设施检测资格的单位对系统进行全面检测的,应定期委托检测并要求出具检测报告。运营单位应委托有资质的单位对消防设施进行维修、更换,保证消防设施完好有效。室内外消防给水系统、火灾自动报警系统、自动喷水灭火系统、气体灭火系统以及防烟、排烟与事故通风系统和防灾通信系统的操作、维护和管理人员上岗前应经过专业培训,并取得合格证,熟悉和掌握系统的工作原理、技术性能和操作维护规程。

三、消防宣传教育与培训

城市轨道交通运营单位应通过公益广告、广播、闭路电视和疏散指示牌等向乘客宣传轨道交通防火、灭火和安全疏散方法,在重大节假日期间应开展有针对性的消防宣传教育活动。

新员工上岗前应进行一次消防安全教育和培训,运营单位每半年至少应组织一次全员培训。

1. 宣传教育与培训的内容

①有关消防法规、消防安全制度和保障消防安全的操作规程;

②本单位消防应急预案;

③本单位和本岗位火灾危险性及防火措施;

④有关消防设施的性能和使用、检查及维护方法;

⑤报告火警、扑救初期火灾及逃生自救的知识和技能;

⑥组织、引导乘客疏散的知识和技能;

⑦其他消防安全宣传教育内容。

2. 专门培训

下列人员每年应接受一次消防安全专门培训:

①单位的消防安全责任人(法人代表或主要负责人);

②消防安全管理人;

③设备设施维修部门的负责人(车间主任);

④专职消防安全员;

⑤消防控制室的值班、操作人员;

⑥控制中心主任(值班主任)、调度人员;

⑦车站站长(值班站长);

⑧列车司机;

⑨特种作业人员;

⑩其他应当接受消防安全专门培训的人员。

四、消防档案

城市轨道交通运营单位应建立健全消防档案。消防档案应翔实、准确,并附有必要的图表,不应漏填、涂改,并根据情况变化及时更新。

1. 档案内容

(1) 消防安全基本情况至少应包括下列内容:

①单位基本情况和消防安全重点部位情况;

②消防审核、验收、检查法律文书及相关资料、图纸等;

③消防安全管理组织机构和各级消防安全责任人;

④消防安全制度和消防安全操作规程;

⑤消防设施、灭火器材情况;

⑥义务消防队人员及其消防装备配备情况;

⑦与消防安全有关的重点工种证明材料;

⑧消防安全疏散图示、灭火和应急疏散预案。

(2) 消防安全管理情况至少应包括下列内容:

①消防设施定期检查、测试、维修保养记录;

②火灾隐患巡查、整改记录;

③有关燃气、电气设备检测(包括防雷、防静电)等的记录;

④消防宣传教育、培训记录;

⑤火灾情况记录;

⑥消防奖惩情况记录。

2. 保管

城市轨道交通运营单位应制定消防档案保管制度。

流动保管的巡查记录等档案,交接班时应有交接手续,不应缺页。往年的档案不应丢弃、损毁,至少应保存10年。重要的技术资料、图纸、审核手续、法律文书等应永久保存。

任务实施

《中华人民共和国消防法》第二十二条规定:生产、储存、装卸易燃易爆危险品的工厂、仓库和专用车站、码头的设置,应当符合消防技术标准。易燃易爆气体和液体的充装站、供应站、调压站,应当设置在符合消防安全要求的位置,并符合防火防爆要求。

已经设置的生产、储存、装卸易燃易爆危险品的工厂、仓库和专用车站、码头,易燃易爆气体和液体的充装站、供应站、调压站,不再符合前款规定的,地方人民政府应当组织、协调有关部门、单位限期解决,消除安全隐患。

(1) 列车运行时的人员疏散:当列车发生火灾时,应视具体情况决定是否停车、何时停车,若不停车则要控制好行车的速度。应选择在行车时间短、消防条件好、候车乘客少的车站停车。充分利用城市轨道交通内部通信设备、广播及时向乘客通报情况,根据起火部位,告知乘客疏散方向和要求。如在隧道内停车,列车乘务人员应及时打开列车安全门,引导乘客沿铁轨走到安全地带,疏散时切忌慌乱,应远离电缆,防止触电。当列车在运行途中发生火灾,一时无法停车疏散时,列车在行进过程中要通知前方站台做好救援、疏散、灭火等各项准备,工作人员应先疏散在站台候车的乘客,同时阻止其他乘客进入站台。对起火列车而言,如起火点所在的车厢在整个列车的中部,则引导乘客向两边车厢疏散;如起火点所在的车厢在整个列车的后部,则尽量引导乘客往前面的车厢疏散。在疏散过程中,城市轨道交通工作人员如列车上的乘务员应采取有效措施,阻止火势扩大和蔓延,并尽量保证每一位乘客(特别是离火点位置比较近的乘客)都有防烟防毒面具、滤器罐、逃生头盔、毛巾和口罩等装备。

(2)车站发生火灾时的人员疏散:公共区发生火灾时,首先关闭空调水系统,关闭着火层的送风机并开启排烟风机。城市轨道交通工作人员要按照火灾应急预案分头组织乘客向不同的出口疏散。其次,行调要及时通知相关列车及时越站,继续前进,以减少疏散人员。在着火点附近的列车行进时速度不宜太快,以免引起强烈的空气对流,导致火势扩大和蔓延。设备区发生火灾时,重要的电气设备房间一般配备有气体灭火系统,气体灭火后由该房间通风空调系统进行排风。其他管理用房需及时关闭送风机、开启排烟风机。

效果评价

评价表

项目名称	项目7 城市轨道交通消防安全管理	学生姓名	
任务名称	任务7.4 消防安全管理	分数	
项 目		分 值	考 核 得 分
(1)城市轨道交通消防安全管理相关知识、图片的搜集、整理		10	
(2)是否有小组计划		5	
(3)城市轨道交通消防安全管理职责的认知情况		20	
(4)城市轨道交通消防设置检查与维护制度的掌握情况		50	
(5)编制学习汇报报告情况		10	
(6)基本素养考核情况		5	
总体得分			

教师简要评语:

教师签名:

思考与练习

1. 简述火灾的等级与燃烧的三要素。
2. 简述城市轨道交通火灾的基本特点。
3. 简述城市轨道交通火灾的预防措施。
4. 城市轨道交通消防安全设备主要包括哪些?各有什么作用?
5. 城市轨道交通车站发生火灾时,如何组织人员进行疏散?
6. 城市轨道交通发生火灾时应如何逃生?

项目 8
城市轨道交通事故的处理

📚 项目描述

只要存在生产经营活动,就有发生事故的可能性。想要避免或减少各种安全事故的发生,就要对事故的成因进行分析,并提出预防措施;在事故发生后,落实"四不放过"原则,进行事故的报告、调查、分析和处理。良好的事故致因分析及预防措施,可有效降低事故发生率。好的事故调查分析报告,可以教育本单位员工引以为戒,也可为同行提供借鉴。

📚 学习目标

(1) 熟知城市轨道交通事故的分类和等级划分。
(2) 了解城市轨道交通事故致因理论。
(3) 了解城市轨道交通事故预防理论。
(4) 熟知城市轨道交通事故调查的主要内容。

📚 能力目标

(1) 能对各类城市轨道交通事故进行等级划分。
(2) 能辨别城市轨道交通致因理论与预防理论的优缺点。
(3) 具备进行城市轨道交通事故初步调查的能力。

📚 项目导入

城市轨道交通一般都处在地下或高架桥的半封闭空间里,具有隐蔽性、封锁性、人员和设备高度密集等特点,一旦发生火灾等突发性事件,人员疏散和救援困难,处置不当将造成巨大的人身和财产损失,对社会经济和生活产生重大影响。综观国内外城市轨道交通的运营情况,不乏这样的例子。2003 年 2 月 18 日,韩国大邱地铁遭人为蓄意纵火,驾驶员在火灾发生时采取措施不当,造成 198 人死亡,146 人受伤;2004 年 2 月 6 日,莫斯科地铁发生爆炸,大火夺去了几十人的生命,上百人受伤;2007 年 7 月 5 日,伦敦地铁脱轨,37 名乘客受伤;2007 年 7 月 5 日,南京地铁小行站附近地面段的供电设备被雷击,造成了中胜至安德门区间接触网断电,中断运营 1 小时 37 分钟;2007 年 7 月 15 日,上海地铁一名男性乘客因强行上车,不慎被夹在列车车门与屏蔽门之间,列车正常启动后,该乘客坠落隧道,不幸身亡。

随着城市轨道交通的快速发展,安全事故频频发生,这些事故如何分类?有关事故的致因理论及预防理论有哪些?事故发生后如何处理?这些问题将在本项目中得到答案。

任务 8.1 城市轨道交通事故的分类和等级划分

情景导入

1. 国外城市轨道交通事故统计分析

通过整理 100 多起国外城市轨道交通事故，得出了导致城市轨道交通事故的 12 种不同的原因，包括脱轨、恐怖事件、供电故障、设备故障、相撞、火灾、跳下站台等。其中，脱轨导致的事故比例高达 20.95%，总共 21 起，是所有因素中发生事故最多的；恐怖事件及供电故障导致的事故次数排在第二位，各有 17 次，占事故总数的 16.67%；设备故障导致的事故有 12 起，相撞导致的事故有 11 起，火灾导致的事故有 10 起，跳下站台导致的事故有 9 起，其余均只发生了 1 起。

2. 国内城市轨道交通事故统计分析

依据北京地铁运营有限公司对故障原因的统计，同时针对我国 1723 次地铁事故，得出以下分类：贻误运营时间超过 5 分钟的被称为运营事故，在 1000 多起事故中，运营事故占了 510 次。总的来说，这 510 次运营事故可分为 9 个大的方面、53 个小的方面。从大的方面来看，导致事故发生的主要因素有车辆、乘客、通信信号等，这些因素引发的事故分别有 142 次、97 次和 145 次，在总事故中占了将近 70% 的比例。

通过上面的数据可以看出，城市轨道交通事故的种类不同，对应的事故等级也不同，预警级别也不尽相同。本任务主要讲城市轨道交通事故的分类、等级划分和预警级别的确定。

任务要求

通过本任务的学习，要求能够理解城市轨道交通事故的分类、等级划分，并掌握城市轨道交通事故预警级别的确定方法。

知识准备

一、城市轨道交通事故的分类

城市轨道交通事故是指城市轨道交通车辆在运行过程中与行人及其他障碍物相撞或发生脱轨，车辆或车站发生火灾、爆炸，乘客拥挤、踩踏、自高处坠落、掉下站台，车门发生故障等影响正常行车的事故。

城市轨道交通事故可分为行车事故、客运事故和自然灾害事故等类型。

（一）行车事故

行车事故主要包括以下几个方面：

（1）人的行为失误或轨道交通系统设备发生故障所导致的危及列车在正线上正常运行的事件。

（2）车站、车辆基地内所有与行车、调车作业有关的危及人身和设备安全的事件。

(3) 列车运行过程中(包括运行途中和停车时)危及乘客安全的事件。

发生行车事故时,应及时采取相关措施,救助受伤人员,排除故障,并填写相关文件备案。

(二) 客运事故

凡是在车站的站厅内、站台上、列车车厢内发生的危及乘客人身安全的事件,均属于客运事故。客运事故主要有列车车门、屏蔽门、自动扶梯、列车停站时站台边缘与列车间的间隙、列车进出站等造成的客伤。发生客运事故时,应及时实施救助,并填写相关文件备案。

(三) 自然灾害事故

自然灾害事故主要包括水灾害、风灾害、雷击灾害、地震灾害等引起的事故。对此,城市轨道交通在建设时应有良好的预防监测措施。在遭遇此类灾害时,应统一指挥,及时组织乘客疏散转移并进行现场抢救。

二、城市轨道交通事故的等级划分

(一) 城市轨道交通事故的四个等级

一般情况下,城市轨道交通事故按照性质和可能造成的损害程度,分为特别重大、重大、较大、一般四个等级。

1. 特别重大事故(Ⅰ级)

在城市轨道交通运营线路或车站内发生爆炸、化学恐怖袭击、火灾、列车脱轨、撞车等事件,或因车辆、设备、设施故障,停电或断电,地震等自然灾害,发生中断运营或人员伤亡及财产损失等紧急情况,造成(可能造成)下列情形之一:

(1) 死亡 30 人以上。

(2) 社会影响特别恶劣,经济损失特别重大。

(3) 发生二级以上火灾(被困人数 500 人以上)。

2. 重大事故(Ⅱ级)

因车辆、设备、设施故障,全线、大面积停电或断电,地震等自然灾害,发生列车在运营正线上脱轨、撞车、运营中断等事件,造成(可能造成)下列情形之一:

(1) 死亡 10~29 人,或死伤 50 人以上。

(2) 轨道交通运营中断 6 小时以上。

(3) 直接经济损失 500 万元以上。

(4) 轨道交通发生三级火灾(被困人数 500 人以下)。

3. 较大事故(Ⅲ级)

因车辆、设备、设施故障,两个车站以上及其区间断电,地震等自然灾害,发生列车在运营正线上脱轨、撞车、运营中断等事件,造成(可能造成)下列情形之一:

(1) 死亡 3~9 人,或死伤 10~49 人。

(2) 轨道交通运营中断 3~6 小时。

(3) 直接经济损失 100 万元~500 万元。

4. 一般事故(Ⅳ级)

因车辆、设备、设施故障,地震等自然灾害等,发生列车在运营正线上脱轨、撞车、运营中断，但城市轨道交通运营部门有能力处理和控制的突发事件，造成（可能造成）下列情形之一：

(1) 死亡 1～2 人，或死伤 10 人以下。

(2) 轨道交通运营中断 3 小时以内。

(3) 直接经济损失 100 万元以下。

(二) 城市轨道交通事故的预警级别

事故发生前，应向社会公布预警级别。以北京市为例，《北京市轨道交通运营突发事件应急预案》对预警级别规定如下：依据轨道交通运营突发事件的危害程度、发展情况和紧迫性等因素，轨道交通运营突发事件的预警由高到低分红色、橙色、黄色、蓝色四个级别。

(1) 红色预警：预计将要发生特别重大（Ⅰ级）以上轨道交通运营突发事件，事件会随时发生，事态正在不断蔓延。

(2) 橙色预警：预计将要发生重大（Ⅱ级）以上轨道交通运营突发事件，事件即将发生，事态正在逐步扩大。

(3) 黄色预警：预计将要发生较大（Ⅲ级）以上轨道交通运营突发事件，事件已经临近，事态有扩大的趋势。

(4) 蓝色预警：预计将要发生一般（Ⅳ级）以上轨道交通运营事故，事件即将临近，事态可能会扩大。

任务实施

分小组搜索城市轨道交通事故案例，每组搜索 10 个案例，讨论事故的等级并确定其对应的预警级别。

效果评价

评价表

项目名称	项目8　城市轨道交通事故的处理	学生姓名	
任务名称	任务 8.1　城市轨道交通事故的分类和等级划分	分数	
项　　目		分　　值	考 核 得 分
(1) 对城市轨道交通事故分类、等级划分的理解与掌握情况		40	
(2) 是否有小组计划		10	
(3) 对城市轨道交通预警级别的掌握情况		35	
(4) 编制学习汇报报告情况		10	
(5) 基本素养考核情况		5	
总体得分			

教师简要评语：

教师签名：

任务 8.2　城市轨道交通事故致因理论和预防理论

情景导入

无危则安,无损则全,安全是生产企业永恒的话题,对于城市轨道交通行业尤为如此。美国安全工程师海因里希提出了著名的海因里希法则:每起重大的安全事故背后都有 29 个事故征兆,每个事故征兆背后都有 300 个事故苗头,每个事故苗头背后都有 1000 个安全隐患。海恩里希法则告诉我们,事故案件的发生看似偶然,其实是各种不安全因素积累到一定程度的必然结果。

任务要求

通过本任务的学习,要求能够了解事故致因理论和预防理论,培养分析、预防事故的能力。

知识准备

一、城市轨道交通事故致因理论

事故致因理论是从大量典型事故的本质原因的分析中所提炼出来的事故机理和事故模型。这些机理和模型反映了事故发生的规律,能够对事故原因做定性、定量分析,从理论上提供科学、完整的依据。

(一)事故因果连锁论

1931 年,海因里希首先提出了事故因果连锁论,用以阐明导致事故的各种因素之间以及这些因素与伤害事故之间的关系。该理论认为,伤害事故的发生不是一个孤立的事件,尽管伤害可能发生在某个瞬间,却是一系列互为因果的事件相继发生的结果。

海因里希最初提出的事故因果连锁过程可用单因素因果链表示,如图 8-1 所示。

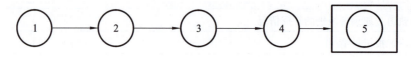

图 8-1　单因素因果链

1—遗传与社会环境;2—人的失误;3—物的不安全状态;4—潜在的危险或事故出现;5—造成伤害

根据单因素因果链,只要控制住其中一个环节不发生意外即可保证安全,但事故发生的原因往往是多层次、多方面的。该理论为分析复杂事故提供了基础。

人们用多米诺骨牌来形象地描述这种事故因果连锁关系,如图 8-2 所示。在多米诺骨牌阵列中,一颗骨牌被碰倒,将发生连锁反应,其余的几颗骨牌相继倒下。如果移去其中的一颗骨牌,则连锁反应被破坏,事故过程被中止。因此,事故因果连锁论又被称作"多米诺骨牌"理论。

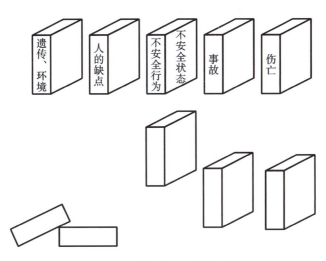

图 8-2　事故致因多米诺骨牌

该理论有明显的不足之处,如对事故因素连锁关系的描述过于绝对化、简单化和单链条化。事实上,事故灾难往往是多因素综合作用的结果。尽管如此,海因里希的事故因果连锁论直观地关注事故形成中的人与物,开创了事故系统观的先河,促进了因果连锁论的发展,成为事故研究科学化的先导。

(二)轨迹交叉论

根据日本的统计资料,1969 年机械制造业休工 8 天以上的伤害事故中,96% 的事故与人的不安全行为有关,91% 的事故与物的不安全状态有关;1977 年机械制造业休工 4 天以上的伤害事故中,与人的不安全行为无关的只占 5.5%,与物的不安全状态无关的只占 16.5%。这表明,大多数工业伤害事故的发生,既是人的不安全行为引起的,也是物的不安全状态引起的。

反映这种认识的理论叫作轨迹交叉论。该理论认为,在事故发展进程中,人的因素的运动轨迹与物的因素的运动轨迹的交点就是事故发生的时间和空间,即人的不安全行为和物的不安全状态相遇(发生于同一时间、同一空间)就会发生事故,如图 8-3 所示。

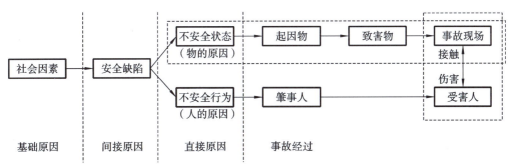

图 8-3　轨迹交叉论事故模型

轨迹交叉论作为一种事故致因理论,强调人的因素和物的因素在事故致因中占有同样重要的地位。按照该理论,可以通过避免人与物两种因素的运动轨迹交叉,即避免人的不安全行为和物的不安全状态同时、同地出现来预防事故的发生。同时,该理论对于调查事故发生的原因也是一种较好的工具。

(三) 能量意外释放论

吉布森和哈登等人提出了解释事故发生的物理本质的能量意外释放论。其基本观点是，人受伤害的原因只能是某种能量向人体的转移，事故则是一种能量的不正常或不期望的释放。

在能量意外释放论中，把能量引起的伤害分为以下两大类：

第一类伤害是由于施加了超过局部或全身性的损伤阈值的能量而产生的。人体各部分对每种能量都有一个损伤阈值，当施加于人体的能量超过该阈值时，就会对人体造成损伤。大多数伤害属于此类伤害。例如，在工业生产中，一般都以 36 V 为安全电压。在正常情况下，当人与 36 V 的电源接触时，由于 36 V 在人体所承受的阈值之内，就不会造成任何伤害或伤害极其轻微；与超过 36 V 的电源接触，轻则导致灼伤或某些功能暂时性损伤，重则造成终身伤残甚至死亡。

第二类伤害是由于影响了局部或全身性能量交换而引起的。例如，机械因素或化学因素引起的窒息，包括溺水、一氧化碳中毒等。

哈登认为，在一定条件下，某种形式的能量能否产生造成人员伤亡事故的伤害取决于能量的大小、接触能量时间的长短和频率及力的集中程度。

与其他事故致因理论相比，能量意外转移论具有两个主要优点：一是把各种能量对人体的伤害归结为伤亡事故的直接原因，从而决定了以对能量源及能量传送装置加以控制作为防止或减少伤害发生的最佳手段这一原则；二是依照该理论建立的对伤亡事故的统计分类是一种可以全面概括、阐明伤亡事故类型和性质的统计分类方法。

能量意外转移论的不足之处在于，由于意外释放的机械能是造成工业伤害的主要能量形式，这就使按照能量转移观点对伤亡事故进行统计分类的方法尽管在理论上具有优势，但在实际应用上仍存在困难，尚有待于对机械能的分类进行更加深入细致的研究，以便对机械能造成的伤害进行分类。

二、城市轨道交通事故预防理论

安全管理应以预防工作为主，即通过有效的管理和技术手段，防止人的不安全行为和物的不安全状态出现，从而使事故发生的概率降到最低，这就是事故预防理论。

(一) 偶然损失原则

事故产生的后果(人员伤亡、物质损失等)及后果的大小都是随机、无法预料的，反复发生的同类事故并不一定产生相同的后果，这就是事故的偶然性。

图 8-4　事故三角形

事故法则即事故的统计规律，又称 1∶29∶300 法则，是指在每 330 次事故中，可能会有造成死亡或重伤事故 1 次，轻伤、微伤事故 29 次，无伤害事故 300 次。这一法则是美国安全工程师海因里希统计分析了 55 万起工业伤害事故后提出的。根据事故法则绘制的事故三角形如图 8-4 所示。

事故法则告诉我们，要消除 1 次死亡或重伤事故及 29 次轻伤或微伤事故，必须首先消除 300 个无伤害事故。实际上,由于事故种类、工作环境、调查方法的不同,各种伤害后果所占的比例不尽相同,事故法则的重要性在于揭示了事故与伤害后果之间存在偶然性的概率原则。

根据事故损失的偶然性可得出安全管理上的偶然损失规则:无论事故是否造成了损失,为了防止事故损失的发生,唯一的办法就是防止事故再次发生。就是说,防止事故的关键不在于防止伤害或损失,而在于从根本上防止事故的发生。因此,安全工作必须从基础抓起,防微杜渐,尽可能地控制并消除事故。

(二) 3E 准则

海因里希把造成人的不安全行为和物的不安全状态的主要原因归结为四个方面:技术、知识不足,不正确的态度,身体不适和不良的工作环境。针对这四个方面的原因,海因里希提出了工程技术改进、说服教育、人事调整和惩戒四种对策。这四种安全对策后来被归纳为 3E 原则,即工程技术(engineering)、教育(education)和强制(enforcement)。

(1) 工程技术(engineering)即利用工程技术手段消除不安全因素,实现生产工艺、机械设备等生产条件的安全。

(2) 教育(education)即利用各种形式的教育和训练,使职工树立"安全第一"的思想,掌握安全生产所必需的知识和技能,包括学校教育和社会教育(广播、电视、广告等)。

(3) 强制(enforcement)即借助规章制度、法规等必要的行政乃至法律的手段来约束人们的行为。

工程技术对策着重解决物的不安全状态的问题;工程教育对策和强制对策则主要着眼于人的不安全行为的问题,教育对策主要使人知道应该怎么做,而强制对策要求人必须怎么做。

(三) 人机匹配法

事故的发生往往是人的不安全行为和物的不安全状态造成的。因此,为了防止事故的发生,主要应防止出现人的不安全行为和物的不安全状态,并在此基础上充分考虑人和物的特点,使之在工作中相互匹配,这对防止事故的发生十分有益。

1. 防止人的不安全行为

为了防止出现人的不安全行为,首先要对人员的结构和素质情况进行分析,找出容易发生事故的人员层次和个人及最常见的人的不安全行为。然后在对人的身体、生理、心理进行检查、测验的基础上,合理选配人员。从研究行为科学出发,加强对人的教育、训练和管理,使其提高生理、心理素质,增强安全意识,提高安全操作技能,从而最大限度地减少、消除不安全行为。

2. 消除物的不安全状态

为了消除物的不安全状态,应把重点放在提高技术装备(机械设备、仪器仪表、建筑设施等)的安全化水平上。技术装备安全化水平的提高有助于改善安全管理和防止人的不安全行为。可以说,技术装备的安全化水平在一定程度上决定了工伤事故和职业病的发生概率。

3. 人机相互匹配

随着科学技术的进步,人类的生产劳动越来越多地为各种机器所代替。例如,各类机械取代了人的手脚,检测仪器代替了人的感官,计算机部分代替了人的大脑。用机器代替人,既减轻了人的劳动强度,有利于安全和健康,又提高了工作效率。

概括地说,在进行人、机功能分配时,应该考虑人的准确度、体力、动作的速度和知觉能力四个方面的基本界限,以及机器的性能、维持能力、正常动作能力、判断能力及成本四个方面的基本界限。机器适合承担功率大、速度快的重复性及持续性作业。应该注意,即使是高度自动化的机器,也需要人员来监视其运行情况;另外,在异常情况下需要由人员来操作,以保证安全。

(四)事故预防工作的五阶段模型

掌握事故发生及预防的基本原理,拥有对人类、国家、社会负责的基本态度,以及从事事故预防工作的知识和能力,是开展事故预防工作的基础。事故预防工作包括以下五个阶段的努力:

(1) 建立健全事故预防工作组织,形成由企业领导牵头,包括安全管理人员和安全技术人员在内的事故预防工作体系,并切实发挥其效能。在企业,这样的组织一般由安全委员会牵头,技术委员会配合。

(2) 通过实地调查、检查、观察及对有关人员的询问,进行认真的判断、研究,以及对事故原始记录的反复研究,收集第一手资料,找出事故预防工作中存在的问题。

(3) 分析事故及不安全问题产生的原因,包括弄清伤亡事故发生的频率、严重程度、场所、工种、生产工序,有关的工具、设备及事故类型等,找出其直接原因和间接原因,以及主要原因和次要原因。

(4) 针对分析事故和不安全问题得到的结论,选择恰当的改进措施。改进措施包括工程技术方面的改进、对人员的说服教育、人员调整、制定及执行规章制度等。

(5) 实施改进措施,包括通过工程技术措施实现机械设备、生产作业条件的安全,消除物的不安全状态;通过人员调整、教育、训练,消除人的不安全行为。改进措施在实施过程中要加以监督。

任务实施

2004年1月5日,香港地铁发生了开通运行以来的第一起人为纵火事故,所幸没有造成人员死亡。上午9时12分左右,正值运营高峰时段,地铁荃湾线一列列车运行至尖沙咀与金钟站区间时,一名在列车首节车厢的乘客使用打火机故意纵火,点燃了随身携带的易燃物品,火势迅速蔓延并产生浓烟,现场乘客及时制止和扑救,火情在第一时间得到控制。当时,列车正以自动驾驶模式运行,车上载有1000多名乘客,由于列车驾驶员、车站管理人员及调度员采取了正确、迅速的处置措施,这起事故没有造成人员死亡,只有14人因吸入烟雾而受轻伤。

分小组讨论上述事故可否预防,如果可以,请利用预防理论说明应该如何预防。

效果评价

评价表

项目名称	项目 8　城市轨道交通事故的处理	学生姓名	
任务名称	任务 8.2　城市轨道交通事故致因理论和预防理论	分数	
项　　目		分　值	考 核 得 分
（1）对事故致因理论以及预防理论的理解与掌握情况		40	
（2）是否有小组计划		10	
（3）对不同致因理论与预防理论的区别与联系的掌握情况		35	
（4）编制学习汇报报告情况		10	
（5）基本素养考核情况		5	
总体得分			

教师简要评语：

教师签名：

任务 8.3　城市轨道交通事故调查与统计

情景导入

笔者以近一个世纪以来发生在美国纽约、英国伦敦、法国巴黎等地的地铁事故和 21 世纪初以来我国北上广等地的多起铁路事故为研究对象，其中近 95% 的研究案例都是中国的案例。研究后发现，引发国外和国内的地铁事故的原因是不同的。

国外的地铁事故多是外因导致的，如投放炸药等恐怖活动、失火、乘客不小心掉出车外等常见的导致地铁事故的原因占总的事故原因的 80% 以上。与此不同，中国的地铁事故多是由地铁车辆自身的问题、地铁部门管理不善等导致的。这些原因都属于内部原因，在总的事故原因中所占的比例偏大，达 70% 以上。

任务要求

通过本任务的学习，要求能够掌握事故调查的权限、调查组的组成、事故调查的主要内容，并能够撰写事故调查报告。

> 知识准备

处理事故(事件)要以事实为依据,以规章为准绳,按照"四不放过"原则(事故原因没有查清不放过,事故责任者没有严肃处理不放过,防范措施没有落实不放过,广大员工没有受到教育不放过)处理事故,认真调查分析,查明原因,分清责任,吸取教训,制定对策,防止同类事故(事件)再次发生。

一、城市轨道交通事故调查

(一)事故调查的权限

依据城市轨道交通事故的大小,由各级政府部门进行调查。

(1)特别重大事故由国务院或国务院授权有关部门组织事故调查组进行调查。

(2)重大事故、较大事故、一般事故分别由事故发生地省级人民政府、设区的市级人民政府、县级人民政府负责调查。省级人民政府、设区的市级人民政府、县级人民政府可以直接组织事故调查组进行调查,也可以授权或委托有关部门组织事故调查组进行调查。

(3)未造成人员伤亡的一般事故,县级人民政府可以委托事故发生单位组织事故调查组进行调查。

(4)上级人民政府认为必要时,可以调查由下级人民政府负责调查的事故。自事故发生之日起30日内(道路交通事故、火灾事故自发生之日起7日内),因事故伤亡人数变化导致事故等级发生变化,依照规定应当由上级人民政府负责调查的,上级人民政府可以另行组织事故调查组进行调查。

(5)对于特别重大事故以下等级的事故,事故发生地与事故发生单位不在同一个县级以上行政区域的,由事故发生地人民政府负责调查,事故发生单位所在地人民政府应当派人参加。

(二)事故调查组

事故调查组的组成应当遵循精简、效能的原则。

(1)根据事故的具体情况,事故调查组由有关人民政府、安全生产监督管理部门、负有安全生产监督管理职责的有关部门、监察机关、公安机关及工会派人组成,并应邀请人民检察院派人参加。事故调查组可以聘请有关专家参与调查。

(2)事故调查组成员应当具有事故调查所需要的知识和专长,并与所调查的事故没有直接利害关系。

(3)事故调查组组长由负责事故调查的人民政府指定,主持事故调查组的工作。

(4)事故调查组应履行下列职责:

①查明事故发生的经过、原因、人员伤亡情况及直接经济损失。
②认定事故的性质和事故责任。
③提出对事故责任者的处理建议。
④总结事故教训,提出防范和整改措施。
⑤提交事故调查报告。

(5)事故调查组的权限:

①事故调查组有权向有关单位和个人了解与事故有关的情况,并要求其提供相关文件、

资料,有关单位和个人不得拒绝。

②事故发生单位的负责人和有关人员在事故调查期间不得擅离职守,并应当随时接受事故调查组的询问,如实提供有关情况。

③事故调查中发现涉嫌犯罪的,事故调查组应当及时将有关材料或其复印件移交司法机关处理。

④事故调查中需要进行技术鉴定的,事故调查组应当委托具有国家规定资质的单位进行技术鉴定。必要时,事故调查组可以直接组织专家进行技术鉴定。技术鉴定所需时间不计入事故调查期限。

(6) 事故调查组遵循的原则。事故调查组成员在事故调查工作中应当诚信公正、恪尽职守,遵守事故调查组的纪律,保守事故调查的秘密。未经事故调查组组长允许,事故调查组成员不得擅自发布有关事故的信息。

(三) 事故调查的内容

(1) 收集事故现场物证、痕迹,测量并按专业绘制事故现场示意图,标注现场设备、设施及遗留物的名称、尺寸、位置、特征等。需要搬动伤亡者或移动现场物体时,应做出标记,妥善保存现场的重要痕迹、物证;暂时无法移动的,应予以守护,并设明显标志。

(2) 询问事故当事人及相关人员,收集口述、笔述、笔录、证照、档案,并复制、拍照。不能书写书面材料的,由事故调查组指定人员代笔记录并经本人签认。无见证人或当事人、相关人员拒绝签字的,应当记录在案。

(3) 对事故现场全貌、方位、有关建筑物、相关设备设施、配件、机动车、遗留物、致害物、痕迹、尸体、伤害部位等进行拍照、摄像,及时转储、收存安全监控、监测、录音、录像等设备的记录。

(4) 收取伤亡人员伤害程度诊断报告、病理分析、病程救治记录、死亡证明、既往病历和健康档案资料等。

(5) 对有涂改、灭失可能或以后难以取得的相关证据进行登记封存。

(6) 查阅有关规章制度、技术文件、操作规程、调度命令、作业记录、台账、会议记录、安全教育培训记录、上岗证书、资质证书、承(发)包合同、营业执照、安全技术交底资料等,必要时将原件或复印件附在调查记录内。

(7) 对有关设备、设施、配件、机动车、器具、起因物、致害物、痕迹、现场遗留物等进行技术分析、检测和试验,组织笔迹鉴定,必要时组织法医进行尸表检验或尸体解剖,并写出专题报告。

(8) 脱轨事故发生后,在全面调查的基础上,必要时应对事故地点前后一定长度范围内的线路设备进行检查与测量,并调阅近期内该段线路质量检测情况;对事故地点前方(列车运行相反方向)一定长度的线路范围内,有无机车车辆配件脱落、刮碰行车设备的痕迹等进行检查,对脱轨列车中有关的机车车辆进行检查与测量,并调阅脱轨机车车辆近期运行情况监测记录。

(四) 事故调查报告

事故调查组应自事故发生之日起 60 日内提交事故调查报告;特殊情况下,经负责事故调查的人民政府批准,提交事故调查报告的期限可以适当延长,但延长的期限最长不超过 60 日。

事故调查报告应当包括事故发生单位的概况、事故发生的经过和事故救援情况、事故造成的人员伤亡和直接经济损失、事故发生的原因和事故性质、事故责任的认定及对事故责任者的处理建议、事故防范和整改措施、有关证据材料。

事故调查组成员应当在事故调查报告上签名。事故调查报告报送负责事故调查的人民政府后,事故调查工作即告结束。事故调查的有关资料应当归档保存。

二、城市轨道交通事故统计

(1) 城市轨道交通运营企业各部门应按照事故规定建立事故统计分析制度,完善统计分析资料,并按规定及时报送。安全监察部门负责事故统计分析报告的日常工作,并负责监督指导有关部门(单位)做好事故统计分析报告工作。

(2) 事故的统计报告应坚持及时、准确、真实、完整的原则。

(3) 应按照事故类别、等级、性质、原因、部门、责任等项目分别进行事故的统计。

(4) 每日事故的统计时间,从上一日18时至当日18时止。但填报事故发生时间时,应以实际时间为准,即以零点改变日期。

(5) 责任事故件数统计在负全部责任、主要责任的单位,非责任事故和待定责事故件数统计在发生单位。负同等责任或追究同等责任的,在总数中不重复统计件数。

(6) 一起事故同时符合两个以上事故等级的,以最高事故等级进行统计。

(7) 发生人员伤亡的事故应按以下规定统计:

①人员在事故中失踪,至事故结案时仍未找到的,按死亡统计。

②事故受伤人员因正常手术治疗而加重伤害程度的,按手术后的伤害程度统计。

③事故受伤人员经救治无效,在7日内死亡的,按死亡统计;经医疗事故鉴定委员会确认为医疗事故的,或7日后死亡的,按原伤害程度统计。

④事故受伤人员在7日内由轻伤发展成重伤的,按重伤统计。

⑤未经医疗事故鉴定委员会确认为医疗事故的伤亡,按责任事故统计。

⑥相撞事故发生后,经调查确认为自杀、他杀的,不统计在伤亡人数中。

任务实施

下面以某地铁发生的接触网接地跳闸运营事件为例,对运营事件的调查处理情况进行剖析。

(1) 事件概况。

某日,某局电务工程有限公司在车辆段16道洗车库FAS调试前进行接触网断电作业时,在未将2141-16-2隔离开关断开的情况下,违章接地操作,造成接触网和钢轨短路,牵引降压混合变电所214、212开关跳闸。

(2) 原因分析。

①×月×日提报的日补充施工计划申报表中无配合部门及配合内容。

②在断开一个隔离开关后挂接地线前,未使用验电器对接触网进行验电。经调查,该局电务工程公司未购买验电器,严重违反国家《电业安全工作规程(电力线路部分)》(DL 409—1991)第4.2.1条"在停电线路工作地段装接地线前,要先验电,验明线路确无电压。验电要用合格的相应电压等级的专用验电器"的规定。

③采用的接地线线径小于 60 mm²,不符合"接地线应不小于通电线路截面积的 50%"的规定(接触网导线截面面积为 120 mm²),同时接地线存在断股、散股现象,均不符合施工作业要求。

④操作隔离开关和挂接地线人员未进行隔离开关操作培训,属无证上岗,严重违反国家《电业安全工作规程(电力线路部分)》(DL 409—1991)第 1.5 条电气工作人员必须具备的条件的规定。

⑤施工人员不清楚洗车库处的供电方式及隔离开关控制模式,盲目凭以往经常在洗车库作业的经验,只断开洗车库西侧 2141-16-1 隔离开关。

(3)定性定责。

根据该单位《运营事故处理规则(试行)》第 4.1.6 条一般事件的规定,此次事件构成运营一般事件。

(4)整改措施。

①加强施工计划管理。对施工计划中的安全防护事宜必须加以明确,对作业配合部门及配合内容必须加以明确,部门需明确具体单位,运营公司的配合人员必须明确到部门。

②各部门要加强分管区域的安全检查。严格落实属地管理和设备配属管理,对本部门的安全区域或配属的设备设施进行维修、施工等作业时,相关部门必须派合格人员予以配合。在施工、作业过程中,要加强检查,发现安全隐患要及时制止。

③认真学习相关制度、办法。各部组织全体员工认真学习各岗位的相关安全制度和规章制度,对于不符合现场实际的文本,组织骨干人员对本部门编写的部分进行修订;对其他部门编写的部分提出修改意见,报编写部门。

分小组,根据以上资料编写一份调查报告。

效果评价

评价表

项目名称	项目 8　城市轨道交通事故的处理		学生姓名	
任务名称	任务 8.3　城市轨道交通事故调查与统计		分数	
项　　目			分　值	考核得分
(1)对事故调查流程的理解与掌握情况			40	
(2)是否有小组计划			10	
(3)对事故调查报告内容的掌握情况			35	
(4)编制学习汇报报告情况			10	
(5)基本素养考核情况			5	
总体得分				

教师简要评语:

教师签名:

思考与练习

1. 结合典型案例,分析说明城市轨道交通事故发生的主要原因。
2. 简述城市轨道交通事故致因理论的内容和应用范围。
3. 简述城市轨道交通事故调查的内容。
4. 简述国家对生产事故等级的划分内容。
5. 简述国家对城市轨道交通事故等级的划分内容。
6. 简述城市轨道交通事故的分类。

项目 9
城市轨道交通安全分析与评价

📖 项目描述

城市轨道交通是重大民生工程,为市民提供安全、可靠的出行服务,始终是城市轨道交通运营管理工作的出发点和落脚点。为了保证城市轨道交通公共安全,应加强城市轨道交通安全监管。而随着轨道交通的蓬勃发展,随之而来的各种负面影响也日益增多。为了保证轨道交通的安全和运输能力,对轨道交通项目进行合理的安全分析与评价显得愈加重要。

📖 学习目标

(1) 理解安全分析理论。
(2) 了解安全评价的内容、特点与意义。
(3) 掌握安全评价的程序。
(4) 掌握运营组织、行车基础设备评价的内容。

📖 能力目标

(1) 具备运用理论解决城市轨道交通实际问题的能力。
(2) 具备初步进行城市轨道交通安全评价的能力。

📖 项目导入

2016年10月,某市地铁3号线建设者宣布,经过5年的建设,3号线已经建成,即将通车,但广大市民迟迟等不到地铁3号线的正式运营。广大市民及媒体记者多次询问地铁运营分公司,最终得到的答复是地铁3号线还没有通过安全评价,因此不能正式投入运营。原来该市的地铁3号线虽然已经建成,但还没有邀请地铁方面的专家对新线进行安全评价,按城市轨道交通线路建设和投入运营的基本条件,线路在建成后,只有经过严格的安全评价才能投入运营。

安全评价的目的是查找、分析和预测城市轨道交通系统存在的危险、有害因素及可能导致的危险、危害后果和程度,提出合理可行的安全对策和措施,以达到最低事故率、最少损失和最佳的安全投资效益。在西方发达国家,城市轨道交通项目要经过第三方机构在建设前的安全预测评价和试运营前的验收评价才能投入运营。但是,我国目前仅有北京、深圳、南京等几个城市邀请专家对新建城市轨道交通进行验收评价,针对这种情况,有必要制定城市轨道交通安全评价标准和相应的管理制度,以强化安全评价的作用。

城市轨道交通作为特殊的人员密集公共场所，对其安全程度进行分析、评价，发现其薄弱环节，预先采取措施，把事故消灭于萌芽状态是极为重要的。本项目通过讲述安全分析理论，以地铁运营安全评价体系为例，简要阐述城市轨道交通安全评价的要求、程序、内容和方法。

任务 9.1 城市轨道交通安全分析

情景导入

安全与危险是一个事物的两个方面，可以说世界上没有绝对安全的事物，任何事物都具有一定的危险性，只是危险程度不同。需要通过分析，对城市轨道交通运营的安全性做出评价，并对安全运营进行考核。

对系统进行安全评价，一般要依赖于安全分析技术。安全分析技术通常可分为定性分析和定量分析两种类型。定性分析能够找出系统的危险性，估计出危险的程度；定量分析则可以计算出事故发生的概率和损失率。

任务要求

通过本任务的学习，要求了解常用的安全分析理论，并能够运用理论解决城市轨道交通的实际问题。

知识准备

常用的安全分析方法主要有安全检查表分析法、事故树分析法、专家评议法和事件树分析法等。

一、安全检查表分析法

（一）安全检查表分析法的定义

安全检查表分析（safety checklist analysis，SCA）法是依据相关的标准、规范，对系统中已知的危险类别、设计缺陷及与一般工艺设备、操作、管理有关的潜在危险性和有害性进行判别检查，是系统安全分析中一种常用的分析方法，也是进行系统安全检查、预防事故、改善劳动条件的一种重要手段。该方法可用于发现和查明系统的各种危险和隐患，监督各项安全法规、制度、标准的实施，制止违章行为，预防事故，消除危险，保障安全。

安全检查表分析法一般采用正面提问的方式列出要检查的因素或状态，以"是"或"否"来回答。

安全检查表分为运输设备、设施的定期安全检查表，运营生产安全检查（如调车、行车、客运等作业的检查）表，消防安全检查（如车站、列车上的消防检查）表和专项安全检查（如施工安全、特殊装置的检查）表。

(二) 安全检查表的编制依据

(1) 国家、地方的相关安全法规、规定、规程、规范和标准,行业、企业的规章制度、标准及企业安全生产操作规程。

(2) 国内外行业、企业事故统计案例、经验教训。

(3) 行业及企业安全生产的经验,特别是本企业安全生产的实践经验,引发事故的各种潜在不安全因素及成功杜绝或减少事故发生的成功经验。

(4) 系统安全分析的结果(为防止重大事故的发生而采用事故树分析法对系统进行分析,得出能引发事故的各种不安全因素的基本事件)。将该结果作为防止事故控制点源列入检查表。

(三) 安全检查表的编制步骤

(1) 确定被检查对象,组织有关人员。

(2) 熟悉被分析的系统,对于复杂的系统,可分为若干个子系统进行分析。

(3) 调查不安全因素,从人、机、法、环、料等方面进行调查。

(4) 收集与系统有关的规范、标准、制度等资料。

(5) 明确规定的安全要求。

(6) 根据具体情况和要求确定编制方法,编制安全检查表。

(7) 通过反复使用,不断修改、补充和完善。

(四) 编制安全检查表时的注意事项

安全检查表应力求系统完整,不漏掉任何能引发事故的关键危险因素。因此,编制安全检查表时应注意如下问题:

(1) 安全检查表的内容要重点突出,简繁适当,有启发性。

(2) 各类安全检查表的项目、内容应针对不同的检查对象而有所侧重,分清各自职责内容,尽量避免重复。

(3) 安全检查表的每项内容都要定义明确,便于操作。

(4) 安全检查表的项目、内容应随工艺的改造、设备的更新、环境的变化和生产异常情况的出现而不断得到修订、变更和完善。

(5) 凡可能导致事故的一切不安全因素都应列出,以确保各种不安全因素能及时被发现或消除。

(五) 应用安全检查表时的注意事项

应用安全检查表时,应注意以下几个问题:

(1) 各类安全检查表都有适用对象,专业检查表与日常定期检查表要有区别。专业检查表应内容详细,突出专业设备安全参数的定量界限;日常定期检查表,尤其是岗位检查表应简明扼要,突出关键和重点部位。

(2) 应用安全检查表实施检查时,应落实安全检查人员。厂级日常安全检查可由安技部门现场人员和安全监督巡检人员会同有关部门联合进行。车间的安全检查可由车间主任或指定车间安全员进行。岗位安全检查一般指定专人进行。安全检查后,相关人员应签字并提出处理意见备查。

(3) 为保证安全检查的有效定期实施,应将安全检查表列入相关安全检查管理制度,或制定安全检查表的实施办法。

(4) 应用安全检查表检查时，必须注意信息的反馈及整改。对查出的问题，凡是检查者当时能督促整改和解决的应立即解决，当时不能整改和解决的应进行反馈登记和汇总分析，由有关部门列入计划安排解决。

(5) 应用安全检查表检查时，必须按编制的内容，逐项目、逐内容、逐点检查。有问必答，有点必检，按规定的符号填写清楚，为系统分析及安全评价提供可靠、准确的依据。

（六）安全检查表的优缺点

1. 安全检查表的优点

(1) 检查项目系统、完整，可以做到不遗漏任何能导致危险的关键因素，避免传统的安全检查中易发生的疏忽、遗漏等弊端，能保证安全检查的质量。

(2) 可以根据已有的规章制度、标准、规程等检查执行情况，得出准确的评价。

(3) 安全检查表采用提问的方式，有问有答，给人的印象深刻，能使人了解如何做才是正确的，因而可起到安全教育的作用。

(4) 编制安全检查表的过程本身就是一个对系统进行安全分析的过程，可使检查人员对系统的认识更深刻，更便于发现危险因素。

(5) 可针对不同的检查对象、检查目的编制不同的检查表，应用范围广。

2. 安全检查表的缺点

针对不同的需要，须事先编制大量的检查表，工作量大，并且安全检查表的质量受编制人员的知识水平和经验的影响较大。

（七）安全检查表示例

表 9-1 为××车站劳动安全检查表。

表 9-1　××车站劳动安全检查表

单位：××　　　　　　　　　检查人：××　　　　　　　　　×年×月×日

序号		检查项目	检查结果		整改措施
			是	否	
一		运营安全生产管理			
	1	是否推行各项作业标准化，并按规定操作			
	2	是否落实安全生产责任制			
	3	是否定期组织安全生产会议			
	4	是否存在安全薄弱环节、惯性事故，是否指定了预防措施			
		……			
二		安全教育与宣传			
	1	是否对安全生产的方针政策、法规制度进行了宣传			
	2	是否举办了安全学习班为安全生产培训骨干			
	3	是否建立了安全生产考核制度			
	4	是否对职工进行了安全操作教育培训			
	5	是否对职工进行了急救知识教育			
		……			

续表

序 号	检 查 项 目	检查结果 是	检查结果 否	整改措施
三	作业场所情况			
1	各车站是否设立了安全标志			
2	通道是否顺畅			
3	监控、防护设施是否完整			
4	是否开展了有效措施以保证职工、乘客的安全			
	……			
四	安全检查与生产管理新技术的推广			
1	管理人员是否经常下现场检查,发现问题是否及时整改			
2	是否对作业纪律进行定期检查,并有考核制度			
3	是否推广应用了安全生产的先进技术设备			
4	班组及岗位是否经常开展自检互检			
	……			

二、事故树分析法

(一) 事故树分析法的定义

事故树分析(fault tree analysis,FTA)法是 20 世纪 60 年代以来迅速发展的系统可靠性分析方法,它采用逻辑方法,将事故因果关系形象地描述为一种有方向的"树",把系统可能发生或已发生的事故(称为顶上事件)作为分析起点,将导致事故发生的事件按因果逻辑关系逐层列出,用树形图表示出来,构成一种逻辑模型,然后定性或定量地分析事故发生的各种可能途径及发生的概率,找出避免事故发生的各种方案并选出最佳安全对策。事故树分析法形象、清晰,逻辑性强,能对各种系统的危险性进行识别评价,既能进行定性分析,又能进行定量分析。

(二) 事故树符号

事故树是由各种事件符号和与其连接的逻辑门符号所组成的。现将最简单、最基本的符号介绍如下:

1. 事件符号

事件符号是用于记录事件的符号,分为矩形符号、圆形符号、屋形符号和菱形符号。

(1) 矩形符号。矩形符号用来表示顶上事件或中间事件,将事件扼要记入矩形框内,如图 9-1(a)所示。顶上事件一定要清楚、明了,不要太笼统。例如,对于"发生行车险性事故",人们无从下手分析,应当列出具体的事故,可写成"某站发生列车冒进出站信号"。

(2) 圆形符号。圆形符号表示基本原因事件(可以是人的差错,也可以是机械故障、环境因素等),即最基本事件,不能继续往下分析了。将事件扼要记入圆形符号内,如图 9-1(b)所示。

(3) 屋形符号。屋形符号表示正常事件(系统正常状态下发生的正常事件),例如,"调车作业""列车运行"等。将事件扼要记入屋形符号内,如图 9-1(c)所示。

(4) 菱形符号。菱形符号表示省略事件,即事前不能分析,或者没有再分析下去的必要的事件。将事件扼要记入菱形符号内,如图 9-1(d)所示。

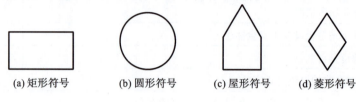

图 9-1　事件符号

2. 逻辑门符号

逻辑门符号是连接各个事件并表示事件之间逻辑关系的符号,包括与门符号、或门符号、条件与门符号和条件或门符号。

(1) 与门符号。与门符号表示它下面的输入事件 B_1、B_2 同时发生时,输出事件 A 才会发生的连接关系,两者缺一不可,表现为逻辑积的关系,即 $A=B_1 \cdot B_2$ 或 $A=B_1 \cap B_2$;当有若干输入事件时也是如此,如图 9-2(a)所示。

例如,工人在线路上施工,没下道避车而被列车撞伤,没下道避车的原因一是没看见车来,二是防护未起作用,只有这两个事件同时发生才能造成"没下道避车",用与门符号表示如图 9-2(b)所示。

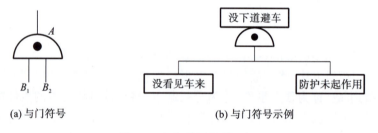

图 9-2　与门符号及其示例

(2) 或门符号。或门符号表示它下面的输入事件 B_1 或 B_2 中任何一个事件发生,都可以使输出事件 A 发生,表现为逻辑和的关系,即 $A=B_1+B_2$ 或 $A=B_1 \cup B_2$;当有若干输入事件时也是如此,如图 9-3(a)所示。

例如,线路施工作业人员没撤出机车车辆限界而被机车撞压,导致没撤出机车车辆限界的原因有未下道避车和下道不及时两个,这两个事件中任何一个事件发生都会造成"没撤出机车车辆限界",用或门符号表示如图 9-3(b)所示。

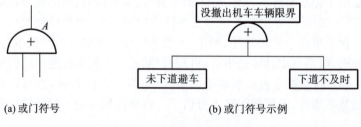

图 9-3　或门符号及其示例

(3) 条件与门符号。条件与门符号表示输入事件 B_1、B_2 同时发生时,输出事件 A 并不一定发生,只有在满足条件 α 的情况下,事件 A 才会发生。它相当于三个输入事件的与门,即 $A=B_1 \cdot B_2 \cdot \alpha$ 或 $A=B_1 \cap B_2 \cap \alpha$,将条件记入六边形内,如图 9-4(a)所示。

例如,线路施工作业人员被机车撞压死亡,造成该事件的原因是司机走神和工人未撤出机车车辆限界,但除了两个事件同时发生外,还必须具备"人体与机车接触"这个条件,用条件与门表示如图 9-4(b)所示。

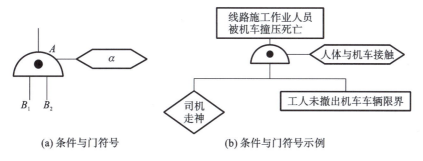

(a) 条件与门符号　　　　(b) 条件与门符号示例

图 9-4　条件与门符号及其示例

(4) 条件或门符号。条件或门符号表示 B_1 或 B_2 任何一个事件发生时,还必须满足条件 β,才有输出事件 A 发生,将条件记入六边形内,如图 9-5(a)所示。

例如,"撞坏列车"是"作业失误"或"线路上有障碍物"造成的,这两个事件任何一个发生都有可能造成"撞坏列车",但是必须满足"物件与列车接触"这个条件,用条件或门表示如图 9-5(b)所示。

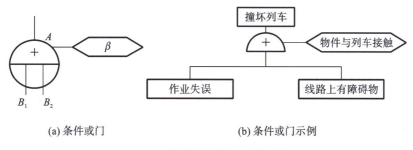

(a) 条件或门　　　　(b) 条件或门示例

图 9-5　条件或门符号及其示例

(5) 限制门符号。限制门符号是逻辑上的一种修正符号,即当输入事件 B 满足发生条件 α 时,才产生输出事件 A;相反,如果不满足,则不发生输出事件。其具体条件写在六边形符号内,如图 9-6(a)所示。

例如,工人从脚手架上坠落死亡是由于从脚手架上坠落,但输入事件只有在高度和地面情况满足一定条件时,才会造成死亡,即只有高度足够高且地面坚硬时,工人才会摔死。限制门符号和条件与门符号不同,输入事件只有一个,如图 9-6(b)所示。

(6) 排斥或门符号。排斥或门符号即或门连接下的 B_1、B_2 两个事件中有一个发生,输出事件 A 便发生,但 B_1、B_2 不可能同时发生,B_1、B_2 是相互排斥的,如图 9-7(a)所示。

例如,建筑施工作业人员从脚手架坠落,原因之一是没系安全带,而造成没系安全带的原因有因走动取下和忘系两种。这两个事件中的任何一个发生都会造成没系安全带事件发生,但这两个事件不会同时发生,是互相排斥的,如图 9-7(b)所示。

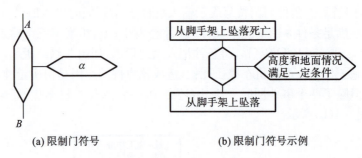

(a) 限制门符号　　　　　　(b) 限制门符号示例

图 9-6　限制门符号及其示例

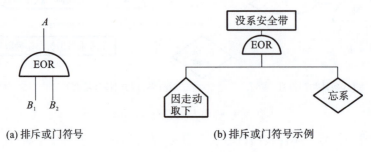

(a) 排斥或门符号　　　　　　(b) 排斥或门符号示例

图 9-7　排斥或门符号及其示例

3. 转移符号

事故树规模很大时,需要将某些部分画在别的纸上,或转移到其他部门,这就要用到转移符号,以表示向何处转出和从何处转入。

(1) 转出符号。转出符号表示向其他部分转出,三角形内记入向何处转出的标记,如图 9-8(a)所示。

(a) 转出符号　　(b) 转入符号

图 9-8　转移符号

(2) 转入符号。转入符号表示从其他部分转入,三角形内记入从何处转入的标记,如图 9-8(b)所示。

(三) 事故树分析法操作步骤

1. 熟悉分析系统

首先要详细了解分析对象,包括工艺流程、设备构造、操作条件、环境状况及控制系统和安全装置等。同时可以广泛收集同类系统发生的事故。

2. 确定分析的对象系统和对象事件

通过实验分析、事故分析及故障类型和影响分析确定对象事件;明确对象系统的边界、分析深度、初始条件、前提条件和不考虑条件。

3. 确定分析边界

在分析之前要明确分析的范围和边界,以及系统所包含的内容。城市轨道交通生产过程具有连续化、大型化的特点,各工序、设备之间相互连接,如果不划定界限,得到的事故树将会非常庞大,不利于研究。

4. 确定系统事故发生概率和事故损失的安全目标值

为了查清事件的情况,杜绝以后发生类似的事件,一定要认真确定系统事故发生概率、事故损失的安全目标值,以吸取教训。

5. 调查原因事件

顶上事件确定之后,就要分析与之有关的原因事件,也就是找出系统所有存在潜在危险因素的薄弱环节,包括设备元件等硬件故障、软件故障、人为差错及环境因素。凡是与事故有关的原因都要找出来,作为事件树的原因事件。

6. 确定不予考虑的事件

与事故有关的原因事件各种各样,但是有些原因事件根本不可能发生或发生的概率很小,如雷电、飓风、地震等,编制事故树时一般不予考虑,但要加以说明。

7. 确定分析的深度

在分析原因事件时,需要事先确定分析到哪一层为止。分析得太浅可能发生遗漏,分析得太深,则事故树会过于庞大烦琐。具体的分析深度应视分析对象而定。

8. 编制事故树

从顶上事件起,一级一级往下找出所有原因事件,直到最基本的事件为止,按其逻辑关系画出事故树。每个顶上事件对应一株事故树。

9. 定性、定量分析

按事故结构进行简化,求出最小割集和最小径集,排出结构重要度顺序,求出概率重要度和临界重要度。

10. 结论

当事故发生概率超过预定目标值时,从最小割集着手,研究降低事故发生概率的所有可能方案,利用最小径集找出消除事故的最佳方案;通过重要度分析确定采取对策措施的重点和先后顺序,从而得出分析、评价的结论。

(四)事故树示例

列车冒进信号事故树如图 9-9 所示。

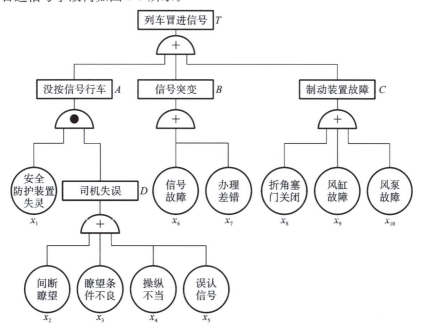

图 9-9　列车冒进信号事故树

（五）事故树分析法的特点

事故树分析法具有以下几个特点：

（1）采用演绎的方法分析事故的因果关系，能详细找出各系统固有的潜在危险因素，为安全设计、制定安全技术措施和安全管理要点提供了依据。

（2）能简洁、形象地表示出事故和各原因之间的因果关系及逻辑关系。

（3）在事故分析中，顶上事件可以是已发生的事故，也可以是预想的事故。通过分析找出原因，采取对策加以控制，从而起到预测、预防事故的作用。

（4）可以用于定性分析，求出危险因素对事故影响的大小；也可以用于定量分析，由各危险因素发生的概率计算出事故发生的概率，从数量上说明是否能满足预定目标值的要求，从而按轻、重、缓、急确定采取措施的顺序。

（5）可选择最感兴趣的事故作为顶上事件进行分析。

（6）分析人员必须非常熟悉对象系统，具有丰富的实践经验，能准确和熟练地应用分析方法。实际应用中往往出现不同分析人员编制的事故树和分析结果不同的现象。

（7）复杂系统的事故树往往很庞大，分析、计算的工作量大。

（8）进行定量分析时，必须知道事故树中各事件的故障数据；如果这些数据不准确，就不可能进行定量分析。

三、专家评议法

（一）专家评议法的定义

专家评议法是一种吸收专家参加，根据事物的过去、现在及发展趋势，进行积极的创造性思维活动，对事物的未来进行分析、预测的方法。

（二）专家评议法的分类

专家评议法有以下两种类型。

1. 专家评审法

专家评审法是指根据一定的规则，组织相关专家进行积极的创造性思维，集思广益，共同探讨具体问题的一种专家评价方法。

2. 专家质疑法

专家质疑法需要进行两次会议：第一次会议是专家直接针对具体的问题进行讨论并提出设想；第二次会议则是专家对第一次会议提出的设想进行质疑。主要包括以下工作：

（1）研究讨论有碍设想实现的问题。

（2）论证已提出设想的实现可能性。

（3）讨论设想的限制因素及提出排除限制因素的建议。

（4）在质疑过程中，对出现的新的建设性的设想进行讨论。

（三）专家评议法的步骤

（1）明确具体分析、预测的问题。

（2）组成专家评议分析、预测小组，小组应由预测专家、相关领域的专家、推断思维能力强的演绎专家等组成。

（3）举行专家会议，对提出的问题进行分析、讨论和预测。

(4) 分析、归纳专家会议的结果。

(四) 专家评议法的优缺点和适用范围

专家评议法简单易行、比较客观,不仅有在专业理论上造诣较深、实践经验丰富的专家参加评议,而且有专业、安全、评价、逻辑方面的专家。将专家的意见运用逻辑推理的方法进行综合、归纳,所得出的结论一般是比较全面、正确的。特别是专家质疑环节,通过正、反两方的讨论,分析问题能够更深入、更全面、更透彻,所形成的结论性意见更科学、合理。但是,由于要求参加评价的专家有较高的水平,并不是所有的工程项目都适用于本方法。

专家评议法适用于类比工程项目、系统和装置的安全评价,它可以充分发挥专家丰富的实践经验和理论知识。专项安全评价经常采用专家评议法,运用该评价方法,可以把问题研究得更深入、更透彻,并得出具体执行意见和结论,便于进行科学决策。

四、事件树分析法

(一) 事件树分析法的定义

事件树分析(event tree analysis,ETA)法的理论基础是决策论,是从一个初始事件开始,按顺序分析事件向前发展的各个环节成功与失败的过程和结果,是一种时序逻辑的事故分析方法。事件树分析法以某一初始事件为起点,按照事故的发展顺序,分不同阶段一步步地进行分析;每个阶段可能的后续事件有完全对立的两种状态(正常或故障,安全或危险),逐步向结果发展,直至达到系统故障或事故为止,如图 9-10 所示。

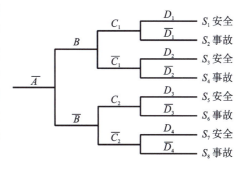

图 9-10　事件树的结构

ETA 从事故的初始事件开始,途径原因事件到结果事件,对每个事件都按成功和失败两种状态进行分析。成功或失败的分叉称为歧点,以树枝的上分支作为成功事件,下分支作为失败事件,按照事件发展顺序不断延续分析至最后结果,最终形成一个在水平方向横向展开的树形图。

(二) 事件树分析的步骤

1. 确定初始事件

初始事件一般指系统故障、设备失效、工艺异常、人的失误等,它们都是事先设想或估计的事件。初始事件一般依靠分析人员的经验和有关运行、故障、事故统计资料来确定;对于新开发的系统或复杂系统,往往先应用其他分析、评价方法选定分析因素,再用事件树分析法做进一步的重点分析。

2. 判定安全功能

系统中包含许多能消除、预防、减弱初始事件影响的安全功能。常见的安全功能有自动控制装置、报警系统、安全装置、屏蔽装置和操作人员采取措施等。

3. 发展事件树和简化事件树

从初始事件开始,自左向右发展事件树。首先考察初始事件一旦发生时最先起作用的安全功能,把能发挥功能的状态画在上面的分支,不能发挥功能的状态画在下面的分支。然后依次考虑每种安全功能分支的两种状态,层层分解,直至系统发生事故或故障为止。

4. 分析事件树

(1) 找出事故连锁和最小割集。事件树每个分支代表初始事件一旦发生后可能的发展途径,其中导致系统事故的途径即为事故连锁。一般导致系统事故的途径有很多,这意味着有很多事故连锁。

(2) 找出预防事故的途径。事件树中最终达到安全的途径指导人们如何采取措施预防事故的发生。在达到安全的途径中,安全功能发挥作用的事件构成事件树的最小径集。一般事件树中包含多个最小径集,即可以通过若干途径防止事故发生。

由于事件树体现了事件的时间顺序,因此应尽可能从最先发挥作用的安全功能着手。

5. 事件树的定量分析

由各事件发生的概率计算系统事故或故障发生的概率。

(三) 事件树分析法的优缺点及适用范围

事件树分析法是一种图解形式,层次清楚,可以看作对FTA法的补充,该方法可以将严重事故的动态发展过程全部揭示出来。

事件树分析法的优点:概率可以以路径为基础分到节点;整个结果的范围可以在整个树中得到改善;事件树从原因到结果,发展脉络比较清晰;事件树能够体现事件发展的顺序;事件树在检查系统和人的响应所造成的潜在事故时是理想的。

事件树分析法的缺点:事件树成长非常快,为了使其保持合理的大小,往往只能进行粗略分析,缺少像FTA中的数学混合应用。

任务实施

在行车事故中,列车冒进信号造成的冲突、脱轨事故占大部分。例如,2009年12月22日上午5点50分,上海轨道交通1号线陕西南站至人民广场站区间突发供电接触网跳闸故障,造成该区列车停驶。7点左右,由中山北路至上海火车站下行的1号线150号车,运行至上海火车站折返站时,由于该车冒进信号,与正在反方向运行进站的117号车发生侧面碰撞。[注:列车发生碰撞的原因有多种,如果是自动驾驶,可能是列车自动防护(ATP系统)保护信号出了问题,或自动制动系统发生故障,或ATP没有启动等;如果是人工驾驶,则可能是人工操作失误,司机看到红灯后还往里面闯。]

试结合该冒进信号事故,用事故树分析法分析原因。

效果评价

评价表

项目名称	项目9 城市轨道交通安全分析与评价	学生姓名	
任务名称	任务9.1 城市轨道交通安全分析	分数	
项 目		分 值	考核得分
(1) 对安全分析理论的掌握情况		30	
(2) 对安全分析理论的应用能力		30	

续表

项　　目	分　　值	考核得分
（3）编制学习汇报报告情况	20	
（4）基本素质考核情况	20	
总体得分		

教师简要评语：

教师签名：

任务9.2　城市轨道交通安全评价

情景导入

城市轨道交通安全评价是城市轨道交通运营安全管理的重要组成部分。它以实现城市轨道交通运营安全为目的，按照系统科学的方法，对城市轨道交通系统中的危险因素进行分析和评价，并根据形成事故的大小采取相应的安全措施，以实现安全管理。

城市轨道交通运营安全评价体系包括安全管理评价、运营组织与管理评价、线路与轨道系统评价、环境与设备监控系统评价、自动售票系统评价、车辆段与综合基地评价、土建评价和外界环境评价。由于城市轨道交通系统技术复杂，涉及专业繁多，因此有必要开展专门的评价工作，使评价顺利、有效、客观。

任务要求

通过本任务的学习，要求了解城市轨道交通安全评价的内容、特点、意义和程序，掌握运营组织、行车基础设备评价的主要内容，具备初步的城市轨道交通安全评价能力。

知识准备

安全评价（又称风险评价）是以保障安全为目的，应用安全系统工程原理和方法，对工程、系统中存在的危险、有害因素进行辨识与分析，判断工程、系统发生事故和职业危害的可能性及严重程度，提出安全对策和建议，为制定防范措施和管理决策提供科学依据。

一、安全评价的内容

20世纪60年代初，安全评价技术起源于美国。美国空军倡导系统安全工程评价方法，而美国道化学公司首创了危险指数评价方法，逐渐形成了并行不悖的两大流派。

无论哪一种评价方法,其主要内容不外乎危险的识别、危险的定量、定量化的危险与基准值比较、提出控制危险的措施四个方面。危险的识别是分析所研究对象存在的各种危险;危险的定量则是研究确定这些危险发生的频率及可能造成的后果,一般将定量化的危险称为风险;定量化的危险与基准值比较是将这些风险与预定的风险值相比较,判断是否可以接受;提出控制危险的措施即根据风险能否接受而提出降低、排除、转移风险的对策。

二、安全评价的特点与意义

1. 安全评价的特点

与传统的安全分析和安全管理相比,安全评价主要具有以下特点:

(1) 确立了系统安全的观点。随着生产规模的扩大、生产技术的日趋复杂和连续化生产的实现,系统往往由许多子系统构成。为了保证系统的安全,就必须研究每个子系统,另外,各个子系统之间的"接点"往往会被忽略而引发事故,因而"接点"的危险性不容忽视。由于安全评价是以整个系统安全为目标的,因此不能孤立地对子系统进行研究和分析,而要从全局的观点出发,寻求最佳、有效的防灾途径。

(2) 开发了事故预测技术。传统的安全管理常常是"亡羊补牢",即从已经发生的事故中吸取教训,这当然是必要的,但是有些事故的代价太大,必须预先采取相应的防范措施。安全评价的目的是预先发现、识别可能导致事故发生的危险因素,以便在事故发生之前采取措施消除、控制这些因素,防止事故的发生。

(3) 对安全做定量描述。安全评价对安全做定量化分析,把安全从抽象的概念转化为数量指标,从而为安全管理、事故预测和选择最优方案等提供了科学依据。

虽然在某种意义上说,安全评价是一种创新,但它毕竟是在传统的安全分析和安全管理的基础上发展起来的。因此,传统安全管理的宝贵经验和从历史事故中吸取的教训对于安全评价依然是十分重要的。

2. 安全评价的意义

安全评价可有效地预防事故的发生,减少财产损失和人员伤亡,主要表现在以下几个方面:

(1) 安全评价是安全管理的一个重要组成部分。

(2) 有助于政府安全监督管理部门对生产经营单位的安全生产实行宏观控制。

(3) 有助于安全投资的合理选择。

(4) 有助于提高安全生产经营单位的安全管理水平,实现三个转变:变事后处理为事先预测、预防,变纵向单一管理为全面系统管理,变经验管理为目标管理。

(5) 有助于生产经营单位提高经济效益。

三、安全评价的依据与程序

1. 安全评价的依据

安全评价的依据如下:国家及地方的有关法律、法规、标准,企业内部的规章制度及技术规范,可接受的风险标准,前人的经验教训。

2. 安全评价的程序

安全评价的程序如下:准备阶段,危险、有害因素识别与分析,定性、定量评价,提出安全对策与措施,形成安全评价结论及建议,编制安全评价报告。

四、运营组织评价

运营组织与管理是一个集系统、管理者、乘客、组织手段等多种因素于一体的复杂过程,既要考虑行车指挥,又要关注客运组织,还与诸多中间环节有着千丝万缕的联系。运营组织评价的主要内容包括系统负荷、人员、客运组织、行车组织。系统负荷分为线路负荷和车站负荷;客运组织是指车站客运人员根据客流量大小、天气情况等制定相应的方案,保证旅客乘降及运输全过程的安全;行车组织是指调度员按照列车运行图指挥列车安全、正点地运行。调度员、行车值班员、驾驶员、客运服务人员是城市轨道交通系统中落实行车组织和客运组织的关键岗位人员,确保列车安全、正点运行。

(一) 系统负荷评价

从乘客乘坐城市轨道交通过程的角度讲,城市轨道交通系统可简单地划分为线路和车站两个部分。因此,本部分将线路负荷和车站负荷作为评价内容。

1. 线路负荷评价

作为运营中的城市轨道交通线路,其系统负荷主要表现在日运量、行车密度和车辆满载率方面。对各种负荷划分类别,类别越高,风险越大。线路负荷评价标准如下:

(1) 线路负荷是指评价期间内最大日均运量,即

$$线路负荷 = 线路日运量(万人次) \div 线路运营里程(千米)$$

日运量越大,风险越大。

(2) 行车密度是指列车线路图确定的最小行车距离,间距越小,风险越大。

(3) 车辆满载率是指列车在高峰时段最大断面的满载情况,不计算平均值。满载率越高,风险越大。

2. 车站负荷评价

车站负荷可分解为不同公共区域负荷。一旦这些区域满足负荷要求,车站负荷即可得到保证。车站负荷评价标准如下:

(1) 站台是乘客上下车的地方,是一个极易造成客流拥堵、形成安全隐患的区域。站台高峰小时集散量是对这一因素最有效的考量。

(2) 通道和楼梯属于客流过渡部分,而不是客流集散部分,然而,一旦其发生堵塞,将形成客流"瓶颈"。此部分评价参考《地铁设计规范》(GB 50157—2013)中的相关数据。

(3) 随着 AFC 系统的应用越来越普遍,其在客流组织方面不可替代的作用也应在车站负荷评价中得到充分体现。正常情况下,AFC 系统闸机发挥着通道的作用,在突发大客流情况下,其性能及疏散能力直接影响客流流速。

(二) 人员评价

城市轨道交通运营企业的工作人员对信息的处理过程是一个复杂的"感知—选择—判断—决策—操作"的过程,其中任何一个环节出现差错,均可能导致运营系统意外事件的发生。人员失误的原因包括生理、心理及环境影响三方面,其根源是人的生理、心理上的固有弱点。人的感觉、知觉、记忆、思维等心理过程对工作人员的行为有重要的影响。

1. 调度人员评价

调度人员评价包括调度员的年龄结构,现场工作经验,对行车基础设备的熟悉程度,客

流增减对列车运行影响的掌握,指挥列车正点、安全运行的素质。

2. 行车值班员评价

行车值班员评价包括突发事件的处置能力,作业和收工过程的快慢,同一班组的车站值班员之间相互监督的程度。

3. 驾驶员评价

驾驶员对运行安全起决定性作用,是高信任度职业,对人的职业技能、心理承受能力和承受外界影响等能力的要求较高,针对驾驶员长时间不间断驾驶车辆疲劳的情况,一方面调整运行圈数、合理轮乘,另一方面加强管理人员的添乘指导,同时在不同时间、不同地点进行检查。此外,加强对驾驶员公寓的管理,确保驾驶员得到充分的休息,使驾驶员能集中精力操纵列车。

4. 客运服务人员评价

客运服务人员评价,一是考察个人背景资料,包括性别、年龄、岗位和身体状况等;二是考察客运服务人员对突发事件的敏感程度和反应能力;三是考察客运服务人员对各类抢险救灾器材和逃生防护用品的掌握情况。

5. 应急救援人员评价

当火警发生时,应急救援人员要设法扑灭初期火灾,或引导消防队员灭火。其主要工作内容是对供电设备的抢修和协助其他部门抢险。城市轨道交通系统的应急救援人员年龄要求在 35 岁以,人员布点满足第一时间到达现场的要求。另外,加强应急救援人员与消防局、消防队之间的交流,保障城市轨道交通应急救援工作的顺利开展。

6. 设备维修、维护人员评价

对设备维修、维护工人采取多种多样的培训方式,如岗前安全培训、业务技能培训、安全专项培训和安全例行教育等;对国家规定的特种作业人员进行培训,实行持证上岗;加强日常的安全宣传教育,特别是新员工的安全教育;加强职工的自保和事故应急能力的培训,明确设备危险特性及相应的应急处理措施和急救措施,加强从业人员的安全防护。

(三)客运组织和人员疏散评价

1. 客运组织评价

客运组织工作是城市轨道交通运营管理的重要组成部分,客运组织质量直接反映城市轨道交通运营管理水平。客运组织工作必须实行统一领导、分级管理的原则,建立健全各项工作制度,各部门密切配合,维持车站、列车秩序,改善服务态度,提高工作效率。

在制定客运组织方案时,应做到以下几点:

(1)了解各站区的客流特征,包括车站的客流量、客流来源、早晚高峰时间、各方向站厅客流比例、15 min 进站量和票种构成特点等。

(2)制定日常客运组织方案,包括车站正常的客运组织方案和特殊情况下的客运组织方案。

(3)制定节假日与重点运输阶段的客运组织方案。

(4)制定雨天、雪天客运组织方案。

(5)加强与社会各界的沟通,配合各种重大社会活动,提前做好客运组织方案,保证乘客的人身安全。

2. 人员疏散评价

人员疏散是城市轨道交通客运组织的一个重要方面,可以选取线路中具有代表性的车站,运用人员疏散计算机模拟技术对其应急疏散能力进行模拟分析。对各种影响因素(如人员密度、残疾人的比例、紧急时间、发生位置、出口的可用情况、疏散过程中的信息交流、步梯的使用情况)的单独和综合作用及各种组织疏导措施的效果等进行深入模拟分析。

(四)行车组织评价

列车必须按照既定的列车运行图运行,为了保证列车正点、安全运行,应制定正常情况下的行车组织方案和特殊情况下的行车组织方案。

1. 正常情况下的行车组织方案

当列车运行偏离运行图时,行调要根据实际情况进行列车运行调整,尽可能在最短时间内使偏离的列车按图行驶,做到恢复正点运行和行车安全兼顾。

正常情况下的列车运行调整方法如下:

(1) 始发站提前或者推迟发出列车。

(2) 加速车站作业过程,压缩停站时间。

(3) 根据实际情况组织列车不停车而通过某些车站。

(4) 变更列车交路,组织列车在具备条件的中间站折返。

(5) 组织列车反方向运行。

(6) 扣车。

(7) 调整列车运行时间间隔。当车站客流骤增,作业困难时,行调可根据列车的运行情况,适当调整列车运行间隔,避免上下行列车同时到达车站。

(8) 当一条线路运行秩序紊乱时,要尽力维持另一条线路的列车正常运行,并通知各站组织乘客乘坐畅通的列车线路。

(9) 停运列车。

2. 特殊情况下的行车组织方案

在进行列车运行调整时,列车等级按照专运列车、旅客列车、回空列车、其他列车的次序排列。在抢险救灾的情况下,优先放行救援列车。特殊情况下的行车组织如下:

(1) 列车出现自动控制故障时的行车。

(2) 调度权力下放,改为车站控制时的行车。

(3) 改用电话闭塞法的行车。

(4) 改用时间间隔法的行车。

(5) 夜间施工时的行车等。

此外,应针对火灾、地震、毒气等特殊情形制定紧急救援预案。

五、行车基础设备评价

(一)车辆评价

车辆是城市轨道交通系统的乘客运载工具,在保证运行安全、准点、快速的基础上,还要为乘客提供良好的服务条件。

车辆在运营线路上发生故障可能导致列车中断运行,也可能导致列车颠覆、脱轨,最终对乘客的人身安全造成影响。

车辆评价可以采取现场安全检查的方式,选取若干车辆段进行检查,设立相应检查项目,进而根据收集到的数据对车辆进行安全评价。

根据车辆评价结果反映的问题,研究安全措施和改进对策,比较常用的有以下几项:

(1) 针对设备老化的问题,在更新车辆设备之前,加强对职工的安全教育,强化质量问题就是安全问题的意识,对重点部位死看、死守。检修部门加强对车辆的监控,制定严格的维修养护措施,派专人在运营线路上对车辆进行监控,并及时向车间反馈故障信息。

(2) 针对各种安全隐患,认真贯彻"抓小防大、安全关前移"的思想,制定和完善各种规章制度及作业标准。

(3) 对老化车辆进行更换,以提高车辆的安全性、可靠性和稳定性,降低车辆的故障率。

(4) 在客室内安装对讲装置,以保证在紧急情况下乘客能与驾驶员交流。

(5) 在列车上安装安全监控设备,提高车辆的自动化水平,以防止在运营过程中驾驶员误操作或车辆故障造成行车事故。

(6) 提高备品、备件的质量,选取有资质的生产厂家统一进货,以保证备件质量安全可靠。

(二) 线路评价

线路是行车最主要的基础设备,它对城市轨道交通系统安全的重要性仅次于车辆。线路问题可能导致列车脱轨等重大事故的发生,影响乘客的人身安全。线路必须坚固稳定,并具有正确的几何形状,只有线路的平面和纵断面符合规范,才能确保机车车辆安全、平稳、不间断地运行。线路评价也可以采取现场安全检查的方式,从线路设计缺陷、钢轨伤损等方面进行检查,并针对钢轨断裂用事故树分析法进行分析,从而发现安全隐患。

线路的安全应对措施如下:

(1) 对于线路不满足现行规范要求的问题,通过制定列车限速标准、设置标识来保证行车安全。

(2) 根据《工务维修规则》制定钢轨探伤周期,以保证及时发现轨道的各种伤损情况,并及时采取各种措施进行处理。

(3) 对道床开裂、破损地段进行定期监测,及时进行修复。

(三) 供电系统评价

采用安全检查表对城市轨道交通供电系统进行安全检查,对历年的事故资料采用数理统计分析的方法进行评价,并对影响列车运营的三轨断电事故进行事故树分析,分别评价供电系统在负荷要求、电源要求、牵引制式、变电所变压器和牵引整流机组等的数量容量设计、线缆设置、杂散电流控制及保护设置等方面的安全状况。

供电系统评价主要考察的问题有设备服役期限、设备老化情况、设备技术水平、设备与环境的适应性、设备结构设计、备件备品情况等。

根据评价结果制定完善的供电系统安全管理制度和维护检修制度,对供电系统的重点部位加强监护,保证持续、稳定、可靠地供电,及时改造存在火灾隐患的供电设备。

(四) 通信信号系统评价

通信信号系统是保障列车安全运行的重要辅助设备。通信信号系统发生故障一般不会导致乘客伤亡事故，若通信信号故障不能在短时间内排除，可以采用电话闭塞法行车，也不会导致长时间的列车停运。所以，通信信号系统发生故障对轨道交通系统运营安全的影响比较小。

对通信信号系统，主要采用数理统计分析法和弹性系数法进行评价，统计设备故障数量、设备故障率、自动化水平及设备稳定性等。针对信号设备、车载设备、电视系统等发生故障频率比较高的设备，制定专门的规章制度，保证故障发生后得到快速解决。

（五）机电设备评价

机电设备故障本身不会导致乘客的安全问题，但是一旦发生突发事件，机电设备，尤其是通风排烟系统对于抢险救灾意义重大。

机电设备数量繁多、种类复杂，在评价过程中可以应用安全检查表对机电设备进行现场检查，考察通风和排烟设施、管路锈蚀问题、电缆阻燃能力、区间隧道应急照明等，并采用事故树分析法进行分析。

对于老化设备及城市轨道交通最初设计、布局中存在的安全隐患等历史遗留问题，通过加强巡检力度、提高维修质量来确保设备的安全运行。除了加强平时的巡视、巡检、巡查外，还要不断加强安全管理方面的建设，演练应急救援预案，修订维修、操作规程，确保机电设备处于良性运行状态。

（六）土建设施系统评价

土建设施系统包括车站、风亭、隧道等静态行车基础设施，其本身不会对列车运行产生任何影响，也不会影响乘客的人身安全。车站设备设施不符合规范，一般不会引发安全事故，但是一旦发生意外，不利于人群的疏散；土建设施的病害一般不会对车内乘客造成伤害，但是若病害严重，则可能影响列车的正点运行。

土建设施系统评价主要考察车站的通道宽度、楼梯宽度、站厅、站台、设备及管理用房、通道、人行楼梯、自动扶梯高度，以及车站控制室、出入口、风亭、人行楼梯的设置等。

（七）行车基础设备评价总结

车辆、线路、供电系统、通信信号系统、机电设备等行车基础设备是城市轨道交通运营的基础，行车基础设备和城市轨道交通事故的关系总结如下：

（1）车辆是对城市轨道交通运营安全影响最大的设备，车辆故障可能导致列车脱轨等事故发生，从而导致群死群伤事件的发生。

（2）线路伤损可能导致重大行车事故的发生，需要进行线路检测、维修，以保证及时发现伤损情况并进行处理。

（3）供电设备故障可导致长时间停运，不会导致乘客的伤亡，但是如果疏散不当，可能引发拥挤踩踏事件。

（4）机电设备本身不对安全运营产生影响，但是关系到灾后通风排烟。

（5）通信信号系统本身发生故障，通过采取各种措施，不会造成乘客伤亡。

六、外界影响评价

（一）乘客对轨道交通系统安全影响评价

乘客由于种种原因，携带禁带品乘坐城市轨道交通，严重威胁城市轨道交通系统的运营安全。禁带品的种类主要有枪支弹药类、爆炸物品类、管制器具类、易燃易爆品类、毒害性物品类、放射性物品类等。

目前,存在乘客伪装携带危险品进入城市轨道交通的潜在威胁。可通过数理统计的方法考察乘客携带禁带品的数量、种类、比例及多发地区,得出评价结果。

(二)水、电、气、热等生命线工程的安全影响评价

城市轨道交通系统,特别是地铁,主要修建于地下,周边敷设有大量的水、电、气、热管网。但由于城市轨道交通运营公司无法掌握详细资料,因此无法对周边管网进行安全监控。

外界停电会导致城市轨道交通运营中断,若疏散不利,可能导致拥挤踩踏等事故发生,也可能引起城市轨道交通大面积停电而停运;水管若发生意外泄漏,可能导致轨道受淹而停运,用电设备进水而短路、起火;煤气管道泄漏,有导致火灾的可能。

线路下的过管工程较多,可能造成洞体沉降、轨道变形,给运营工作造成一定的困难,且后期恢复变形的难度很大。

(三)外界环境评价

外界环境评价包括防自然灾害、保护区两个评价项目。

依据《国家处置城市地铁事故灾难应急预案》,城市轨道交通系统中特别重大、重大事故灾难类型包括地铁遭受台风、水灾、地震等自然灾害的侵袭。此外,《地铁设计规范》(GB 50157—2013)中规定,地铁应具有防风灾、水淹、冰雪、地震、雷击等灾害的防灾设施。因此,应对地铁运营期间防自然灾害的能力进行评价,并根据可能发生的危险形式分为防风灾、防雷电、防水灾、防地震、防地质灾害五方面。

任务实施

组织城市轨道交通专家、学校教师和学生一起进行一场针对城市轨道交通运营公司或学校安全管理的评价会,按照评价步骤组织会议,最后写出心得体会。

效果评价

评价表

项目名称	项目9 城市轨道交通安全分析与评价	学生姓名	
任务名称	任务9.2 城市轨道交通安全评价	分数	
项 目		分 值	考核得分
(1)对城市轨道交通安全评价的内容、特点与意义的掌握情况		10	
(2)对城市轨道交通安全评价程序的掌握情况		10	
(3)对运营组织评价和行车基础设备评价的掌握情况		40	
(4)编制学习汇报报告情况		20	
(5)基本素质考核情况		20	
总体得分			

续表

教师简要评语：

教师签名：

思考与练习

1. 说明安全检查表分析法的基本方法、步骤及主要优、缺点。
2. 简要说明事件树分析法的优、缺点及适用范围。
3. 简要说明如何使用事故树分析法进行安全分析。
4. 城市轨道交通安全评价的主要内容是什么？
5. 城市轨道交通安全评价的特点与意义是什么？
6. 简要说明城市轨道交通安全评价的依据与程序。
7. 城市轨道交通系统客运组织评价的主要内容是什么？
8. 如何对城市轨道交通系统的行车基础设备进行评价？

项目 10
城市轨道交通安全管理法律法规

项目描述

"安全第一、预防为主"是我国的安全生产方针。认真落实这一方针既是党和国家的要求,也是搞好安全生产,保障从业人员的生命安全和身体健康,保障企业的生产经营顺利进行的根本要求。因此,将安全生产方针转变为所有员工的思想意识和具体行动,对搞好安全生产至关重要。随着科学技术的发展,工厂生产的产品越来越多,生产工艺越来越复杂,工艺条件要求越来越高,潜伏的危险性越来越大,对安全生产的要求也越来越高。这就要求对生产中的工艺操作、设备运行、人员操作等过程中的危险进行超前预测、科学预防,从而有效地避免事故的发生。

学习目标

（1）掌握安全生产法规的概念。
（2）列举城市轨道交通综合安全管理体系。
（3）熟知《中华人民共和国安全生产法》的主要内容。
（4）熟知《城市轨道交通运营管理规定》的主要内容。
（5）熟知《城市轨道交通消防安全管理》的主要内容。
（6）熟知《城市轨道交通管理条例》中与安全相关的内容。

能力目标

（1）能够正确解读法律、法规条文的含义。
（2）具备运用法律、法规维护正当权益的能力。
（3）具备初步运用法律、法规解决实际工作问题的能力。

项目导入

2021年1月22日下午15时42分,因道路地质勘查施工,南宁市轨道交通1号线百花岭至埌东客运站下行区间公里标K27+900米处隧道被地质勘查机械钻穿,发生地铁侵限事故,造成轨道交通1号线短时关闭停运,直接经济损失306.65万元,社会影响较大。

根据《中华人民共和国安全生产法》《生产安全事故报告和调查处理条例》等有关规定,南宁市人民政府成立了由市应急局为牵头单位,市纪委监委、市公安局、市交通运输局、市住建局、市总工会为成员单位的轨道交通1号线百花岭至埌东客运站下行区间"1·22"侵限事故调查组(以下简称事故调查组)。同时,聘请有关专家参与事故调查工作。

事故调查组坚持"科学严谨、依法依规、实事求是、注重实效"的原则,通过现场勘验、调查取证和专家论证,查明了事故的经过、原因和直接经济损失情况,认定了事故性质和责任,提出了对有关责任人员和责任单位的处理意见,以及加强和改进工作的措施建议。

通过阅读上述材料,分析法律、法规在城市轨道交通安全管理中的重要性。

任务 10.1　安全管理法律法规基础

情景导入

在社会与经济活动中,法规是国家法律、行政法规和行政规章的统称。与城市轨道交通运营安全管理相关的法规是由国家立法机关或其授权的行政机关制定的国家法律、行政法规和行政规章中有关运输安全的各种限制性规定和专项要求,它们是城市轨道交通运营安全管理的法治依据。

我国目前规范经济活动的法律框架如下:第一是法律,由全国人大通过,是以国家主席令的形式发布的法律文件;第二是法令,或称行政法规,由国务院常务会议通过,是以国务院令的形式发布的法律文件;第三是法规,或称部门规章,由政府各行业主管部门制定,是以部、委、局令的形式发布的法律文件;第四是国家标准,由国家市场监督管理部门制定、批准和发布,其中,有一些强制性标准属于国家法规,其他标准本身虽不具有强制性,但因标准的某些条文由法律赋予强制力而具有技术法规的性质。本任务主要讲述安全生产法规、安全生产法律体系及城市轨道交通安全管理法规基本体系。

任务要求

通过本任务的学习,要求能够陈述安全生产法规的概念,列举城市轨道交通安全管理体系。

知识准备

一、安全生产法规及安全生产法律体系

安全生产法规是指国家机关为加强安全生产监督管理,落实安全生产技术措施,保护人民群众生命和财产安全,防止和减少安全生产事故,促进经济发展,按照一定的法律程序制定并颁布实施的法律规范。安全生产法规具有国家强制性,一切生产经营单位、行政机关、社会团体和从业人员及相关方都必须严格遵守、认真执行。对违反安全生产法规的行为,造成重大后果的,要追究法律责任,并根据情节轻重分别给予行政处分、经济处罚,直至追究刑事责任。安全生产法规的主要任务是调整在生产经营活动中相关组织之间及其与从业人员之间在安全生产方面的权利和义务关系,保护有关人员的人身和财产安全。

安全生产法律体系是指我国全部现行的、不同的法律规范形成的有机联系的统一整

体。根据法律的地位和效力不同,安全生产法律体系分为法律、行政法规、规章和法定安全生产标准。

(一) 法律

我国现行的有关安全生产的专门法律主要有《中华人民共和国安全生产法》《中华人民共和国消防法》《中华人民共和国道路交通安全法》《中华人民共和国海上交通安全法》《中华人民共和国矿山安全法》;与安全生产相关的法律主要有《中华人民共和国劳动法》《中华人民共和国职业病防治法》《中华人民共和国工会法》《中华人民共和国矿产资源法》《中华人民共和国铁路法》《中华人民共和国公路法》《中华人民共和国民用航空法》《中华人民共和国港口法》《中华人民共和国建筑法》《中华人民共和国煤炭法》《中华人民共和国电力法》等。

(二) 行政法规

安全生产行政法规的法律地位和法律效力低于有关安全生产法律,高于地方性安全生产法规、部门规章等。地方性安全生产法规的法律地位和法律效力低于有关安全生产法律和安全生产行政法规,高于地方政府安全生产规章;经济特区和民族自治地方安全生产法规的法律地位和效力与地方性安全生产法规相同。

(三) 规章

规章分为部门规章和地方政府规章。部门安全生产规章是国务院有关部门依照安全生产法律、行政法规的规定制定发布的,其法律地位和效力低于法律、行政法规,高于地方政府规章。地方政府安全生产规章是最低层级的安全生产立法,其法律地位和效力低于其他上位法,不得与上位法相抵触。

(四) 法定安全生产标准

法定安全生产标准主要是指强制性安全生产标准,分为国家标准和行业标准,对生产经营单位同样具有约束力。虽然我国没有技术法规的正式用语,也未将其纳入法律体系的范畴,但国家的许多安全生产立法却将安全生产标准作为生产经营单位必须执行的技术规范而载入法律。安全生产标准法律化是我国安全生产立法的重要趋势。

二、城市轨道交通安全管理法规基本体系

目前,我国城市轨道交通行业安全法规尚属空白,《中华人民共和国消防法》和《中华人民共和国安全生产法》中均没有针对城市轨道交通的具体规定。立法空白导致需要通过行政手段来建立和运作城市轨道交通综合安全管理体系。与法律手段相比,行政手段虽然同样具有强制性,但在稳定性和明晰性方面相去甚远,这给城市轨道交通安全管理工作带来了隐患。在国家性法律法规立法条件尚不成熟的情况下,可以依据相关法律中的部分条例,首先推动地方立法,对城市轨道交通安全管理体系做出规定。

(一) 国家颁布的规范各行各业安全生产的专门法律

我国第一部全面规范各行各业安全生产的专门法律为《中华人民共和国安全生产法》(以下简称《安全生产法》),自 2002 年 11 月 1 日起在全国范围内施行。

《安全生产法》的颁布实施,标志我国安全生产的法制建设进入了一个新的发展阶段,对于依法强化我国安全生产监督管理,规范各类生产经营单位的安全生产和作业,制裁各种安

全生产违法行为,遏制重大、特大事故的发生,保障劳动生产者的合法权益,维护人民群众生命财产安全,具有十分重要的意义。城市轨道交通系统宣传、贯彻《安全生产法》是加强安全生产法制建设、不断推进运营安全、加快城市轨道交通发展的重大举措和长期任务。

(二) 国务院颁布的与城市轨道交通运营安全管理有关的安全法规

国务院颁布的与城市轨道交通运营安全管理有关的安全法规,是经国务院常务会议通过并以国务院总理令的形式颁发的行政法规,明文规定了城市轨道交通系统各部门和工作人员对保证运营安全应尽的职责,以及对各种扰乱站、车秩序,侵犯乘客权益,危害行车安全,损坏轨道设施行为的禁令和奖惩范围及权限。对造成特别重大人身伤亡或巨大经济损失及性质特别严重、产生重大影响的特别重大事故调查程序做出了具体规定,主要内容包括调查的原则要求、特大事故的现场保护和报告、特大事故的调查办法和处理权限等。2001年4月21日,《国务院关于特大安全事故行政责任追究的规定》颁布施行。

此外,国务院发布的《民用爆炸物品安全管理条例》《放射性物品运输安全管理条例》《危险化学品安全管理条例》等,都对制定与执行城市轨道交通系统危险货物运输管理的相关规则起到了重要作用。

(三) 主管部门制定的与城市轨道交通运营安全有关的规程、规则

我国目前尚未制定关于城市轨道交通的统一安全运营规则,在这种背景下,各城市轨道交通管理部门结合实践,制定了一系列相关法规,主要分为以下两类:

(1) 与行车安全及其管理有关的规程、规则。与行车安全及其管理有关的规程、规则主要有《铁路技术管理规程》《铁路行车组织规则》和《铁路行车事故处理规则》等。

(2) 与运营安全及其管理有关的规程、规则。与运营安全及其管理有关的规程、规则主要是各类相关的旅客运营规程,如《北京市城市轨道交通安全运营管理办法》。

(四) 原国家质量技术监督局制定的作业标准和生产条例

作业标准是规章制度的延伸,一般是与重复进行的生产活动直接有关的作业项目和程序,在内容、顺序、时限和操作方法等方面,依据作业规章制度所做的统一规定,是组织现代化大生产的主要手段。作业标准和规章制度相辅相成,缺一不可,尤其是对大量重复进行、影响大、安全要求高的铁路调车和接发列车作业更是如此。

规范正常状态下的作业标准,需要参照城市轨道交通事故预防法规标准体系和城市轨道交通安全保障管理体系等。此外,还有针对突发事故的城市轨道交通事故应急及救援法规标准体系。

(五) ISO 9000 质量认证体系

城市轨道交通系统是城市综合交通路网的主干,在目前各种运输方式竞争激烈的形势下,城市轨道交通运营要提高服务质量和市场竞争能力,应尽快跨入 ISO 9000 质量认证行列。ISO 9000 系列标准的核心是对运输过程的动态控制,满足运输企业全面建立安全动态管理模式的需要,实现在运输安全上的有序可控、持续发展,从而取得较好效果。

总之,与城市轨道交通运营安全有关的国家法律和安全法规,对规章制度和作业标准的制定与执行起着权威性、原则性的指导作用。而后者又是前者的制定依据,随着形势的发展和条件的变化,都需要适时进行修订、补充和增删,以使运营安全管理水平不断提高。

任务实施

安排学生认真学习《中华人民共和国安全生产法》等相关法律条文的内容,并组织学生讨论与安全生产相关的知识和案例。

效果评价

评价表

项目名称	项目 10 城市轨道交通安全管理法律法规	学生姓名	
任务名称	任务 10.1 安全管理法律法规基础	分数	
项 目		分 值	考核得分
(1) 对城市轨道交通安全法律法规的理解与掌握情况		40	
(2) 是否有小组计划		10	
(3) 对相关轨道交通安全法律法规之间的区别与联系的掌握情况		35	
(4) 编制学习汇报报告情况		10	
(5) 基本素养考核情况		5	
总体得分			

教师简要评语:

教师签名:

任务 10.2 《安全生产法》简介

情景导入

《安全生产法》于 2002 年 6 月 29 日经第九届全国人民代表大会常务委员会第 28 次会议审议通过,以中华人民共和国主席第 70 号令予以公布,自 2002 年 11 月 1 日起施行。《安全生产法》的颁布实施是我国安全生产法制建设的重要里程碑。《安全生产法》是加强安全生产监督管理,落实安全生产技术措施,保护人民群众生命和财产安全,防止和减少安全生产事故,促进经济发展的重要法律。

任务要求

通过本任务的学习,要求能够叙述《安全生产法》的主要内容,了解其法律地位、立法宗旨和适用范围,列举《安全生产法》的基本规定及从业人员的权利和义务。

> 知识准备

一、《安全生产法》的法律地位和立法宗旨

《安全生产法》是我国第一部安全生产基本法律。在我国安全生产法律体系中,《安全生产法》的法律地位和法律效力是最高的,是各类生产经营单位及其从业人员实现安全生产所必须遵守的行为规范,是各级人民政府和各有关部门进行安全生产监督管理和行政执法的法律依据,是制裁各种安全生产违法犯罪行为的法律武器。《安全生产法》第一条明确规定了其立法宗旨,即"为了加强安全生产监督管理,防止和减少生产安全事故,保障人民群众生命和财产安全,促进经济社会持续健康发展,制定本法"。

二、《安全生产法》的适用范围

《安全生产法》的第二条对适用范围做了规定:"在中华人民共和国领域内从事生产经营活动的单位(以下统称生产经营单位)的安全生产,适用本法;有关法律、行政法规对消防安全和道路交通安全、铁路交通安全、水上交通安全、民用航空安全以及核与辐射安全、特种设备安全另有规定的,适用其规定。"

三、《安全生产法》的基本规定

(一) 安全生产管理的方针

《安全生产法》第三条规定:"安全生产工作坚持中国共产党的领导。安全生产工作应当以人为本,坚持人民至上、生命至上,把保护人民生命安全摆在首位,树牢安全发展理念,坚持安全第一、预防为主、综合治理的方针,从源头上防范化解重大安全风险。安全生产工作实行管行业必须管安全、管业务必须管安全、管生产经营必须管安全,强化和落实生产经营单位主体责任与政府监管责任,建立生产经营单位负责、职工参与、政府监管、行业自律和社会监督的机制。"

(二) 生产经营单位安全生产责任制度

《安全生产法》第四条规定:"生产经营单位必须遵守本法和其他有关安全生产的法律、法规,加强安全生产管理,建立健全全员安全生产责任制和安全生产规章制度,加大对安全生产资金、物资、技术、人员的投入保障力度,改善安全生产条件,加强安全生产标准化、信息化建设,构建安全风险分级管控和隐患排查治理双重预防机制,健全风险防范化解机制,提高安全生产水平,确保安全生产。"该条规定主要依法确定了以生产经营单位为主体、以依法生产经营为规范、以安全生产责任制为核心的安全生产管理制度。

在《安全生产法》的第二章具体规定了生产经营单位的安全生产保障责任,主要包括从事生产经营活动应当具备的安全生产条件、安全生产资金投入、安全生产管理机构和安全生产管理人员的配置、生产经营单位主要负责人和安全生产管理人员安全资格、从业人员安全生产培训、特种作业人员范围和要求、建设项目安全设施"三同时"、安全警示标志、安全设备达标和管理、特种设备检测检验、生产安全工艺设备管理、危险物品管理、重大危险源管理、生产设施场所安全距离和紧急疏散、爆破吊装等作业现场安全管理、劳动防护用品规定、交

叉作业的安全管理、工伤保险的规定等。

（三）生产经营单位主要负责人的安全责任

《安全生产法》第五条规定："生产经营单位的主要负责人是本单位安全生产第一责任人,对本单位的安全生产工作全面负责。"生产经营单位主要负责人是指直接领导、指挥生产经营单位日常生产经营活动,能够承担生产经营单位安全生产工作主要领导责任的决策人,如厂长、经理等。

按照《安全生产法》第二十一条规定,生产经营单位的主要负责人对本单位安全生产工作负有下列职责:一是建立健全本单位全员安全生产责任制,加强安全生产标准化建设;二是组织制定并实施本单位安全生产规章制度和操作规程;三是组织制定并实施本单位安全生产教育和培训计划;四是保证本单位安全生产投入的有效实施;五是组织建立并落实安全风险分级管控和隐患排查治理双重预防工作机制,督促、检查本单位的安全生产工作,及时消除生产安全事故隐患;六是组织制定并实施本单位的生产安全事故应急救援预案;七是及时、如实报告生产安全事故。

（四）工会在安全生产工作中的地位和权利

工会是代表从业人员对生产经营单位的安全生产进行监督,维护从业人员合法权益的群众性组织,是协助生产经营单位加强安全管理的助手,是政府监督管理的重要补充。《安全生产法》第七条规定："生产经营单位的工会依法组织职工参加本单位安全生产工作的民主管理和民主监督,维护职工在安全生产方面的合法权益。"

《安全生产法》第六十条明确了工会参加安全管理和监督的权利："工会有权对建设项目的安全设施与主体工程同时设计、同时施工、同时投入生产和使用进行监督,提出意见。工会对生产经营单位违反安全生产法律、法规,侵犯从业人员合法权益的行为,有权要求纠正;发现生产经营单位违章指挥、强令冒险作业或者发现事故隐患时,有权提出解决的建议,生产经营单位应当及时研究答复;发现危及从业人员生命安全的情况时,有权向生产经营单位建议组织从业人员撤离危险场所,生产经营单位必须立即作出处理。工会有权依法参加事故调查,向有关部门提出处理意见,并要求追究有关人员的责任。"

（五）生产安全事故责任追究

《安全生产法》第十六条规定："国家实行生产安全事故责任追究制度,依照本法和有关法律、法规的规定,追究生产安全事故责任单位和责任人员的法律责任。"《安全生产法》规定要实行责任追究的,是指发生人为责任事故,对负有责任的单位或人员进行责任追究。生产安全事故责任者所承担的法律责任的主要形式包括行政责任和刑事责任。

（六）安全生产标准

安全生产标准是法律规范的重要补充。《安全生产法》第十一条规定："国务院有关部门应当按照保障安全生产的要求,依法及时制定有关的国家标准或者行业标准,并根据科技进步和经济发展适时修订。生产经营单位必须执行依法制定的保障安全生产的国家标准或者行业标准。"依照法律规定,执行法定的保障安全生产的国家标准和行业标准,是生产经营单位的法定义务,生产经营单位必须执行安全生产方面的国家标准或行业标准,特别是强制性的标准。

（七）安全生产宣传教育

安全生产事关人民群众生命和财产安全，要实现《安全生产法》保护人民群众生命和财产安全的立法宗旨，做好安全生产工作，就必须依靠和发动广大职工乃至全民积极主动、自觉自愿地参与，从而提升全民的安全意识，弘扬安全文化，树立以人为本的理念。《安全生产法》第十三条规定："各级人民政府及其有关部门应当采取多种形式，加强对有关安全生产的法律、法规和安全生产知识的宣传，增强全社会的安全生产意识。"第七十七条规定："新闻、出版、广播、电影、电视等单位有进行安全生产公益宣传教育的义务，有对违反安全生产法律、法规的行为进行舆论监督的权利。"

（八）安全生产科技进步和奖励

实现安全生产必须依靠科技进步，先进的安全生产科学技术对提高安全生产水平具有不可替代的重要作用。只有重视和鼓励安全生产科学技术的研究，推广先进的安全生产技术，才能不断改善安全生产条件，不断装备先进可靠的安全设备设施，加强预防生产安全事故和消除事故隐患的手段和能力，实现科技兴安、科技保安。《安全生产法》第十八条规定："国家鼓励和支持安全生产科学技术研究和安全生产先进技术的推广应用，提高安全生产水平。"在第十九条、第七十六条，明确了对在改善安全生产条件、防止生产安全事故、参加抢险救护等方面做出显著成绩的个人或单位，国家给予重点奖励。

四、从业人员的权利和义务

生产经营单位的从业人员是各项安全生产经营活动最直接的参与者，是各项法定安全生产的权利享有者和义务承担者。《安全生产法》第六条规定："生产经营单位的从业人员有依法获得安全生产保障的权利，并应当依法履行安全生产方面的义务。"《安全生产法》第三章对从业人员的安全生产权利义务做了全面、明确的规定，并且设定了严格的法律责任，为保障从业人员的合法权益提供了法律依据。

（一）从业人员的权利

《安全生产法》规定了各类从业人员必须享有的有关安全生产和人身安全的最重要、最基本的权利，这些基本权利可以概括为以下五项：

(1) 获得安全保障、工伤保险和民事赔偿的权利。
(2) 得知危险因素、防范措施和事故应急措施的权利。
(3) 对本单位安全生产批评、检举和控告的权利。
(4) 拒绝违章指挥和强令冒险作业的权利。
(5) 紧急情况下停止作业和紧急撤离的权利。

（二）从业人员的义务

从业人员依法享有权利，也必须承担相应的义务。从业人员的安全生产义务主要有以下四项：

(1) 遵章守规，服从管理。
(2) 正确佩戴和使用劳动防护用品。
(3) 接受安全培训，掌握安全生产技能。
(4) 发现事故隐患或其他不安全因素时及时报告。

任务实施

2012 年 3 月 28 日上午 9 点 30 分左右,中铁十二局第二工程公司在承建北京地铁 10 号线 2 标段施工过程中,由于对施工地点复杂的地质情况认识不清,当施工断面发生局部塌方及导洞拱部产生环向裂缝的险情时,未制定并采取保护抢险人员的安全技术措施,指挥作业人员实施抢险,发生二次塌方,造成 6 人死亡。事故发生后,该局第二工程公司及项目部有关负责人隐瞒事故情况,未按规定向政府有关部门报告,性质恶劣。

从《安全生产法》的角度出发,分小组讨论、分析该起事故发生的原因。

效果评价

评价表

项目名称	项目 10　城市轨道交通安全管理法律法规	学生姓名	
任务名称	任务 10.2　《安全生产法》简介	分数	
项　　目		分　值	考核得分
(1) 对《安全生产法》法律地位、立法宗旨和适用范围的掌握情况		40	
(2) 是否有小组计划		10	
(3) 对《安全生产法》的基本规定以及从业人员的权利和义务的掌握情况		35	
(4) 编制学习汇报报告情况		10	
(5) 基本素养考核情况		5	
总体得分			

教师简要评语:

教师签名:

任务 10.3　城市轨道交通安全相关法律法规简介

情景导入

法制化管理是城市轨道交通管理机制良性运行的根本保证,无论宏观管理、中观管理还是微观管理都是如此。根据国外城市轨道交通管理的成功经验,就是通过完善的法律法规来约束和规范管理者及交通参与者的行为的。例如,美国的《城市公共交通法》、法国的《国内交通基本法》、瑞典的《交通法案》等对城市轨道交通规划、各级政府及有关部门的管理权限和职责、中央和地方政府对城市交通建设项目的投入比例和对公共交通的财政补贴比例、城市交通技术的改造和研发项目的资助等方面都以法律的形式做了规定,各相关部门的规章都按照统一的法律原则来制定,保证了规章的一致性和部门管理的协调性。目前,我国也相继出台了城市轨道交通相关法律法规,本任务将对城市轨道交通安全相关法律法规进行介绍。

任务要求

通过本任务的学习,要求熟知《城市轨道交通运营管理规定》的主要内容,能够叙述《城市轨道交通消防安全管理》的主要内容,以及《城市轨道交通管理条例》中与安全相关的内容。

知识准备

一、《城市轨道交通运营管理规定》简介

交通运输部制定了《城市轨道交通运营管理规定》,并于 2018 年 5 月 14 日经第 7 次部务会议通过,自 2018 年 7 月 1 日起施行。

《城市轨道交通运营管理规定》适用于城市轨道交通运营及相关的管理活动,包括运营基础要求、运营服务、安全支持保障、应急处置、法律责任等内容。下面简要介绍与安全管理相关的内容。

(一)运营基础要求中与安全管理相关的内容

1. 规划阶段的规定

城市轨道交通运营主管部门在城市轨道交通线网规划及建设规划征求意见阶段,应当综合考虑与城市规划的衔接、城市轨道交通客流需求、运营安全保障等因素,对线网布局和规模、换乘枢纽规划、建设时序、资源共享、线网综合应急指挥系统建设、线路功能定位、线路制式、系统规模、交通接驳等提出意见。

城市轨道交通运营主管部门在城市轨道交通工程项目可行性研究报告和初步设计文件编制审批征求意见阶段,应当对客流预测、系统设计运输能力、行车组织、运营管理、运营服务、运营安全等提出意见。

2. 运营主管部门及运营单位保障正常安全运营的规定

运营单位应当全程参与城市轨道交通工程项目按照规定开展的不载客试运行,熟悉工程设备和标准,察看系统运行的安全可靠性,发现存在质量问题和安全隐患的,应当督促城市轨道交通建设单位(以下简称建设单位)及时处理。

城市轨道交通工程项目验收合格后,由城市轨道交通运营主管部门组织初期运营前安全评估。通过初期运营前安全评估的,方可依法办理初期运营手续。

城市轨道交通线路初期运营期满一年,运营单位应当向城市轨道交通运营主管部门报送初期运营报告,并由城市轨道交通运营主管部门组织正式运营前安全评估。通过安全评估的,方可依法办理正式运营手续。对安全评估中发现的问题,城市轨道交通运营主管部门应当报告城市人民政府,同时通告有关责任单位要求限期整改。

运营单位承担运营安全生产主体责任,应当建立安全生产责任制,设置安全生产管理机

构,配备专职安全管理人员,保障安全运营所必需的资金投入。

运营单位应当配置满足运营需求的从业人员,按相关标准进行安全和技能培训教育,并对城市轨道交通列车驾驶员、行车调度员、行车值班员、信号工、通信工等重点岗位人员进行考核,考核不合格的,不得从事岗位工作。运营单位应当对重点岗位人员进行安全背景审查。

城市轨道交通运营主管部门和运营单位应当建立城市轨道交通智能管理系统,对所有运营过程、区域和关键设施设备进行监管,具备运行控制、关键设施和关键部位监测、风险管控和隐患排查、应急处置、安全监控等功能,并实现运营单位和各级交通运输主管部门之间的信息共享,提高运营安全管理水平。

运营单位应当建立网络安全管理制度,严格落实网络安全有关规定和等级保护要求,加强列车运行控制等关键系统信息安全保护,提升网络安全水平。

城市轨道交通运营主管部门应当对运营单位运营安全管理工作进行监督检查,定期委托第三方机构组织专家开展运营期间安全评估工作。

(二)运营服务中与安全管理相关的内容

运营单位应当按照有关标准为乘客提供安全、可靠、便捷、高效、经济的服务,保证服务质量。运营单位应当向社会公布运营服务质量承诺并报城市轨道交通运营主管部门备案,定期报告履行情况。

城市轨道交通运营主管部门应当制定城市轨道交通乘客乘车规范,乘客应当遵守。拒不遵守的,运营单位有权劝阻和制止,制止无效的,报告公安机关依法处理。

乘客及其他人员因违法违规行为对城市轨道交通运营造成严重影响的,应当依法追究责任。

(三)安全支持保障的内容

1. 建设期的规定

运营单位有权进入作业现场进行巡查,发现危及或者可能危及城市轨道交通运营安全的情形,运营单位有权予以制止,并要求相关责任单位或者个人采取措施消除妨害;逾期未改正的,及时报告有关部门依法处理。

使用高架线路桥下空间不得危害城市轨道交通运营安全,并预留高架线路桥梁设施日常检查、检测和养护维修条件。

2. 禁止危害城市轨道交通运营设施设备安全的行为

禁止下列危害城市轨道交通运营设施设备安全的行为:

(1)损坏隧道、轨道、路基、高架、车站、通风亭、冷却塔、变电站、管线、护栏护网等设施;

(2)损坏车辆、机电、电缆、自动售检票等设备,干扰通信信号、视频监控设备等系统;

(3)擅自在高架桥梁及附属结构上钻孔打眼,搭设电线或者其他承力绳索,设置附着物;

(4)损坏、移动、遮盖安全标志、监测设施以及安全防护设备。

3. 禁止危害或者可能危害城市轨道交通运营安全的行为

禁止下列危害或者可能危害城市轨道交通运营安全的行为:

(1)拦截列车;

(2) 强行上下车；

(3) 擅自进入隧道、轨道或者其他禁入区域；

(4) 攀爬或者跨越围栏、护栏、护网、站台门等；

(5) 擅自操作有警示标志的按钮和开关装置，在非紧急状态下动用紧急或者安全装置；

(6) 在城市轨道交通车站出入口 5 米范围内停放车辆、乱设摊点等，妨碍乘客通行和救援疏散；

(7) 在通风口、车站出入口 50 米范围内存放有毒、有害、易燃、易爆、放射性和腐蚀性等物品；

(8) 在出入口、通风亭、变电站、冷却塔周边躺卧、留宿、堆放和晾晒物品；

(9) 在地面或者高架线路两侧各 100 米范围内升放风筝、气球等低空飘浮物和无人机等低空飞行器。

4. 安检的相关规定

禁止乘客携带有毒、有害、易燃、易爆、放射性、腐蚀性以及其他可能危及人身和财产安全的危险物品进站、乘车。运营单位应当按规定在车站醒目位置公示城市轨道交通禁止、限制携带物品目录。

各级城市轨道交通运营主管部门应当按照职责监督指导运营单位开展反恐防范、安检、治安防范和消防安全管理相关工作。鼓励推广应用安检新技术、新产品，推动实行安检新模式，提高安检质量和效率。

（四）应急处置的内容

1. 制定应急预案

城市轨道交通所在地城市及以上地方各级人民政府应当建立运营突发事件处置工作机制，明确相关部门和单位的职责分工、工作机制和处置要求，制定完善运营突发事件应急预案。

运营单位应当按照有关法规要求建立运营突发事件应急预案体系，制定综合应急预案、专项应急预案和现场处置方案。运营单位应当组织专家对专项应急预案进行评审。

2. 应急演练

城市轨道交通运营主管部门应当按照有关法规要求，在城市人民政府领导下会同有关部门定期组织开展联动应急演练。

运营单位应当定期组织运营突发事件应急演练，其中综合应急预案演练和专项应急预案演练每半年至少组织一次。现场处置方案演练应当纳入日常工作，开展常态化演练。运营单位应当组织社会公众参与应急演练，引导社会公众正确应对突发事件。

3. 应急处置

城市轨道交通运营突发事件发生后，运营单位应当按照有关规定及时启动相应应急预案。运营单位应当充分发挥志愿者在突发事件应急处置中的作用，提高乘客自救互救能力。

现场工作人员应当按照各自岗位职责要求开展现场处置，通过广播系统、乘客信息系统和人工指引等方式，引导乘客快速疏散。

运营单位应当加强城市轨道交通客流监测。可能发生大客流时，应当按照预案要求及时增加运力进行疏导；大客流可能影响运营安全时，运营单位可以采取限流、封站、甩站等措施。

因运营突发事件、自然灾害、社会安全事件以及其他原因危及运营安全时，运营单位可以暂停部分区段或者全线网的运营，根据需要及时启动相应应急保障预案，做好客流疏导和现场秩序维护，并报告城市轨道交通运营主管部门。

运营单位采取限流、甩站、封站、暂停运营措施应当及时告知公众，其中封站、暂停运营措施还应当向城市轨道交通运营主管部门报告。

二、《城市轨道交通管理条例》简介

根据有关法律、法规，北京市、上海市、广州市和深圳市等城市分别制定了城市轨道交通管理条例，一般包括总则、规划与建设、设施保护、运营管理、设施管理、安全与应急管理、法律责任、附则等内容。这里以《广州市城市轨道交通管理条例》为例，对有关运营安全的内容进行介绍。

（一）运营单位安全生产管理

城市轨道交通运营单位应依法承担城市轨道交通运营安全生产责任，应当设立安全生产管理机构，配备专职安全生产管理人员，保证安全生产所必需的资金投入。严格按照消防管理、事故救援的规定，在城市轨道交通车站及车厢内按国家相关标准配置灭火、报警、救援、疏散照明、逃生、防爆、防毒、防护监视等器材和设备，并定期检查、维护、更新，保证其完好和有效。

城市轨道交通运营单位应在城市轨道交通沿线采取技术保护和监测措施，评估城市轨道交通运行对车站、隧道、高架道路（含桥梁）等建（构）筑物的影响，定期对城市轨道交通进行安全性检查和评价，发现隐患的，应及时消除。

城市轨道交通运营单位应以方便乘客了解的方式在车站明示常见危险品的目录，可以对乘客携带的物品进行运输安全检查。禁止携带易燃、易爆、有毒、放射性、腐蚀性等危险品进入城市轨道交通设施。

（二）禁止危害城市轨道交通安全的行为

禁止下列危害城市轨道交通安全的行为：

（1）擅自操作有警示标志的按钮、开关装置，在非紧急状态下动用紧急或安全装置。

（2）擅自移动、遮盖安全消防警示标志、疏散导向标志、测量设施及安全防护设备。

（3）在轨道上放置、丢弃障碍物，向城市轨道交通列车、机车、维修工程车等设施投掷物品。

（4）在城市轨道交通的地面线路轨道上擅自铺设平交道口、平交人行道。

（5）损坏轨道、隧道、车站、车辆、电缆、机电设备、路基、护坡、排水沟等设施。

（6）在城市轨道交通过江隧道控制保护区内的水域抛锚、拖锚。

（7）在城市轨道交通地面线路或高架线路轨道两侧修建妨碍行车瞭望的建（构）筑物，或种植妨碍行车瞭望的树木。

（8）故意干扰城市轨道交通专用通信频率。

（9）其他危害城市轨道交通安全的行为。

（三）运营单位应急管理

因城市轨道交通设施发生故障而影响运行时，城市轨道交通运营单位应及时排除故障，尽快恢复运营。暂时无法恢复运营的,应当组织乘客疏散和换乘。因节假日、大型群众活动等原因引起客流量上升的,城市轨道交通运营单位应及时增加运力,疏导乘客。在城市轨道交通客流量激增,严重影响运营秩序,可能危及运营安全的情况下,城市轨道交通运营单位可以采取限制客流的临时措施。

市人民政府应制定轨道交通运营突发事件应急预案,城市轨道交通运营单位应制定运营突发事件先期应急处置方案,并建立应急救援组织,配备救援器材设备,定期组织演练。城市轨道交通运营单位制定的运营突发事件先期应急处置方案应报市人民政府备案。

轨道交通运营发生自然灾害、安全事故或其他突发事件时,城市轨道交通运营单位应按照先期应急处置方案组织力量迅速开展应急抢险救援,疏散乘客,防止事故扩大,减少人员伤亡和财产损失,同时报告政府有关部门。乘客应服从城市轨道交通运营单位工作人员的指挥。

市人民政府相关部门及电力、通信、供水、公交等单位应按照应急预案的规定进行抢险救援和应急保障,协助城市轨道交通运营单位尽快恢复运营。

城市轨道交通运营中发生安全生产事故的,事故调查结论和事故责任由安全生产监督行政管理部门依照国家、省、市有关规定进行认定。

城市轨道交通运营中发生人身伤亡事故,按照"先抢救受伤者,及时排除障碍,恢复正常运行,后处理事故"的原则处理。城市轨道交通运营单位应保护现场,保留证据,维持秩序;公安机关应及时对现场进行勘察、检验,依法处理现场,出具伤亡鉴定结论。

在运营过程中发生乘客伤亡的,城市轨道交通运营单位应依法承担赔偿责任。但伤亡是乘客自身健康原因造成的或者城市轨道交通运营单位证明伤亡是乘客故意、重大过失造成的除外。

三、《城市轨道交通消防安全管理》简介

《城市轨道交通消防安全管理》(GB/T 40484—2021)于2021年8月20日发布,2021年12月1日起实施,由中华人民共和国应急管理部提出。

(一)范围

该标准规定了城市轨道交通在运营过程中的通用要求、消防安全组织和职责、日常防火管理、消防设施管理、灭火和应急疏散预案与演练、消防宣传教育培训和消防档案管理。

该标准适用于地铁、轻轨等城市轨道交通运营的消防安全管理。

(二)术语和定义

1. 应急预案

应急预案是为应对可能发生的事故或突发事件所需采取的行动而预先制定的指导性文件。

2. 运营单位

运营单位是负责城市轨道交通运营管理的机构。

3. 车站

车站是供列车停靠,乘客购票、候车和乘降并设有相应设施的场所。

(三)总体要求

(1) 运营单位应贯彻"预防为主、防消结合"的消防工作方针,落实"政府统一领导、部门

依法监管、单位全面负责、公民积极参与"的消防工作原则,全面实行"党政同责、一岗双责"制度,落实消防安全责任制,依法接受政府统一领导和部门监管,保障轨道交通的安全运营。

(2) 运营单位应在当地政府的统一协调下,建立与政府相关部门相衔接的联动联络和应急救援机制,并纳入城市突发公共事件应急预案体系中。

(3) 城市轨道交通应按照 GB 51298 的要求配置消防设施及器材,鼓励在工程设计中积极采用先进的防火、灭火技术,选用先进可靠的消防设施及器材。

(4) 运营单位应依托志愿消防队,在车站、车辆基地建立微型消防站,配备必要的消防器材,积极开展防火巡查和初起火灾扑救等火灾防控工作。

(5) 运营单位应将容易发生火灾、一旦发生火灾可能严重危及人身和财产安全以及对消防安全有重大影响的部位、场所确定为消防安全重点部位或火灾高危场所。

(6) 城市轨道交通应加强标准化和标识化管理,提高消防安全管理水平。

(四) 消防安全组织和职责

城市轨道交通运营单位应建立消防安全责任体系,制定消防安全管理制度,明确各级岗位消防安全职责。运营单位应明确消防安全责任人和管理人,成立由消防安全委员会或消防工作领导小组、消防安全归口部门和专职或志愿消防队(微型消防站)等救援力量共同组成的消防安全组织。地下车站与周边地下空间的连通部位、车站与站内商业等非地铁功能的场所、车辆基地与上盖综合开发建筑,应由建筑物的产权方、运营方和租赁方等共同协商,在签订的协议中明确各自消防安全工作的权利、义务和违约责任。运营单位应自行或委托消防技术服务机构,对消防安全重点部位、火灾高危场所定期开展消防安全评估。运营单位应鼓励在城市轨道交通运用消防远程监控、电气火灾监控、物联网技术等技防物防措施。

该标准具体规定了单位和人员(包括消防安全责任人、消防安全管理人、专(兼)职消防安全管理人员、消防控制室值班人员、员工)应履行的职责。

(五) 日常防火管理

运营单位应将容易发生火灾、一旦发生火灾可能严重危及人身和财产安全以及对消防安全有重大影响的部位确定为消防安全重点部位,并设置明显的防火标志;应按有关规定加强对消防产品的管理,选用符合市场准入或合格的消防产品。有线施工作业时,运营单位应与施工单位签订施工安全协议,不应影响原有消防系统的功能,并确保运营区域的消防安全。运营单位应积极运用技术手段实现消防安全的实时监测、预警监控和乘客信息发布。该标准还对运营单位的防火巡查和检查的内容做了详细规定,并对巡查、检查中发现的火灾隐患的整改程序进行了说明。

(六) 危险源管控

运营单位应根据实际情况和轨道交通的设施状况、人员特点等,制定相应的危险源控制管理制度和安全操作规程。用火、用电、用气、用油设备应选用合格产品,并符合国家有关安全标准要求。城市轨道交通严禁吸烟,应设置明显的警示标志。运营单位在车站站厅、站台、列车车厢和管理用房内,不应采用明火、电炉等采暖设备,采暖散热器表面平均温度不因超过 80℃。运营单位应加强施工现场的消防安全管理,严格控制施工现场可燃物品、易燃易爆危险品和明火的使用,禁止违章作业。

该标准还对运营单位明火(动火)管理、用电管理、用气(油)管理、可燃物管理等做了明确规定。

（七）消防设施管理

运营单位应建立消防设施日常管理制度和操作规程，并明确有关部门和人员的岗位职责，消防设施监控人员应取得岗位资格证书。运营单位应对消防设施开展定期巡查，并应确定巡查的人员、部位、内容和频次，巡查应如实填写记录，并签名。运营单位在巡查、检查中发现的消防设施及器材故障应及时修复。消防设施在大修、改造、更新时，运营单位应办理相关手续。

此外，运营单位应建立消防设施及器材维护保养、检测的制度和规程。

（八）灭火和应急疏散预案与演练

城市轨道交通运营单位应遵循"安全第一、快速反应、及时疏散、有效处置、减少损失、降低影响"的原则，编制灭火和应急疏散预案。运营单位应配备火灾应急处置所需要的设备及物资，并应进行经常性维护保养，保证设备完好。发生火灾事故后，运营单位应按规定立即启动灭火和应急疏散预案，采取应急抢险措施，防止事态扩大，在确保安全的前提下尽快恢复运营，并按规定及时报告。运营单位应定期开展预案演练，专职或志愿消防队（微型消防站）应针对预案内抢险救援任务开展技能、体能操练。

该标准对运营单位应急预案编制、信息报告、应急处置、应急恢复以及灭火和应急疏散演练的内容做了明确的规定。

（九）消防宣传教育培训及消防档案

城市轨道交通运营单位应积极开展消防公益宣传，通过电子媒介、平面媒体等形式，向乘客宣传防火措施、消防器材的使用方法和避难、逃生方式等消防安全知识。根据季节性特点及重大活动等特殊时期开展有针对性的消防宣传教育活动。新入职和调岗员工上岗前应接受消防安全教育、培训。运营单位每半年应至少组织开展一次在岗人员消防安全培训。消防安全教育培训应纳入职工的继续教育学时中。

城市轨道交通运营单位应建立、健全消防档案及保管制度。消防档案应内容翔实、记录准确，并附有必要的图表，不应漏填、涂改，并应根据情况变化及时更新，统一保管、备查。

任务实施

《城市轨道交通管理条例》中对乘客提出了哪些要求？请结合实际谈谈自己的看法。

效果评价

评价表

项目名称	项目10　城市轨道交通安全管理法律法规	学生姓名	
任务名称	任务10.3　城市轨道交通安全相关法律法规简介	分数	
项　　目		分　值	考核得分
（1）对《城市轨道交通运营管理规定》《城市轨道交通管理条例》《城市轨道交通消防安全管理》主要内容的理解与掌握情况		50	

续表

项　　目	分　　值	考 核 得 分
（2）是否有小组计划	10	
（3）对城市轨道交通安全管理法律法规之间的区别与联系的掌握情况	25	
（4）编制学习汇报报告情况	10	
（5）基本素养考核情况	5	
总体得分		

教师简要评语：

教师签名：

思考与练习

1. 安全生产法规及安全生产法律体系包含哪些主要内容？
2. 生产经营单位安全生产责任制度的主要内容是什么？
3. 消防安全管理职责要求有哪些？
4. 禁止危害城市轨道交通安全的行为有哪些？
5. 人员伤亡处理的规定有哪些？
6. 禁止危害城市轨道交通正常运营和安全的行为有哪些？

参 考 文 献

[1] 耿幸福,宁斌. 城市轨道交通运营安全[M]. 北京:人民交通出版社,2010.
[2] 李宇辉. 城市轨道交通应急处理[M]. 北京:人民交通出版社,2011.
[3] 阎国强,仇海兵. 城市轨道交通概论[M]. 北京:人民交通出版社,2010.
[4] 仇海兵. 城市轨道交通车站设备[M]. 北京:人民交通出版社,2011.
[5] 徐新玉. 城市轨道交通运营管理规章[M]. 北京:人民交通出版社,2011.
[6] 耿幸福. 城市轨道交通行车组织[M]. 2版. 北京:人民交通出版社,2012.
[7] 李显川. 城市轨道交通车辆运用[M]. 北京:电子工业出版社,2012.
[8] 永秀. 城市轨道交通车站运作管理[M]. 北京:机械工业出版社,2015.
[9] 牛凯兰,牛红霞. 城市轨道交通行车组织[M]. 北京:机械工业出版社,2009.
[10] 李建国. 城市轨道交通系统概论[M]. 北京:机械工业出版社,2011.
[11] 裴瑞江. 城市轨道交通客运组织[M]. 北京:机械工业出版社,2014.
[12] 李晓江. 城市轨道交通技术规范实施指南[M]. 北京:中国建筑工业出版社,2009.
[13] 马国龙. 城市轨道交通安全管理[M]. 北京:中央广播电视大学出版社,2014.
[14] 李慧玲,刘冰. 城市轨道交通安全管理[M]. 北京:人民交通出版社,2011.
[15] 张新宇,王富饶. 城市轨道交通安全管理[M]. 北京:人民交通出版社,2012.
[16] 连义平. 城市轨道交通安全管理[M]. 成都:西南交通大学出版社,2011.
[17] 北京市规划委员会. 地铁设计规范:GB 50157—2013[S]. 北京:中国建筑工业出版社,2014.
[18] 中华人民共和国住房和城乡建设部. 火灾自动报警系统设计规范:GB 50116—2013[S]. 北京:中国计划出版社,2014.
[19] 中华人民共和国建设部,中华人民共和国国家质量监督检验检疫总局. 气体灭火系统设计规范:GB 50370—2005[S]. 北京:中国标准出版社,2006.
[20] 国家市场监督管理总局,国家标准化管理委员会. 城市轨道交通消防安全管理:GB/T 40484—2021[S]. 北京:中国标准出版社,2021.